青海广播电视大学省级人文社会科学重点研究基地学术成果丛书
主编 李晓云 李秋梅 副主编 辛全洲 那小红

玉树藏族民间文化变迁研究

李秋梅 李晓云 管恒善
卜 红 杨生顺 王联英 著

上海大学出版社
·上海·

图书在版编目(CIP)数据

玉树藏族民间文化变迁研究 / 李秋梅等著. —上海：上海大学出版社，2022.11
(青海广播电视大学省级人文社会科学重点研究基地学术成果丛书 / 李晓云，李秋梅主编)
ISBN 978-7-5671-4427-9

Ⅰ.①玉… Ⅱ.①李… Ⅲ.①藏族—民族文化—变迁—研究—玉树藏族自治州 Ⅳ.①K281.4

中国版本图书馆 CIP 数据核字(2022)第 191270 号

责任编辑 刘 强
封面设计 柯国富
技术编辑 金 鑫 钱宇坤

青海广播电视大学省级人文社会科学重点研究基地学术成果丛书
玉树藏族民间文化变迁研究

李秋梅 李晓云 管恒善 卜 红 杨生顺 王联英 著
上海大学出版社出版发行
(上海市上大路 99 号 邮政编码 200444)
(https://www.shupress.cn 发行热线 021-66135112)
出版人 戴骏豪

*

南京展望文化发展有限公司排版
江苏凤凰数码印务有限公司印刷 各地新华书店经销
开本 890mm×1240mm 1/32 印张 9.75 字数 236 千字
2023 年 1 月第 1 版 2023 年 1 月第 1 次印刷
ISBN 978-7-5671-4427-9/K·263 定价 75.00 元

版权所有 侵权必究
如发现本书有印装质量问题请与印刷厂质量科联系
联系电话：025-57718474

丛书编委会

顾　问	高海宾
主　任	祁永寿
副主任	段宏伟　辛全洲
主　编	李晓云　李秋梅
副主编	辛全洲　那小红
编　委	宋　辉　杜建春　王照侠　鲁海城
	贾民力　吕春峰　徐　军　王淑桂
撰　稿	李晓云　李秋梅　管恒善　王生珍
	王　嫚　那小红　李学峰　王存霞
	杨　福　宋瑞萍　王盛国　文　湘
	郑　琰　王桂英　卜　红　王联英
	杨生顺

序 言
风景这边独好

朱恒夫

"大美青海"这一广告语因现代传媒的作用,几乎是无人不知了。"大美"是说青海不是一般的美,而是有着罕见的美、令人震撼的美,然而,到底美在何处,却很少有人能够说出个一二三来。我因这几年常去青海工作,比起到那里短期出差、旅游的人,看的、想的要多一些,所以,对"大美"这一形容词的内涵的理解也许要稍深一些。

我以为,青海之"大美",在于它的纯净。

青海的水,尤其是接近三江源区域的水,是那样的明洁,不杂一点儿尘滓;就是那"青海湖",风平浪静之时,其色与蓝天一样,青青苍苍。

青海的山,尽管大多没有葱郁的树木,甚至连草也没有,但裸呈的峻岭,没有半点儿污秽。

青海的空气,没有多少工业文明时代的气味,干干净净,只是在青草生长的季节,夹杂着牲畜与泥土的味儿。

除了这些,还有更纯净的,就是青海的人。

他们的内心,没有过度的欲望,生活充实,精神愉悦,即使有苦恼,瞬间便会被信念化解掉。

他们与社会、与他人、与自然,和谐共处,把自己当作万物中的一个,完全融入大千世界的事物之中。

他们热爱现实中的一切,为社会的进步,为家园的美好,竭诚地奉献自己的智力与体力。

青海广播电视大学的领导与老师们就是这样的青海人。

他们结合自己的教学工作,对青海的经济、文化等进行了较为全面而深入的调查,并在此基础上提出了富有建设性的意见。于是,便有了《思想政治教育的有效途径——青海高校省情教育教学实践研究》《青海省经济发展田野考察报告》《玉树藏族民间文化变迁研究》《撒拉族土族民间文化研究》等系列科研成果。

这些著作不仅引领着我们走进青海深处,了解其民族构成、风土人情、生产方式、艺术传统等,还让我们看到了青海在政治、经济、教育、文化、艺术等领域的勃勃生机和光明前景。

我们在阅读这些著作时,那翔实的资料、周密的论述、启人心智的观点,能够让人感受到作者严谨的科学态度和对家乡青海的挚爱之情。

因而,若要对青海之"大美"有更多、更深的了解,阅读这一套丛书,是极其有益的。

目　　录

绪论 ·· 1

第一章　玉树藏族民间文化根植的环境及文化现象概说 ········· 5

第一节　地理位置及经济土壤 ······································ 5
一、概述 ··· 5
二、地理及辖区 ·· 6
三、经济土壤 ·· 7

第二节　玉树藏族民间文化现象概说 ···························· 12
一、玉树藏族语言 ·· 12
二、玉树藏族民间文学 ··· 13
三、玉树藏族民间艺术 ··· 17
四、玉树藏族民居建筑 ··· 20
五、行为习俗 ·· 24
六、文化名胜古迹 ·· 25

第三节　玉树藏族民间文化的特征 ······························· 26
一、浓郁的藏传佛教文化 ·· 26
二、绚丽的民族艺术 ·· 27
三、丰富的文物古迹 ·· 28
四、强烈的生产生活气息 ·· 28

第二章 宗教文化的传承与变迁 ………………………… 30
第一节 玉树宗教文化的流变 ………………………… 32
一、玉树宗教的源起——苯教 ………………………… 33
二、玉树宗教的流变 ………………………… 36
第二节 丰富的玉树宗教文化 ………………………… 50
一、宗教文学 ………………………… 51
二、宗教艺术 ………………………… 54
三、宗教建筑 ………………………… 66
第三节 玉树宗教文化的特征 ………………………… 72
一、玉树多元宗教文化的共生性 ………………………… 74
二、玉树宗教文化与世俗文化 ………………………… 77
三、不同宗教信仰的保留与认同 ………………………… 82
第四节 玉树宗教与文化的保护和传承 ………………………… 94
一、宗教在玉树的保护和传承现状 ………………………… 94
二、地震对玉树藏族宗教文化的破坏 ………………………… 98
三、重建中推进宗教传统与文化的保护 ………………………… 99

第三章 玉树藏族工艺文化的变迁 ………………………… 101
第一节 玉树藏族工艺分类 ………………………… 102
一、织作类 ………………………… 103
二、服饰类 ………………………… 106
三、雕塑类 ………………………… 111
四、陶瓷类 ………………………… 114
五、金属类 ………………………… 118
六、绘画类 ………………………… 122
七、其他类 ………………………… 125

第二节　玉树藏族工艺的特点 …………………… 128
　一、宗教性 ………………………………………… 128
　二、奇特性 ………………………………………… 128
　三、审美性 ………………………………………… 129
　四、价值性 ………………………………………… 129
　五、实用性 ………………………………………… 130
第三节　玉树藏族工艺文化变迁及原因 …………… 130
　一、玉树藏族工艺文化变迁现象 ………………… 130
　二、玉树工艺文化变迁的原因 …………………… 134

第四章　玉树民俗文化的变迁 …………………… 138
第一节　玉树民俗文化概说 ………………………… 138
第二节　玉树民居文化 ……………………………… 139
　一、玉树传统民居文化 …………………………… 139
　二、玉树民居文化的变迁 ………………………… 141
第三节　玉树民间节日文化 ………………………… 142
　一、玉树民间主要节日 …………………………… 142
　二、玉树民间节日文化的变迁 …………………… 153

第五章　玉树歌舞文化的变迁 …………………… 156
第一节　玉树民歌 …………………………………… 156
　一、玉树民歌的主要类型 ………………………… 157
　二、玉树民歌的文化变迁 ………………………… 160
第二节　玉树舞蹈 …………………………………… 161
　一、玉树舞蹈的主要类型 ………………………… 161
　二、玉树舞蹈的文化变迁 ………………………… 169

第六章　玉树藏族民间文化变迁分析 …… 171
第一节　玉树藏族民间文化的变迁 …… 172
一、物质文化层面的变迁 …… 172
二、制度文化与现代社会的契合 …… 177
三、精神文化层面的变迁 …… 184
四、城镇文化变迁与牧区文化变迁不同步 …… 192
五、多元民族文化元素的互相整合 …… 195
六、文化设施与队伍建设的变迁 …… 196
第二节　玉树藏族民间文化变迁原因分析 …… 198
一、现代文化的影响 …… 198
二、文化模式多样化的影响 …… 200
三、地震引发的反思 …… 203
四、旅游经济的发展 …… 209

第七章　玉树藏族民间文化的传承和发展 …… 213
第一节　玉树藏族民间文化的传承 …… 215
一、语言传承，双管齐下 …… 215
二、强化自身文化的再学习 …… 221
三、因时因地为其成员提供保护 …… 225
第二节　玉树藏族民间文化的保护性发展策略 …… 229
一、以保护为基础，在保护基础上发展 …… 229
二、加强玉树族民间文化人才队伍建设 …… 235
三、走民间文化产业化发展之路 …… 236
四、提升学校教育的文化传承功能，加强玉树藏族民间文化的传承与保护 …… 242
五、加强玉树地区公共文化服务体系建设与

合理利用 …………………………………………… 245
　六、积极利用大众传播媒介,拓展玉树藏族民间文化的
　　传承范围、空间和内涵 …………………………… 246

主要参考文献 …………………………………………… 249

附录　玉树藏族民间文化变迁调查分析 ……………… 257

后记 ……………………………………………………… 295

绪　论

"文化"一词属于完全的舶来品。最先把"文化"作为专门术语来使用的是英国的"文化人类学之父"爱德华·泰勒,他在其1877年出版的《原始文化》一书中说:"文化,或者文明,就其广泛的民族学意义上来说,是包括全部的知识、信仰、艺术、道德、法律、风俗以及作为社会成员的人所掌握和接受的任何其他的才能和习惯的复合体。"① 《不列颠百科全书》认为,文化是人类知识、信仰和行为的整体②。在这一定义上,文化包括语言、思想、信仰、风俗习惯、禁忌、法规、制度、工具、技术、艺术品、礼仪、仪式及其他有关成分。我国文化研究的著名学者梁漱溟认为,文化不是什么别的东西,乃是人类生活的样法。他在其1949年完成的《中国文化要义》中说:

---

① ［英］爱德华·泰勒:《原始文化》,连树声译,上海文艺出版社1992年版,第1页。

② 崔欣、孙瑞祥:《大众文化与传播研究》,天津人民出版社2005年版,第9页。

"文化就是吾人生活所依靠之一切。"①作为内涵丰富的"文"和"化"的并连使用,我国最早见于《周易》,其文曰"观乎人文,以化成天下",基本含义是"以文教化";其后西汉学人刘向在《说苑·指武》中有"圣人之治天下也,先文德而后武力。凡武之兴,为不服也,文化不改,然后加诛。夫下愚不移,纯德之所不能化,而后武力加焉"之论,这里的"文化"虽然连用,但它是一个短语,是指与"武力"相对的教化,仍然是"以文教化"之意。"文化"就是文治教化、礼乐典章制度,这种理解在我国一直延续到近代。从以上的观点来讲,任何的文化都是习得的。人类学家拉尔夫·林顿把这称为"社会遗传",也就是"濡化"——人们与文化一起成长,因而学会自己的文化,文化借以从上一代人传递到下一代人的过程。可见在文化的传承和变化过程中,形式丰富而多样。而民间文化的传承则有别于上文所讲的"武力教化",更多地趋向于"濡化"。青海玉树藏族民间文化的传承和变迁有其自身的优势和特点,经过了多年的发展仍然熠熠生辉。

"民间文化"作为一个学术概念,曾经历过中外学者的多种解释,最早将"民间"与"文化"放在一起的人是英国学者威廉·汤姆斯,他在1846年把撒克逊语"folk"(民众、民间)一词与"lore"(知识)相结合,创造了"folklore"一词,他还举例解释"folklore"就是旧时的行为举止、风俗、仪式庆典、迷信、叙事歌、谚语、传说、节庆、神话故事等②。20世纪70、90年代,我国学者钟敬文也曾阐释过"民间文化"的概念,他认为"民间"是对应官方而言的,主要是由广大中下层民众组成,如农民、工人、士兵、学生、商人、职员等,"官

---

① 梁漱溟:《中国文化要义》,学林出版社1987年版,第2页。
② 高丙中:《民俗文化与民俗生活》,中国社会科学出版社1994年版,第48—49页。

方"之外的有着共同社会关系的群体,都可看作"民间"(folk)。联合国教科文组织 1989 年通过的《保护传统的民间文化建议案》将其定义为:"来自某一文化社区的全部创作,这些创作以传统为依据、由某一群体或一些个体所表达并被认为是符合社区期望的作为其文化和社会特征的表达形式;它的准则和价值通过模仿或其他方式口头相传。它的形式包括:语言、文学、音乐、舞蹈、戏剧、神话、礼仪、习惯、手工艺、建筑艺术及其他艺术。"①由此可见,"民间文化"是由老百姓创造的、古往今来就存在于民间传统中的、自发的民众通俗文化,它是民族个性特征与独特精神的重要表征,是民族情感和理想的重要载体,是老百姓生活愿望的直接表现。它是生活文化,与老百姓的生活融为一体。

位于青藏高原的青海玉树藏族自治州拥有丰富的民间文化。玉树州位于青海南部高原,是黄河、长江、澜沧江三江发源之地。"玉树"为藏文音译词,意为"遗址","古为西羌牦牛种之地;隋朝前后为苏毗和多弥二国辖区;唐时为吐蕃的孙波如;宋时为黎州属下的囊谦小邦之地;元朝归吐蕃等路宣慰司管辖;明朝囊谦王室的贵族僧侣屡被赐号为功德自在宣抚国师;明末清初玉树各部头人为青海蒙古和硕特部赠爵为诸台吉;清朝受青海办事大臣直接掌管,为囊谦千户领地,下有百户、独立百长等部落;民国时期设置玉树、囊谦、称多三县,三县统由玉树行政督察专员公署管辖,县之下千百户制度因袭如故"②。1949 年 10 月,设立青海省人民解放军军政委员会驻玉树特派员办公处,玉树地区从此由人民政府行使管理职能。1951 年 12 月 25 日,成立玉树藏族自治区;1955 年,改为自治州。州境总面积 26.7 万平方千米,占全省总面积的 37.02%,

---

① 曾文革、陈静熔主编:《知识产权法学》,重庆大学出版社 2005 年版,第 44 页。
② 《玉树藏族自治州概况》,青海人民出版社 1985 年版,第 1 页。

州府所在地为玉树市结古镇。悠久的历史带来了灿烂的文化,独特的历史地理环境和社会环境孕育了多姿的民间文化。锅庄舞、康巴拉伊、玉树民歌、玉树依舞、称多白龙卓舞、囊谦卓干玛、安冲藏腰刀制作技艺、藏黑陶、赛马会、天葬、玉树藏族服饰等民间文化更是以其独特的韵味、丰富的内涵而备受世人关注,深得广大群众的喜爱。

2010年4月14日,玉树发生了7.1级强烈地震,作为玉树州政治经济文化中心的结古镇是玉树地区各种文化集中的重镇,是本次地震的中心。地震给人民生命财产造成巨大损失的同时也对珍贵的藏族民间文化遗产造成了严重破坏,不仅夺去了部分民间文化艺人的生命,损毁了民间文化的原生形态,也改变了存活者的心态;灾后的重建又为民间文化注入了新的元素,社会信息化、全球化、经济化的大格局等也从各方面改变了民间文化的传承方式。文化生态环境的改变、公共文化体系的形成和文化生产、文化消费等作为民间文化现代存续所面对的主要格局,为玉树藏族民间文化的现代变迁提供了新的空间和途径,也为玉树藏族民间文化的保护与建设提出了新的课题。

震后数年,我们对玉树藏族民间文化的相关情况进行了调研,包括文献数据资料搜集、问卷和访谈调查等,最后形成了本书。

第一章
玉树藏族民间文化根植的环境及文化现象概说

第一节 地理位置及经济土壤

一、概述

玉树素有"名山之宗、江河之源、牦牛之地、歌舞之乡"的美誉。在藏区区域划分中,玉树文化属于多康地区的康巴文化类型。因其处于康藏、卫藏、安多三区的中心,青藏高原古代文化之曲贡文化、卡若文化、卡约文化的交汇区,故独具特色。

玉树文化的脉络可以追溯到新石器时代。当时,在玉树西部的可可西里及沱沱河沿岸就有原始人类,他们以采集、狩猎为主要生存手段。新石器时代晚期进入了小邦部落时代,玉树成为苏毗部落的发源地。西羌羌人与当地土著融合形成部落群体,史称"唐旄羌"(当时玉树是重要的牦牛种地)。约在东汉时期,玉树地区形成了几个较大的部落联合体,史称"苏毗部落联盟"。隋朝前后为苏毗和多弥两国辖区,随后被吐蕃征服,吐蕃统一后将其列入吐蕃王朝,称为"孙波如"。在唐蕃时期,玉树成为南线交通枢纽,地理位置非常重要。宋时为黎州属下的囊谦小邦之地。元朝归吐蕃等路宣慰使司都元帅府管辖。明朝时期玉树进入了帕竹噶举时期。清初固始汗率和硕特蒙古的大部徙牧青海,玉树成为青海蒙古和硕特部的势力范围;雍正三年(1725),清政府在西宁设立总理青海蒙古番子事务大臣衙门,直接管理青海各族;至咸丰、同治之际,有"玉树二十五族"之称。1915 年,北洋政府任命马麒为甘边宁海镇守使,为了控制玉树,成立了玉防支队司令部,任其弟马麟为司令,率兵进驻结古,设立玉树理事;1929 年 8 月,玉树理事改设县治,玉树县统辖"玉树二十五族"。

1949 年 9 月,鏖战西北的中国人民解放军第一野战军解放了西宁。9 月 10 日,国民政府玉树地区行政督察专员马骏通电起义,马家军阀对玉树的统治宣告结束。1949 年 11 月 2 日,玉树结古镇举行了庆祝玉树和平解放大会,在会上升起了五星红旗。1951 年 12 月 25 日,玉树藏族自治区人民政府宣告成立。1952 年 10 月撤市,设结古肖格政府。1955 年 6 月,更名为玉树藏族自治州。玉树藏族自治州是青海省第一个、全国第二个成立的少数民族自治州。在全国 30 个少数民族自治州中,是少数民族比例最高、人均占有面积最大、生态位置最重要、海拔最高的一个自治州。2013 年 7 月 3 日,玉树县改为玉树市,玉树市人民政府驻结古镇。结古镇是历史上唐蕃古道的重镇,也是青海、四川、西藏交界处的民间贸易集散地;不仅是州府、市府所在地,也是玉树州政治、经济、文化的中心。

二、地理及辖区

玉树藏族自治州位于青藏高原的中枢,是青藏高原的重要组成部分,以唐古拉山脉的主峰格拉丹冬山峰为主的雪峰冰川孕育了长江、黄河、澜沧江三大河流。具有典型的高原风光,以高山峻岭、湖泊平静为显著特色。域内山峰林立,海拔5 000米以上的山峰有2 000余座,海拔6 000米以上的山峰有30多座。北有万山之宗——昆仑山,南有青藏的分界岭——唐古拉山,南北对峙;东有蜿蜒峻峭的巴颜喀拉山,西有缓延的可可西里,东西呼应;在玉树的中间有千古神山——尕朵觉悟。这些山峰海拔均在5 000米以上。区域内江河密布,有"中华水塔"的美誉。如长江正源沱沱河(藏语名玛尔曲)、长江南源当曲(藏语)、长江北源通天河(藏语名楚玛尔河),在三大源流之间还有然曲、墨曲、牙歌曲等较大的源流,这些源流,组成了长江源流的扇形水系。除长江、黄河、澜沧江三个外流水系外,在玉树藏族自治州的西南高山地区,尚有些不外流的内陆水系。

玉树藏族自治州处于青藏高原腹地,平均海拔4 200米以上。东西长738千米,南北长406千米,州境总面积26.7万平方千米,占青海省总面积的37.02%。西北部与新疆维吾尔自治区的巴音郭楞蒙古族自治州相接,西南部与西藏自治区的昌都专区和那曲专区交界,东南部与四川省甘孜藏族自治州相通,北与青海省海西蒙古族藏族自治州相连,东部与青海省果洛藏族自治州互通,是西上卫藏、东下康区、北去安多的重要通道。辖玉树市(县级市)、称多县、囊谦县、杂多县、治多县、曲麻莱县。

三、经济土壤

(一) 主要资源概况

1. 产业情况

玉树是一个以牧业为主,农牧兼营的半农半牧地区,农牧业是该州的主要产业。玉树是从封建农奴制社会直接进入社会主义社会的,因此其经济发展基础和起点比较低,大部分生产、生活方式还比较落后。产业上,农牧业方面的投入比较多,但是产出较少,属于标准的自给自足型经济发展模式;增长模式上,处于粗放、外延扩张型发展阶段,虽然区域内自然资源比较丰富,自然经济发展氛围好,但是市场经济整体体系发展还不健全,缺乏发展市场经济的核心因素。

2. 资源类型及分布情况

(1) 农牧业资源。农牧业是玉树经济发展的支柱产业,其农牧业发展环境比较恶劣:全州平均海拔在4 000米以上,年降水量520毫米左右,年平均气温0℃,空气含氧量只有海平面的40%—60%。但是农牧业发展,尤其是畜牧业发展拥有独特优势:草滩众多,像杂多县的莫荣滩,治多县的江荣滩,面积都接近10 000平方千米。草场覆盖广,现有草场2.1亿亩,其中,高寒草甸草场9 000多万亩,高寒沼泽草场2 500万亩,可利用草场总计有1.7亿亩,年产鲜牛奶26 500吨、牛羊肉45 000吨、羊毛1 300吨、牛羊皮90万张。农业方面,有耕地26.7万亩,主要种植青稞、豌豆、洋芋、油菜、芫根。

(2) 矿藏资源。玉树矿藏资源非常丰富,已经勘探的矿藏资源大致分为黑色金属、有色金属、贵金属矿产、稀有金属矿产、燃料矿产、化工原料矿产、建材及其他矿产7种。初步探明矿点261处,主要有金、银、铜、铁、铝、煤、硫黄、水晶、玉石等40余种,总储量300亿吨。但是由于交通因素、开发条件以及矿藏的特点,整体开发难度大,大部分矿藏资源尚未开发。

(3) 动植物资源。高寒的气候,不仅限制了很多植物在玉树的生长,也限制了很多动物的繁殖。但是,在长期的自然淘汰中,一些耐寒喜冷的动植物,在恶劣的环境中得到了繁殖和发展,构成了玉树丰富的动植物资源。玉树境内已查明的各类中药材有900多种,其中有虫草、知母、贝母、大黄、雪莲等植物类药材800多种,有鹿茸、麝香等动物类药材约80种。玉树有4个天然林区,林地总面积约 40 万公顷,森林覆盖率为 2.1%。在林地、草涧、山谷中栖息着各种珍禽异兽,主要有野牦牛、野驴、藏羚羊、岩羊、黄羊、白唇鹿、马鹿、金钱豹、雪豹、猞猁、棕熊等各种兽类,兽类的品种在青海省各区域兽类中居第二位;珍禽类有黑颈鹤、马鸡、雪鸡等。鸟类的品种在青海省各区域中居于首位。

(4) 水电资源。玉树境内水利资源十分丰富,三大主要江河以及各类河流纵横交错,湖泊星罗棋布,总流域面积 23.7 万平方千米,流域面积占全州总面积的 89%。通天河尾间直门达水量最多的年份为 527 亿立方米,相当于黄河全年流入渤海的全部水量,可见,在玉树高原上,可供发电用的水力资源也是极其丰富的。据测算,水能发电的理论蕴藏量为 612 万千瓦。水能发电资源蕴藏量非常丰富,但利用率整体还很低。

(5) 生态旅游资源。玉树所处的自然环境、历史上的重要作用以及玉树在生态保护中的重要地位,形成了独具高原特色、地域特色的自然景观和人文历史景观。有名扬藏区的玉树歌舞、格萨尔说唱和历史上藏区交通要道——唐蕃古道;有闻名于世的文成公主庙和各类主流教派以及衍生教派的藏传佛教寺院;有居世界之最的新寨加那嘛呢石堆和佛像高度达 25 米的岗察寺殿内宗喀巴坐佛铜像;有黑颈鹤的故乡——隆宝滩国家级自然保护区和完整保留原始面貌的自然保护区——可可西里野生动物保护区等。全州可供旅游观光的景区、景点众多。

(二) 经济发展状况[①]

新中国成立后,党和政府高度重视和关怀玉树经济建设,一直

---

① 因本书是针对 2010 年玉树地震后有关状况所做调研,故数据限于"十二五"期间,以保证文献资料和实地调研的互证关系,保持本书前后论述的连贯性、同洽性。本书其他数据也多作此考量,不再加注说明。

把努力发展民族经济、尽快改变少数民族地区的落后面貌放在首位。特别是改革开放后,从中央到省,在政策上给予了极大的优惠,全州各项事业飞迅发展,人民生活水平日益提高。

"十二五"期间,玉树地区生产总值由2010年的31.9亿元增长到2015年的60.55亿元,年均增长13.7%。全社会固定资产投资累计完成519亿元,是"十一五"时期的5.3倍;城镇常住居民人均可支配收入由16 306元增长到25 655元,年均增长9.5%;农牧区常住居民人均可支配收入由3 663元增长到5 565元,年均增长8.7%。地方公共财政预算收入由6 398万元增长到5.24亿元,年均增长44.3%。财政总支出由32.5亿元增长到79.6亿元,年均增长30.6%。社会消费品零售总额由3.4亿元增长到10.17亿元。

"十二五"期间,三次产业比重由56∶23∶21调整为43∶39∶18,产业结构渐趋合理。高原现代畜牧业恢复性发展,农牧业特色化、规模化、产业化、品牌化水平正在起步。整合农牧业资源,发展合作经济组织达237个。培育发展民族手工业、农畜产品加工业、商贸物流和饮食服务业,推动劳务经济发展。商贸旅游服务"节会"成效初步显现。累计接待游客150万人次,旅游收入达到7.03亿元。

"十二五"期间,全面完成三江源生态保护与建设一期工程,启动实施二期工程建设。共完成草原禁牧6 050万亩,减畜215.5万只羊单位;灭鼠7 778万亩,黑土滩治理293万亩,生态移民6 535户、33 012人;封山育林230万亩,森林覆盖率达到3.1%,草原植被覆盖度平均提高11.6个百分点。

"十二五"期间,累计投入民生资金229.1亿元,由2010年的23.7亿元增长到57.12亿元。城镇就业累计新增7 833人,安置高校毕业生5 561名,累计转移农牧区劳动力就业50 000人次,解决公益性岗位和零就业家庭就业2 575人,新农合参保率达到98%

以上,养老、医疗保险实现全覆盖。累计投入教育资金 37.9 亿元,年均增长 10%,"两基"攻坚通过国家验收。建立了三级综合医疗卫生服务体系,应对突发性公共卫生事件和预防控制重大传染性疾病的能力增强。建成各类保障性住房 33 709 套,建成 27 118 户牧民安居工程。累计解决 7.19 万人的温饱和脱贫问题。

"十二五"期间,累计完成全社会固定资产投资 273.4 亿元,年均增长 68.2%。其中,交通方面,巴塘机场竣工通航并完成扩建工程,实现了玉树人民的飞天梦想,特别是在抗震救灾中发挥了不可替代的作用。建成了机场专用公路、214 国道二级公路,县际公路实现黑色化。启动实施 214 国道一级公路高速化和 309 省道改建工程,308 省道单幅加宽项目全面完成。投资 21.2 亿元,新改建县乡公路、乡村公路 16 749 千米,建成便民桥梁 497 座。能源方面,龙青峡、拉贡、香达电站和聂恰二级电站建成发电,全州发电装机容量达 26.4 兆瓦。投资 1.3 亿元的巴塘 2 兆瓦水光互补微网发电"金太阳"示范项目并网发电,建成 115 座太阳能光伏电站,解决了 40 个乡镇机关的工作用电及周边群众的生活用电问题。水利方面,累计投资 3.44 亿元,建成结古镇城区防洪工程、各县 63 项人畜饮水和灾后应急除险加固等工程,解决了 12.37 万人、152.27 万头(只)牲畜的安全饮水问题。通信方面,实施了乡镇移动电话工程和 147 个边远村庄卫星通信工程,固定电话用户突破 10 000 户,互联网用户达到 8 680 户;移动、电信、联通网络覆盖到全州 70%的村社。资源勘查方面,落实资金 7.78 亿元,实施地质勘查及基础地质调查项目 84 个。曲麻莱大场金矿、杂多纳日贡玛铜钼多金属矿等青藏专项"358"地质勘查工程和地勘项目取得重大进展。

"十二五"期间,发展中的玉树,投资快速增长,城乡基础建设实现了历史性突破,使得发展后劲和内生力也大大增强。

第二节　玉树藏族民间文化现象概说

所谓"文化",具体表象为时代特征、地域特色和民族风格等,是通过具体时代中人在充分发挥主观意识,改造客观世界,人与自然协调发展,社会生活、调节情感累积出来的一种财富的积淀。由于文化是由不同民族、不同区域、不同时代积淀下来的,因而表现出不同的特色、形式、类型。无论是古代文化、近代文化,还是现代文化,民间文化还是官方文化,大众文化、阶层文化还是精英文化,都有丰富的形式。在社会生产、生活的各方面,文化都渗透其中,不同的文化有不同的表现形式,典型的重大的文化表现形式有艺术、文学、政治、宗教、教育、道德、军事、科技等方面的活动。其中艺术与文学表现形式最为丰富,有诗歌文化、音乐文化、绘画文化、神话文化、戏剧文化、曲艺文化、影视文化等。此外,还有大量的特殊文化表现形式,如饮食文化、花鸟文化、体育文化、酒文化、茶文化、丧葬及婚嫁文化、居住文化、园林文化、建筑文化、网络文化、科技文化、服饰文化、节日文化等。

玉树因其特殊的地理位置、悠久的历史以及独特的生产、生活方式,千年来,在生产、生活和对外交流的过程中积淀了独具特色的高原文化。历史上玉树是唐蕃古道的主要途经地,其文化又受到中原文化、藏地文化和印度文化的多重影响,遗存厚重,特色鲜明。

一、玉树藏族语言

语言不仅是人类思维的物质外壳、相互间沟通和交流的工具,而且是一个民族的四大特征之一。藏语是汉藏语系(也有的学者认为是一种介于汉语与阿尔泰语系间的独立语系)藏缅语族的藏语支,分为卫藏、康巴、安多、嘉绒四大方言。玉树属于康巴方言区,这一地区的藏话东通玉树结古一带,南通玉树囊谦和西藏的丁青、巴青和索县一带,简称玉树话。由于玉树地广人稀、交通不便,各辖区方言在口语上有一定的差异,但书面语是统一的。丰富的辞藻和典雅的敬语是该区域语言的一大特点。玉树人民在数千年的历史进程中不断丰富和改进自己的语言,并用它创造了浩瀚的雪域文学,记载和发展了宏伟的藏族文化,在社会的发展过程中形成了系统的语法结构、严密的逻辑体系、优美的修辞艺术、丰富的词汇储存,吸收并消化着外来的先进文化。

二、玉树藏族民间文学

在几千年漫长的历史发展过程中,勇敢智慧的玉树人民创造了丰富多彩、风格独特的藏族文学。其中既有民间文学又有作家文学,两者交相辉映,可称双璧。民间文学分为诗歌、神话、传说、故事、史诗、叙述诗等;作家文学包括诗歌、历史文学、传记文学、戏剧、小说、散文等。玉树地区的民间文学同其他各藏区一样,以口传心授形式流传世间。这些口传的民间文学内容丰富,无所不包,论理精辟透彻,蕴含深刻的哲理,富有教诲和训诫意义,更具大量的历史信息。如英雄史诗《格萨尔》不仅是我国文学宝库中的珍品,而且享誉世界。藏族先民创造了民间说唱文学,用来表达自己的喜怒哀乐和心中的向往,表达对神的敬意和对同胞的友好,表达对生活的向往和对美的追求。拿谚语来讲,在玉树的许多论理舌战场合,藏族民众口若悬河、滔滔不绝,特别是有些能言善辩的人,一个小时的言谈可运用的谚语竟多达数百条。在有些不便直说的情境下,仅用一句谚语,就能一语中的,却又非常含蓄且风趣幽默。

(一)传说

玉树的民间传说非常丰富,很有地域特色,这些传说以浓厚的浪漫色彩叙述或介绍玉树某一历史人物的神奇故事或某一民族部落的起源、某一风俗习惯的形成、某一山川河流的名称、某一名胜古迹的传说以及某些花草树木、飞禽走兽的来历等。如《珠姆的传说》讲的就是珠姆——格萨尔王妃（传说玉树是珠姆的故乡），以及珠姆的生活习惯和装饰习俗等。《哈达的传说》则讲的是哈达的由来。《新寨嘉那嘛呢和新寨卓舞的传说》则讲述的是新寨嘛呢石堆的由来和新寨卓舞的由来。此外类似的传说还有《文成公主路经贝纳沟的传说》《选择吉日上泥土补房漏的传说》《辰星水的传说》《治曲（长江）的传说》等，这些传说一方面体现了玉树藏族对于神奇故事的传颂，同时也表现出与自然和谐共存的生活方式。

（二）童话

在玉树藏族民间，童话所占的比重也非常高，其中最多的是关于动物的童话，如《聪明的小青蛙》和《虼蚤与虱子》。通过这些童话，玉树藏族教育孩子的方式和教育的内容均可窥一斑。如《聪明的小青蛙》讲述的是小青蛙如何与老鹰斗智；《虼蚤与虱子》讲述的是骄傲的虼蚤虽然在速度上快于虱子，但是最终还是稳打稳扎的虱子获得了美食，教育小孩子干什么事情都要脚踏实地。

（三）寓言

玉树藏族寓言一般通过运用假托的故事或拟人手法来说明某个道理，给人一种有益的教诲和有哲理的启示。如《巴塘嘉塘之争》告诉人民不要干一些无实际意义的争斗，《蝙蝠朝西》则讲述蝙蝠如何通过违背常理、与众不同的做法获得成功，引人深思。

（四）故事

玉树藏族民间故事异彩纷呈，非常丰富，如《玉树故事》《阿克顿巴》《尸语故事》《善于鸟兽语的放牧人》《阿飞那个样的孩童》等。这些故事以奇特丰富的浪漫幻想,曲折离奇而引人入胜的故事情节,充分反映了藏族劳动人民向往幸福、追求正义,希望消灭压迫、惩治邪恶、主宰自己命运的美好愿望,描绘了五彩缤纷的社会生活画面。故事的主人公多为被压迫、被剥削的下层劳动人民,然而他们总能够以高尚的品格、惊人的勇气、非凡的才智、坚强的毅力以及诸多美德战胜邪恶力量。

(五)谚语

玉树藏族人民都喜爱谚语,广泛使用谚语,言谈多以谚语见长是他们的共同特点,无论是口头还是书面,运用谚语的频率相当高。流传于玉树的藏族谚语内容丰富,无所不包,富有教诲和训诫意义。语言千锤百炼,具有简单、生动、易懂等特点,如"有钱是叔叔的亲侄,无钱是叔叔的用人""白天的贼用眼睛去捉,夜晚的贼则用手去擒""讨来的食物是干净的,偷来的金子是肮脏的""嘴巧说什么都行,手巧干什么都好""拜惯了杂神小仙,认不得释迦牟尼;游惯了他乡异地,认不得自己家乡""对不懂人言的耕牛,鞭子胜过皇帝的圣旨"等,都能够用对仗工整而又言简意赅的语言,说出一些道理来。

(六)《格萨尔》史诗

《格萨尔》又名《格萨尔王传》,是我国藏族群众集体创作的一部藏族英雄史诗。《格萨尔》堪称世界上最长的史诗,在玉树,这部文学巨著以手抄本、木刻本和口传等形式,根植民间,传颂在藏族人民群众中,可以说玉树是《格萨尔》流传时间最长、传播区域最广、作品数量最多的地区之一。在藏文产生前,《格萨尔》史诗以口耳相传的形式流传;藏文产生后,出现艺人"说唱形式"和"文本形式"同时在民间流传的情况。据统计,流传于玉树地区的《格萨尔》

多达 56 部,玉树流传的《格萨尔》说唱曲调名称约 108 种。

1. 说唱形式

这是指由民间艺人讲唱的《格萨尔》。这些说唱艺人都是天才的诗人和歌唱家,有惊人的记忆力和表演才能,大致可分为五类:第一类是"神授艺人",他们大都是目不识丁的牧民,认为自己的格萨尔故事是从天而降的,突然之间就能说唱几十部甚至上百部史诗故事了;第二类为"闻知艺人",他们承认自己是听到别人传唱或看到史诗文本后才会唱的;第三类是"掘藏艺人",他们主要靠笔来书写史诗;第四类为"吟诵艺人",他们具有一定的文化水平,可以拿着史诗文本为群众诵读;第五类是"圆光艺人",他们具有浓厚的神秘色彩,据说他们通过铜镜或一些发光的东西,甚至是拇指指甲上看到的图像或文字来进行表演。

在讲唱《格萨尔》史诗时,艺人们以诗的歌唱为主、散文的讲解为辅,是一种"诗、文、曲"相结合的讲唱。散文部分介绍故事内容和情节,韵文部分主要是人物对话和抒情。一般韵文唱词的比重大于散文叙述部分。讲唱时场景十分动人,若不录音、录像,仅用文字是难以描述的。一些杰出的民间艺人,只要有"施主"供应茶食,他们便能连续不断地演唱下去,据传已故著名的扎巴老人在功德林讲唱《霍岭大战》时就用了 13 天。

众多的说唱艺人,所处地域不同,各自的说唱风格不同,他们在天赋、知识阅历、内在气质和特长等方面也各有差异,因此他们口中的史诗也就各具特色。即使是同一个艺人,还会因说唱的时间、环境和个人心态的不同,每次说唱的内容也会有所变化。他们在说唱的过程中,不断丰富和完善其内容,形成了"每个艺人口中都有一部《格萨尔》"的局面。

《格萨尔》得以流传至今,说唱艺人功不可没,他们是这部史诗的创造者和传播者,没有他们的创造和传播,这部史诗不可能相传至今,更不可能流传得如此广泛。

2. 文本形式

我国已有多家出版社出版了关于《格萨尔》史诗的文本,粗略估计有近百部。其中既有古代抄本、木刻本,也有文人加工整理的本子,还有个别艺人自己创作的本子,当然更多的是根据录音整理出来的记录本。

总体而言,《格萨尔》史诗包括民间艺人讲唱的史诗和已正式出版的史诗文本。其中民间艺人讲唱的史诗约占80%,《格萨尔》史诗文本约占20%。可见蕴藏在民间艺人之中的《格萨尔》史诗的数量还相当庞大,是一部活着的史诗,至今也没有一个完整的、统一的、公认的、定型的文本。

三、玉树藏族民间艺术

玉树藏族民间艺术包括音乐、舞蹈、造像、藏戏等。玉树蕴藏着丰富的藏族歌舞文化,种类繁多,内容也包罗万象,素有藏族"歌舞之乡"的美誉。玉树藏族的造像有着很高的艺术价值,无论是寺院佛塔、镌雕塑像等造型艺术,还是卷轴唐卡、岩画壁画等造像艺术,均让世人叹为观止。

(一) 音乐

玉树藏族传统音乐包括民间音乐和宗教音乐。玉树藏族的民间音乐历史悠久、旋律优美,可以分为卓(歌舞曲)、伊(歌舞曲)、勒(山歌)、闯勒、拉伊(情歌)、琼勒(祝酒歌)、古莫(打卦情歌)、列伊(劳动歌,如"约拉"为收割打场歌、"均勒"为夯墙歌)和拜咏(嘛呢调)等种类。其中勒、闯勒、拉伊三种民歌为最典型的玉树藏族民歌,具有十足的"山歌"口味;卓、伊是歌舞曲,说歌必舞,载歌载舞,有舞必歌。而拉伊、古莫、列伊和拜咏则需要根据不同的事件和情景而表现。宗教音乐与宗教意识和艺术特征相结合,通过特有的音乐语言、寓意象征和宗教暗示等表达抽象的宗教教理,让宗教信仰者们从中感受和体验那神秘莫测、高深虚幻和神性,达到虔信教义、敬畏神灵的目的,成为僧俗众生心目中最神圣的音乐。具体内容参见本书第五章"玉树歌舞文化的变迁"。

(二) 舞蹈

玉树素有"歌舞之乡"的美誉,在玉树有句谚语:"会说话就会唱歌,会走路就会跳舞",形容玉树歌舞之普及。玉树藏族舞蹈风格粗犷豪放,造型形象传神,律动优美活泼,内涵含蓄丰富,把藏族人民生产生活、宗教礼仪、节日庆典等风俗习惯融入舞蹈中,通过肢体的语言传达对神的敬爱,对生产丰收、生活美满的喜悦,对情感变化的抒发,对自然的赞美。藏族舞蹈是一种自娱性的活动,构成了玉树藏族人民生活的一个重要部分。这也是千百年来玉树藏族民间舞蹈能够久久流传,不断丰富、不断发展的主要原因。玉树民间舞蹈是民族情感色彩的体现,它的一切内在精神气质、形式结构和风格特色都是由该民族的精神、信仰、心理审美意识所决定和赋予的。它不仅是审美的需要,更是人们对未来的期望和精神的寄托,是民族智慧的结晶。玉树藏族舞蹈主要由伊、卓、热巴、热伊、锅哇以及寺院宗教舞跳神构成。伊、卓是其中的两大舞蹈类型,舞蹈种类多,人数不限,老少咸宜。因本书设有"玉树歌舞文化的变迁"一章,在此就不赘述了。

(三) 造像

藏族佛教造像艺术是佛教的基本理论、信仰对象的基本特征、修行方式,是思想心愿和功德成就在艺术家头脑中能动的审美的反映和产物。藏族佛教造像艺术具有民族性、时代性、区域性、教派性和个体风格特征。玉树藏族造像艺术有岩画壁画、唐卡、刺绣等不同的方式。

岩画壁画艺术以多姿的形象、丰富鲜艳的色彩、高超的画技、别具一格的构思,以经变故事、佛经故事、佛本生故事和历史人物为主,融入自然景物之中。通过矿物颜料的使用和处理,使其保持长久而艳丽。唐卡绘画常用于宣传宗教教义、装饰寺院佛堂以及教导信徒积累善业、功德,具有鲜明的民族性和宗教性特点。唐卡所绘制的内容多为藏传佛教中各位上师、各教本尊以及藏族社会的历史、天文地理、藏医藏药、历史人物和吉祥图案等。唐卡的材质多采用布、绢料和纸料为底进行彩绘,还有许多刺绣、堆绣等织物。

玉树造像艺术的题材来源一般分为七类:自性轮身的佛像类、正法轮身的菩萨像类、闻法觉悟的佛教弟子罗汉像类、开山弘法的祖师类、践行证悟的大成就者、教令轮身的化愚除障明王类、护法佑众的威德金刚类。此外,还有护持一方的天龙八部类、修行建造道场的曼陀罗类、象征符号类和法器类以及佛传故事类、佛本故事类、经变故事类、供养人类、弘法历史故事、建寺故事类。另外,也有祖寺风景类,大智慧和大成就者的传奇故事。再就是众多飞禽走兽的外貌特征、无毒飘香的树木花草、温和机灵的飞禽走兽类、社会使用的吉祥符号等。

造像艺术中的色彩及配色都有寓意:绿色象征救苦,白色象征消灾,黄色象征增益,红色象征怀爱,蓝色象征调伏。五色转化为五大,五大转换为五行,五行以五种动物表现,也可以五种几何形状表现、五个手指表示,分别表示不同的宗教内涵和文化寓意。

(四)藏戏

玉树藏戏又称"玉树康巴藏戏",主要用康巴方言演唱。根据考察材料,在民国时期,藏戏爱好者编排了几部藏戏,如《卓瓦桑姆》《意乐拉姆》《诺桑王子》并在全州进行了巡演,但是由于无人继承,后来慢慢就消失了。后来著名民间艺人扎西格勒改编的《格萨尔》《格萨尔出征》《格萨尔降魔》以及《文成公主》等,又渐渐将玉树藏戏进行了发扬光大。玉树藏戏具有丰富的内涵,同时又结合了玉树其他艺术之长,具有比较鲜明的个性特征。在表达内容上,民俗生活同宗教生活相结合,有名僧事迹,有佛经故事,有文化交融的民俗遗存,有民族交往典故。在艺术形式上,有寺院宗教音乐,有民间舞蹈形态,有绘画艺术,有民间歌舞的内容,有说唱艺术的营养。在文化交融上,有汉族文化的影响,有汉族戏曲表演的程序。由于内容多样,形成了综合各种艺术,兼具民族、宗教和康巴地域特色的独特戏剧体系。

四、玉树藏族民居建筑

玉树藏族民居建造风格民族特色浓郁,不同区域民居建筑具有不同的特点。

(一) 牧民帐房

由于牧民长期生活在高寒地带,过着游牧生活,对于居住的抵御寒冷和便于移动的要求比较高,在玉树的草滩、草场上,零星分布着各种各样的帐房。帐房一般为长方形,由四片组成,每片分片由褐子(褐子是以前游牧民族用来缝制帐篷、衣物的一种手工布料,具有保温、隔潮、防水、防风等作用)缝制而成,类似今天的帆布片。容易拆卸,卷起来就能运走,便于游牧操作。室内一般设置床位一处、仓库一处(堆积各类工具和牛粪);帐房中间一般为生活区域,支炉具,用于日常的饮食和保暖;帐房外,有的人家还摆置织毛织线的工具,并选择特殊位置摆放厕所用的简易帐房。除了普通的帐房外,还有其他类型的帐房,有的人家还备有一顶小型"人"字形帐房。相比主帐房,"人"字形帐房,形体较小,非常轻便,属于临时使用帐房。生活比较富裕、有条件、有地位的牧民家中,还备有六角形或八角形彩帐。彩帐采用白色布料为主要材料,在帐檐、帐壁、帐坡等部位的连接处用黑布、蓝布压边,每面帐坡和帐壁上,还镶有黑色或蓝色"寿""卐"字纹等吉祥图案。彩帐是专供牧民集会、活动时用的一种帐房。

(二) 碉房

在玉树东南部的深山峡谷地区,是农牧兼营的半农半牧区,也是盛产石材的区域,依山分布着一些用块石、片石垒砌的石木混合的方形小楼,因其外部很像碉堡,故称"碉房"。碉房按照其形状的不同分为碉楼式、碉塔式、独立式、院落式。碉房多为石木结构,主体建材一般为木头、石头,用于固定整体结构,墙体采用片石堆砌而成,纹理清晰,非常美观,整个墙体一般厚约 1 米,墙上一般不开孔,门窗的空洞也比较小。主要为了御寒和抵御野兽。整个建筑结构端庄稳固、朴素粗犷。碉房一般为两到三层,个别有四层,最底层一般为仓库和牲畜棚,用于储存工具、牛粪和圈养牛羊。二楼为居住间,其中最好的一间房间是佛堂,大一点的房间作堂屋、卧室、厨房,小一点的房间作储物室(储藏衣物或粮食等)或楼梯间,如果碉房比较小,则厨房和卧室共用一间。碉房顶部一般为平顶,用草泥填充压光,作晒台,用于晾晒、打麦及活动。院落布局上,有独立式和院落式。独立式碉房无院落。院落式碉房是一种综合性建筑,除了主碉房外,四周还垒砌院墙,形成封闭式院落,沿院墙还布置牲畜棚、杂用房、用人房等,院落中间有天井和小花坛。院落式碉房一般为贵族头人所住。层次上,主碉房一般三到四层,平面上为四合院式。

碉房在玉树东南藏区适应性很强,特别是在野兽出没之地,是较好的住居,同时有就地取材、建造方便等特点,故能被广泛采用和发展。而碉院只是为个别贵族头人、巨商所住,标准高、建造难、投资大,故很少见到。

新中国成立后,随着牧民生活的日益安定及生活水平的不断提高,修建碉房的明显减少了。老式碉房不但见不到了,就算能够找到一两处,也没有人居住了。这些碉房逐渐被"一面坡"和藏式阁楼所取代。

(三) 一面坡

在西北,土木结构的"一面坡"住房极为普遍。"一面坡"在建造时,结构简单,架构好房屋的细梁、细檩及细椽后,铺上树枝杂草,抹上黄泥就行了。和西北其他农村的"一面坡"相比,玉树"一面坡"建筑形式与装饰则别具匠心,既有浓郁的藏文化风韵,又有地域特色和生活气息。玉树藏家"一面坡",其房屋的架构为土木结构,一般先奠定好房基,房基一般在 1 米高;房基建造好后,在房基上面建造房屋基本构架,即搭建房屋的细梁、细檩及细椽。整体房屋的架构做好后,进行盖顶和装饰。整个做好后,才建设院墙,院墙相比来说比较低,因此,在看"一面坡"时,整体房屋建筑非常突出。从房屋朝外看,视野开阔。由于地基较高,整体防水、防潮、采光功能都比较强。玉树"一面坡"在门窗、护边、装饰上都有自己的独特之处:门窗皆开于后墙,前檐护边垒得比较高,并与三面的护边平齐,使房坡隐藏于护边中间,远看如平顶建筑;同时,为了便于排水,前檐护边插有数根用原木凿成的水槽。这些水槽一般有 2 米多长,由于前檐护边高,这些水槽看起来好像插在半墙上。门窗一般在高高的后墙上,门窗比较大,都是落地大窗或通壁大窗。在装饰上,玉树藏家"一面坡"随处可见各种各样的图案和装饰:

窗棂由各种几何图案组成，并按图案结构加以彩饰，在每个窗户外面，皆挂有白色遮阳布，其大小和窗棂相等，四角缀有四个鼻扣，紧扣于窗框上，严严实实，平平整整。每块遮阳布上，皆以黑色或蓝色布料镶出与窗棂相似的图案或吉祥图案。在住房邻走廊的外壁上，多装饰有排列有序的龙纹、凤纹、花纹、八宝纹或其他吉祥图案。在内部结构上，除厨房、卧室、仓库外，还有较大的会客室。厨房一侧，有的另设一间牛粪室，牛粪室和厨房之间的墙壁上仅有很小的一个洞，便于取牛粪烧火用，平时用木板覆盖，故不会弄脏厨房。房门一般采用的是拉合式的。当地藏家非常注重室内装饰，室内墙壁上多用白灰刷白，门窗上多饰以重彩，顶棚绷上白纱布。会客厅内大都竖有两根明柱，柱头雕刻各种图案，并用金粉和色彩加以描绘，使柱子显得非常醒目。再加上布置的各种华贵的藏柜、藏毯，整个室内五光十色。

（四）藏式阁楼

在玉树，除了"帐房""碉房""一面坡"等建筑形式外，最引人注目的还有藏式阁楼。藏式阁楼在建筑形态和设计上与"一面坡"相似，其独特之处在于其装饰。藏式阁楼一般为两层，少数三层，整个楼体凡是在外的部分，都进行了装饰，漂亮而典雅。

玉树阁楼在房间设计、装饰和使用上，与其他建筑形式有很多不同。藏式阁楼的住房面积较大，设有宽大的会客室。会客室及伙房一般设在一楼，卧室和佛堂设在二楼，牛粪、工具、柴草及各类皮张等，一般堆放在阁楼附近的平房中。阁楼的装饰体现在整个建筑的各个方面，无论是护边、椽头、门窗、柱子，还是三面墙壁，都进行了精心的装饰。装饰除了各种色彩的搭配外，主要是各种图案，以几何图案使用为主，如正方形、菱形、长方形、圆形、三角形等，局部采用吉祥图案。藏式阁楼的各种装饰图案，多以几何图案和吉祥图案为主,色彩多用大红、紫红、草绿、墨绿等,偶尔点缀明黄、粉红、嫩绿,在银白色的雪域世界中,在碧草蓝天下,显示出藏家独特的审美观。

藏家的建筑艺术,是藏民族智慧的结晶。众多具有民族特色的建筑体反映了藏民族的建筑风格,不仅给神奇的草原增添了神秘,而且给藏家带来了美的享受,这就是藏式建筑的魅力所在。

另外,玉树灾后重建了十项重点建筑(嘉纳嘛呢、玉树博物馆、格萨尔王、康巴艺术中心、游客服务中心、地震遗址纪念馆、行政中心、文成公主纪念馆、两河景观、湿地公园),在建筑造型、建筑结构、建筑色彩、建筑符号、建筑装饰上,各类特点和谐融合,不仅体现出玉树在建筑上的独特技巧和建筑理念,更是将玉树的宗教特色、地域特点完美地用建筑形式表现了出来。

五、行为习俗

玉树藏族习俗文化丰富,有许多不同于其他民族之处。如在藏族社会里,每个人的地位、职业、亲属、年龄都有明显的层次,在日常交往中,就要根据交往对象的这些特点使用不同的话语。诸如百姓对千百户、俗民百姓对活佛和高僧、晚辈对长辈等说话时,必须用敬语。特别是对活佛、高僧、头人说话时,定要注意使用敬语。路遇时,最普通的礼仪是见面互致问候,问寒问暖;遇见至亲好友,要下马拉对方的手贴于自己的面颊,或轻轻地碰对方的面颊和额头;遇见长辈要下马让路;遇见千百户要表示敬畏,赶紧取下盘发,右袖搭肩,躬立道旁,不能仰视。帐房内相聚交流时,在座位、座次和礼让方面都有固定习俗,帐房内两个立柱之间,有一座狭长的土灶把帐房自然地划分为左右两部分。按习俗男左女右,中老年男性和客人的座位在左方,右边为妇女和儿童的座位。左方上部又为上席客座,专门为招待尊贵的宾客。有客人来,必须按先客后主、先男后女、先老后幼的顺序依次就座。还要遵循俗人不能在僧人上方、牧民不能在头人上方、女人不能在男人上方就座的习俗。坐式均为席地而坐,但男女有别,男盘膝而坐,女半跪式而坐。凡男人用的东西,女人必须绕行,不能腾越。在迎送客人时,当客人临近帐房时,不管认识与否,全家要到帐外迎候,妇女、儿童及时为客人挡狗,男人接过马缰绳扶客人下马,致"嘎阿贴"(意思是"辛苦了")的问候。如果是头人、活佛或其他贵宾,则要用"钦那巴哦吉切尔贴"(意思是"您辛苦了")的敬语致问候。客人要离去时,要扶镫上马,祝福吉祥如意、长命百岁的送别语,目送客人走远后才返回。在敬老方面,藏族老人普遍受到全社会的尊重,公认他们是知识的化身,具有丰富的畜牧业知识和生产经验。老人进屋要起立让座,不能向老人座位伸腿;进餐时首先端给老人,饮酒要等老人先举杯;吃手抓肉时,把嫩滑柔软的肉端到老人面前,并请老人先动刀;称呼老人不能直呼其名,视年龄称呼爷爷或老爹,以示尊敬;走路时,要让老人的乘骑在前面走;过年过节要给长辈行跪拜礼等。

六、文化名胜古迹

玉树历史文化悠久,地域特色明显,有很多的文化名胜古迹,这些古迹大都享誉中外,具有很高的文化价值。如最著名的贝大日如来佛石窟寺。贝大日如来佛石窟寺就是著名的文成公主庙,相传是唐代藏族群众为纪念文成公主而建,始建于唐代,已有1 300多年的历史,是唐蕃古道上的重要文化遗存之一。文成公主庙坐北朝南,面临溪流,依崖而建,设计巧妙。庙门旁有一碑石,记载了文成公主庙修建的历史。

文成公主庙是一处高9米、长宽均约10米的藏式平顶建筑。庙内正中有文成公主浮雕石像,依山势凿成,石像盘腿端坐,通高

8米,其两旁有8名浮雕侍女分两层侍列。文成公主和侍女像均雕刻精湛,造型浑朴生动,神态端庄,反映了唐代雕刻工艺的高超水平。庙内两侧墙壁上有两个活佛画像,雕像对面墙壁上绘着含竹笋、石榴、棉花、宝镜和馒头等元素的壁画,记录了当年文成公主教当地藏族人民耕作与纺织的事迹。庙宇掩映于苍松翠柏之间,是西藏佛教徒和海内外游人朝拜与游览之所。

玉树地区的名胜古迹十分丰富,大都与藏传佛教文化相关,诸如新寨嘉那嘛呢石、藏娘佛塔等,不胜枚举。

第三节 玉树藏族民间文化的特征

玉树地区物质财富虽然匮乏,但玉树藏族民间文化丰富多彩,积淀深厚,内涵丰富,独具特色。

一、浓郁的藏传佛教文化

玉树地区藏传佛教教派齐全(在州级及其行政范围),寺院和僧侣众多,宗教活动频繁。民主改革前,玉树有201座藏传佛教寺院,在寺僧尼27 000人,宗教教职人员占当时总人口的28.6%。改革开放后,民族宗教政策得到全面落实,宗教活动场所和宗教活动得以恢复。据统计,玉树有宗教活动场所238座,其中寺院194座,僧尼23 017人,僧尼占全州总人口的6.4%。在局部范围,寺院分布更为密集。以囊谦县为例,10个乡镇、69个村共80 000余人口,宗教活动场所达到108座,平均每个乡镇约有10座寺院,每个村至少1座寺院,每10人中有1名僧人[①]。宗教生活成为藏族

---

① 陈玮、鲁顺元:《玉树灾后重建与藏族传统文化保护》,《中国藏学》2010年第3期。

群众的主要生活方式,佛教文化也物化于山川河流,如崖壁佛像、水中嘛呢石、山寨嘛呢石堆以及随处可见的经幡等,从中可反映群众对藏传佛教信仰文化的强烈需求和极其复杂的宗教信仰形式。

二、绚丽的民族艺术

玉树与云南迪庆、四川甘孜、西藏昌都毗邻,同处长江、澜沧江上游,地理上山水相连,文化上一脉相承。生活在三州一地的人民,共同创造了以藏文化为主体、兼容其他民族文化,具有多元化、复合性的康巴地域文化。作为藏族康巴文化的代表地,玉树有粗犷豪放、欢快热情的玉树歌舞,有高亢悠扬、优美动听的玉树民歌,有内涵丰富、形式多样的玉树说辞,有独具一格的玉树服饰,呈现出绚丽多彩的民族特色和原生态之美,玉树因此被誉为"歌舞之乡""服饰之乡"。就舞蹈而言就有伊、卓、热巴、热伊、锅哇以及寺院的"跳千"(藏传佛教法王舞)等。其中,伊、卓两大舞蹈类型中又包含了很多类,参与人数众多,老少皆宜,尤其在大型民俗节日活动上(如康巴艺术节和当地的赛马会),成千上万的民众集体歌之舞之,蔚为壮观。根据青海省舞蹈集成办公室编纂的《舞蹈集成玉树分册》记载,已经掌握的就有400余种。"玉树卓"舞已被列入世界非物质文化遗产名录,其中的"白龙卓"有近千年的流传史,被誉为"神来之舞"。其舞种和曲种相传早期有80多种,目前也有30种。白龙卓舞的主要发源地和流传地称多县被文化部授予"中国民间艺术之乡"的荣誉称号。从所搜集到的文字来看,玉树舞蹈作品的主线都是人们极为熟悉的自然万物,其内容多半是赞美家乡、雪域山川和幸福生活的。它用诗体语言,通过唱和跳的表现方式奉劝世人远离尘世苦,一心为善,诚心朝拜,表达对幸福生活的向往,教育人们要珍惜美好时光。玉树藏族民歌种类繁多、内容丰富,传统意义上的民歌有勒、拉伊、闯勒三种,并有其独到的曲调、语言结构和表达形式。1985 年,州群艺馆组织专门人员搜集整理近 2 000 首藏族民歌,同年出版了收有 1 400 多首民歌的《玉树民歌集》。玉树地区还流传着极为丰富的传说、童话、寓言、故事、谚语和史诗,特别是长篇英雄史诗《格萨尔》更是世界文化宝库中的奇葩。

三、丰富的文物古迹

地处卡若文化辐射区的玉树,文物珍藏量大,分布面广。据《中国文物地图集(青海分册)》的记载和青海省、玉树州文物部门的初步考证,分布于玉树境内的历史文化遗迹和文物点有 65 处,其中有 4 处国家级文物保护单位,22 处省级文物保护单位。玉树大小近 200 座寺院中,有近四分之一的寺院初建年代久远、文化内涵丰富、文物价值极高。寺院的建筑、佛塔、佛经、佛像(唐卡)、命册以及法螺、跳神面具、钹、鼓、铃、金字大藏经等法器文物历经沧桑巨变,弥足珍贵。有的寺院,其有据可证的初建年代可上溯到 12 世纪初。这些寺院堪称文物博物馆和宗教发展的活化石。《玉树州志》所载古遗迹有 25 处,多数为青铜时代遗迹,具有十分重要的考古和史学价值。新寨嘛呢佛塔、文成公主庙、勒巴沟摩崖石刻、结古寺、禅古寺、《东仓大藏经》等文物的地位尤为显要。

四、强烈的生产生活气息

多姿多彩的玉树藏族文化,深受生产和生活模式的影响,呈现出强烈的生产和生活气息。从民间文学看,很多是反映当地原始生活的作品,通过民间故事、传说来表达人们的喜怒哀乐和心中向往,表达对神的敬意和对同胞的友好,表达对美的追求。如民间传说《吉日泥土补房漏》《巴塘嘉塘之争》《善于鸟兽语的放牧人》等。

从服饰上看,玉树大襟广袖,与当地民众所处环境为高寒地带、经营模式为牧业息息相关,广袖便于放牧过程中手部的活动及保暖,这完全不同于四川、云南康区藏族的生活方式(农牧结合,在农耕过程中,为了方便,藏袍比玉树的藏袍就收敛了一些)。民居建筑更是生活的写照,民居根据所处的地形和不同的社会阶层进行建造,呈现出不同的特点,尤其是碉房、庄窠、庄园、城堡均各具特色。此外,很多艺术活动,如玉树民间舞蹈是自娱性的活动,则与当地民众劳动、生活等风俗习惯紧密相连,是生活的重要组成部分;很多绘画、雕刻内容也反映了生产和生活的状况,而工艺则是在生产过程中产生的智慧结晶;哲学思想、习俗等则是出于生产和生态保护的需要而逐渐积累下来的。

玉树是康巴藏族的主要分布区,当地藏族作为一个以游牧为主要生产和生活方式的古老民族,逐水草而居,形成了粗犷、豪放的民族性格,独具特色的藏式建筑、古老神奇的藏医藏药、蜚声雪域的康巴歌舞、热烈欢腾的赛马盛会、精美绝伦的藏族服饰、传唱千年的藏族英雄史诗《格萨尔》等共同勾画出玉树独有的康巴民间文化景观,形成了鲜明的地方文化特色。

第二章
宗教文化的传承与变迁

　　从意识形态和宗教信仰角度看,玉树传统文化中宗教的产生与发展都是围绕信仰而展开的,它不仅吸收和包容社会的一切文化因素,而且和一切文化现象发生着紧密的联系。从这个意义上讲,玉树宗教是一种依附于宗教形态而存在的文化,失去这些丰富的文化元素,玉树的宗教就不可能存在。1 000多年来,玉树的宗教文化就是以佛教为核心,把苯教文化、世俗文化和汉文化等文化因素吸纳包容到自己的体系中,构成了内容庞杂、丰富多彩的宗教文化体系,其文化体系下的文学、科技、哲学则成为神学的枝杈。由藏传佛教文化所延伸的美术、音乐、雕塑、建筑等也都饱含藏胞的智慧和血汗,表现出一种特有的生命原初形态和天才的创造力,并以信仰为核心向外辐射生活,越宗教越世俗,因为本初,愈加具有了玉树宗教的特征,反映着他们的思维水平和审美情趣,焕发出绝美玄幻的光芒,值得人们永远珍视。

玉树地处中原与藏地之交,迎来送往了许多藏传佛教的大德高僧,这给玉树带来了始料不及的宗教繁荣。玉树地区全民信教,藏传佛教已有 800 多年的历史,以藏传佛教为中心的寺院颇多,宗教色彩浓厚。由于玉树远离藏地核心区域,因此在得到教义弘传的同时,也最大限度地规避了教派倾轧产生的极端局面。所以,除了被格鲁派吞并的噶当派之外,其他各个教派在玉树都留下了重大的圣迹。例如,忽必烈的帝师、元朝总制院主持、萨迦派第五代法王八思巴就曾频频往返于藏地和中原,大约 1264 年,他在今天玉树称多县称文乡的噶瓦隆巴地方,举行过万余名僧俗信众参加的盛大法会。其讲经灌顶影响极大,这也才有了后来"称多"的名称,意为万人集会处,后来成为这一地区的乡名和县名,也是玉树还原藏传佛教发展历史的重要标本之一。另外,明代从噶举派改宗萨迦的结古寺,以及大批大规模的萨迦寺院,还有噶举派结古寺一世活佛嘉那的嘉那嘛呢堆和大批建制完整的噶举寺院等,无论是萨迦、宁玛、噶举,还是格鲁,这些占据藏传佛教主导地位的几大支系都先后传入玉树,支系庞杂的藏传佛教在玉树发展史中对藏族的影响广泛而深刻。

在封建社会里,宗教逐渐上升为玉树社会上层建筑的主要内容。伴随着农奴制的形成和发展,它在藏地起到了积极作用,并一度成为玉树社会较为先进文化的代表。然而随着政教合一的封建农奴制的巩固,藏传佛教逐步成为统治广大劳动人民的政治工具,它不仅是一种意识形态和信仰,更具有社会组织、经济制度和社会制度等上层建筑的特点,成为玉树社会保守落后的根本原因之一。

到了近代,玉树的解放,尤其是改革开放,使玉树的宗教再次发生翻天覆地的变化,封建农奴制的铲除,使藏传佛教赖以存在的政教合一的土壤不复存在,宗教的存在由制度组织变为个人行为,成为一种和我国现行制度相适应的文化现象,就像列宁说的:"就国家而言,我们要求宗教是私人的事情,但是就我们自己的党而言,我们无论如何也不能认为宗教是私人的事情。"①玉树成为藏传佛教教派最为齐全(州级)、寺院和僧侣众多、宗教活动频繁的地区,宗教生活成为藏族群众的重要生活方式之一。

受历史进程、地理条件和自然环境的深刻影响,玉树地区在民众的心理素质、语言风格、审美观点、生活方式和传统习惯等方面都有着与其他藏区不同的特点,形成了独具特色的玉树宗教文化特色。可以这样认为,玉树民族文化和宗教文化如同一个复合的同心圆,一方面,宗教文化从民族文化中剥茧而成,成为人们日常生活习俗中不可或缺的重要内容,进而渗透并融入民族日常生活的方方面面;另一方面,宗教文化自身又以一种思想意识形态的方式影响当地民众的价值取向,熔铸出他们所特有的精神和心态,作用于他们的行为准则和观念意识中。两者互为影响和发展,以一种特有的文化风貌存在于玉树的民族群体中,成为这片土地上民族精神的内在纽带。

第一节　玉树宗教文化的流变

溯流求源,藏族传统文化的发展,大体上经历了三个时期,即苯教文化时期、佛苯碰撞时期以及融合这两种文化为一体且极具地域特色的藏传佛教时期。"苯教"亦称"本教",俗称"黑教",是藏族传统文化滥觞时期藏族文化土生土长的原初形态。佛苯碰撞时期是藏族文化的形成时期,这期间苯教与佛教两种文化在历史的激烈冲突中逐渐走向融合。之后,由汉地佛教文化、印度佛教文化

---

① [苏联]列宁:《社会主义和宗教》,《列宁全集(第12卷)》,人民出版社1987年版,第132页。

与苯教文化相互融合,最终演化并形成风格独特的藏传佛教,随后在藏族文化传统中长期居主导地位,在历史的发展和文化的流变中日臻成熟。

一、玉树宗教的源起——苯教

考古证明,大约在 50 000 年前青藏高原就有了人类活动的遗迹,且存有至少三个支系的不同文化面貌的原始居民群体。由于认知能力受当时生产力发展水平等的制约,原始初民对日月星辰、风雨雷电、古树怪石、山川湖泊、飞禽走兽等各种自然现象无所适从,更不能够理解。正是这种对自然的敬畏和崇拜产生了人们原始的信仰和崇拜,伴随着部落间的并吞和掠夺,各部落拥有了各自不同的神灵和图腾。3—4 世纪,青藏高原古地出现了象雄文明,逐渐取代早期以万物为灵、崇尚巫术、驱鬼摄魔、杀牲献祭等为主要内容的苯教思想,初步形成创造与灭亡、现实与虚幻、黑与白、恶与善等朴素的"二元论思想",并且拥有了天上、人间、地下的"三界观念"。这些初级理论思辨和哲学思想的产生,使高原先民的愚昧思想逐渐有了演变和进步,同一地域中不同族群间也逐步拥有了相对统一的宗教及文化心理,使语言文字的进一步统一成为可能。至吐蕃的诞生,文明不断发展进步。5—6 世纪,发展为以农业文明为代表的雅隆文明,苯教文化实现了有力的提升和完备,完成了本土文化的第一次飞跃。

苯教传播到玉树地区的时间不晚于吐蕃统一青藏高原的初期,即吐蕃第一任聂赤赞普统治时期。当时由于藏军、藏民的大举进入与移居,苯教随之流行起来,并出现了苯教寺院。五世达赖在《西藏王臣记》中就有聂赤赞普曾收服了康区的阿勇王地区的记载,当时阿勇王地区崇信的宗教是苯教,玉树的客玉神山一带应该是苯教传播的中心地区,那里的修行洞遍布山野,其开山鼻祖就是苯教信徒。642年,文成公主入藏时,玉树地区的苯教寺院只有一座,时称"江让寺"。

12世纪初,噶举派四大支系中的拔嘎举派创始人拔达玛旺秀的心传弟子秋杰次成邦巴带着尊师的嘱托离开卫藏地区,前往康区传佛。其时玉树地区的部族首领是玉树阿家公宝王,在他的大力支持下,当时在一靠山面水、风景优美的风水宝地——岗萨日措山,修建了一座传佛修行的庙宇,命名"贡萨朋措腾庆岭",意为"新寺富满大乘州"。新寺是相对于旧寺江让寺而言的。之后秋杰次成邦巴又北渡长江,在贡萨寺斜对岸修建了一座佛寺——夏日寺(鹿角寺),人们尊称秋杰次成邦巴为"夏日哇大师"。至晚年又修建了称多阿朵寺(今称多县辖),并在此传佛修行直至圆寂。夏日寺在治多建政时被划归到曲麻莱县行政辖区。

玉树的三座寺院(贡萨寺、夏日寺、阿朵寺),起初都支持噶举派,17世纪五世达赖应邀前往京师时,路经唐蕃古道中路的玉树地区传法灌顶,三座寺院随之改信格鲁派,赐名贡萨寺为"贡萨强巴岭",即"新寺富满慈悲州"。第悉桑杰江措在《黄琉璃》中就有关于玉树三大寺院的记载。1981年落实民族宗教政策,贡萨寺重新获得开放。寺院从旧寺迁移到距离治多县城10千米的阿尼尕保山。寺院总建筑面积2 754平方米,包括经堂一座,宗喀巴大师殿堂(九层高)、弥勒佛殿和金刚具力护法神殿各一座。殿内藏有贡萨寺创建者秋杰次成邦巴银像一尊,27米高的宗喀巴大师持长寿佛宝瓶铜像一座,秋杰次成邦巴发掘的"伏藏"海螺一个。另有宗喀巴师徒三人塑像,弥勒佛塑像,密集佛立体坛城一座,金刚具力护法神五种塑像,宗喀巴大师半尺高的铜像以及与宗喀巴大师佛殿等高的九层集藏区绘画艺术于一体的壁画等。2005年秋吉活佛圆寂后,寺院又建了举世无双的灵塔佛殿,殿高29米,五层藏式建筑,内供奉1 000个镀金文殊佛及爱国爱教的、在藏区有名的佛教人士、藏传佛教哲学家和诗学家、第八届全国人大代表、全国佛协常务、青海省佛协副主席、玉树州人大常委会副主任十九世秋吉活佛肉身灵塔等珍贵文物,体现了中国共产党领导下的宗教信仰自由政策。宗喀巴佛殿及贡萨寺旧址已被列为全国重点文物保护单位。

除此之外,玉树另有座叫"龙喜寺"的帐房寺院,有信徒百人称"苯嘉玛",因其与当地拉秀部落头人僧嘎吉共管,故亦称"拉秀苯嘉玛",也是由当地头人掌管,双方关系之密切可见一斑。追溯至元朝前,苯教寺院还有称多县的赛达寺(又名"赛巴寺"),1269年被八思巴改宗后,更名"大乘昌隆洲"。

青海尚有部分苯教寺院存在,但总体规模相对很小。黄南州同仁县治隆务镇的木合沙下寺有着700余年的历史,但直到1958年才拥有一座经堂,数十间僧房,10多个常住僧,占地面积约16亩。海南州共和县朵赛寺始建于1807年,到1958年也才有20间寺房,23位僧人。剩下的化隆县多西寺、下什塘寺规模更小,而循化县王仓麻、泽库县王加村等地甚至无专门的寺院建筑,只有一个苯教活动点,如前者只有一简易经堂,后者有黑、白各一顶帐房。而且其间宗教活动很是松弛,僧人每年只有三四次集中诵经的机会,其余均居家劳作,比如朵赛寺。木合沙下寺虽说有常住僧,但又都不着法衣。像一多西寺、下什塘寺等一众小寺只在每年农历六月十八日才举行规模稍大的宗教活动。只有东格尔寺的戒律相对保持严格,要求寺僧须着法衣,宗教活动和学经制度类似觉尔苯寺院或格鲁派方式,且不准结婚。苯教寺院为数不多,但依旧对民众的生活有着深远的影响。

总之,苯教是藏族早期的主体文化,有着自己神圣的家族世袭传承和创世神话。辛饶·米沃且本人也作为历史悠久且至高无上的苯教始祖,被苯教徒尊为与佛祖释迦牟尼、汉地圣贤孔子居同等地位而主宰一切,在被赋予了各种神通和成道故事后,一度成为蕃域高原本土宗教的奠基人和远古藏族文化精神的象征。

苯教在其形成过程中受多种外来文化的影响很大,比如受印度湿婆教性力学说的影响而传说的,把神山冈底斯山喻为父,把圣湖玛旁雍喻为母,而山上的积雪则是两者性交时流出的精液等。此外,苯教也受到汉地文化中虎、龟、朱雀和青龙学说的影响,波斯袄教和中亚风俗中二元论思想及婚姻丧葬习俗等的影响①。总之,已经体系化了的苯教,从公元前4世纪东传到吐蕃等部起,开始了长达2000多年在广大藏区和周边区域的传播历史。从吐蕃第一代赞普聂赤到第二十七代赞普拉脱脱日聂赞,均由苯教巫师护持国政,其影响遍及整个雪域高原及其周边地域,成为世界远古文化中独具特色的神秘文化。苯教使远古的藏族先民从泛神论的初期信仰进入具有浅显教义且系统化的苯教信仰,使高原的宗教文化和社会文明发展由此达到一个重要的历史阶段。

二、玉树宗教的流变

(一)佛教的传入及其对苯教的影响

4世纪,佛教传入吐蕃。639年和641年,先后有泥婆罗尺尊公主和大唐文成公主嫁给吐蕃赞普松赞干布,入藏时都带了大批佛教经典著作、经书及释迦牟尼佛像,对松赞干布影响极大,后来他也开始信奉佛教,并依据佛教的"十善"精神,制定了总称为"十善法律"的法典治理国家。

7世纪,玄奘从长安出发,过玉门关,取道伊吾(今新疆哈密),沿天山南麓西行,进入印度,将那烂陀寺最盛时期所传承的佛学精华传到中国,又通过翻译经、论,创立了中国佛教的一个重要的宗

---

① 康·格桑益希:《"苯教"——藏族传统文化的源头》,http://3y.uu456.com/bp_3cixr140r555mbv23rb17u3cm9b9nu004ot_1.html。

派——唯识宗。此时的印度佛学,是中观、因明、唯识,与弥勒菩萨五明之教昌明的后期佛学,论辩之风盛行。玉树萨迦派也有这种论辩风习,称"辩经",论辩双方往往为了一个问题,经年累月,孜孜不休地相互研究讨论,治学精神非常令人钦佩。在玉树,若要获得格西法师的资格,须累积十年学问,再面对数千或数万僧俗公开辩论一个佛学题材,直至众人钦服,公认他的修养学问。

8世纪,第五代赞普赤松德赞诚邀天竺高僧寂护到吐蕃传播佛教,考虑到苯教徒对佛教的抵触,将原始苯教与佛教相融合创立了新的祭祀仪式,并用牛、鹿、虎、狮、豹等动物形象的舞蹈形式表达人们颂佛敬神、神灵崇拜等驱鬼纳吉的心理,其间还有头戴各种面具代表护法神、凶神和金刚力士神等众神出现的表演,极具宗教特征。

9世纪中叶,受西藏吐蕃王朝统治结束的影响,玉树又陷入数百年的割据分裂中,各地方势力连年举战,人民颠沛流离。而此时文化领域活跃异常,佛苯进一步融合深化,既守苯教原典义旨,又纳佛典精髓,既继承苯教传统,又吸取外来佛法,建寺传法,广纳诸宗精髓,完全不受法门限制。到11世纪,逐步形成了大小乘兼具,显密并重,尤重密宗的宁玛派、萨迦派、噶当派、噶举派等,完成了除属唯识的觉囊派以外的本土苯教与外来佛教文化的大融合,苯教汲取佛教很多先进的思辨思想和教理,形成最初的藏传佛教,拥有了相对完备的教理、教义和习修制度,使藏族传统文化实现了又一次飞跃。

民国期间,高原藏区封建农奴制在历经了建立、鼎盛后走向衰败,然而佛苯相融的藏传佛教却始终占据不同政治统治时期意识形态的主导地位,不仅对政治、经济、文化产生影响,甚至在社会道德、民族性格、心理思维乃至风俗习惯上都产生了广泛而深刻的影响。与起初政教合一的宗旨越行越远,以至于有些僧俗农奴主为了维护他们的政治特权和经济利益,实行闭关政策,在很大程度上阻碍了当时宗教的发展。

1951年,西藏与中央人民政府签订《关于西藏和平解放办法的协议》。1959年,实行民主改革,消灭了封建农奴制度,"政治统一,信教自由,政教分离"的民族政策使藏传佛教重获新生,以极强的影响力迅速让高原藏地各处沁润新生的宗教思想。

(二) 玉树宗教的发展和变化

佛教在正式传入玉树的500多年中,从未放弃过与本土民族民间文化生发的苯教的抗争,苯教以其原生态的本土文化优势,经历了苯教佛教化—佛教本土化—佛苯融合的历史发展过程。这既是苯教与佛教的交相发展,更是苯教重生涅槃的过程,两者相克相生、相生相克,从而成就了今天玉树宗教信仰的局面。

第一,苯教前弘期(辛饶·米沃且始创—止贡赞普灭苯)。辛饶·米沃且创立苯教之初,苯教的主要内容仅限于一些祈福消灾、拔祛邪恶的原始仪式。随着苯教的不断发展,影响范围的扩大和苯教徒在王室权力的巩固,据苯教史籍《札羌》《苯教志》记载,到吐蕃第八代赞普止贡时期对苯教严加迫害,驱逐苯教徒,毁灭苯教,这是苯教史上的第一次劫难。

第二,苯教中弘期(止贡赞普灭苯—墀松德赞灭苯)。7世纪吐蕃第三十二代赞普松赞干布建立了藏族历史上第一个统一的奴隶制王朝——吐蕃王朝。这期间苯教一直是象雄和吐蕃唯一的宗教,王朝初期松赞干布借助宗教来神化和塑造自己的形象,强化自己的统治权威。后改崇苯为尊佛,进而以观音菩萨之化身自居,以佛教神权至上的思想影响刚刚建立的统一政权,并对外全方位实行开放政策,使古老的苯教文化系统受到前所未有的冲击,佛教作为新的精神支柱涌入藏地,偶像、灵物、寺院、僧人、经籍、雕塑、绘画等随之而至。世世代代信仰本土苯教的民众不愿轻易放弃这块思想意识形态的阵地,全力抵制和反对外域佛教,甚至出现松赞干布修建大昭寺时昼筑夜毁的情况。无奈之余,松赞干布命人在大昭寺所有寺门上均饰以十雍宗图作为妥协,画方格以娱平民,直至松赞干布去世。苯教徒噶氏即位后,一度严禁佛教传播,禁止翻译佛经典籍,大批流放外来的佛教僧人。

墀松德赞笃信佛教,故他在位期间大举兴佛抑苯政策,为此从印度请来寂护和莲花生到吐蕃传教,建立桑耶寺,翻译佛典,剃度僧人。莲花生和寂护在传播佛教的基础上,对佛苯进行融合,将苯教众多的神祇移植到佛教中,如苯教重四魔女、四叉女、四神女,被佛教收为十二丹玛,苯教的许多仪轨也出现在佛教中,佛教逐渐开始被藏族社会所接受。不仅如此,墀松德赞还在墨竹苏浦之江布园亲自主持了一场佛苯辩论,结果苯教失败,墀松德赞借势流放苯教徒,苯教经典或焚烧,或抛入水中,或镇于塔下,另有苯教中杀牲祭祀的祈福仪式也被迫禁止,取缔苯教,明令只准信佛不准信苯,史上苯教的第二次大劫难让苯教受创甚深。毕竟苯教曾一度广泛流传于民间,想从根本上消灭那些已经融入藏族生活中的民间原始的宗教习俗,仅靠强权是不可能实现的。

第三,苯教后弘期(墀松德赞灭苯—吾都赞普)。几次重创使苯教在此后100多年里都未能复兴,一直到约9—10世纪,三名尼泊尔香客在西藏扎囊县东北雅鲁藏布江北岸的桑鸢寺,发现了系苯教后弘期五大伏藏之首的北藏苯教经典,苯教复兴再度被掀起。之后陆续发现并发掘出南藏、卫藏、康藏和新藏等苯教经典,这些在苯教文献中占很大比重的五大伏藏文献,于18世纪被安多嘉绒的苯教学者贡珠扎巴编目汇总成《雍仲苯教遗训目录·十万日光》。19世纪,藏族学者尼玛丹增又将其重新编目分成《丹珠尔》和《甘珠尔》两部,统称《苯教大藏经》。

另外,841—846 年末代藏王吾都赞普朗达玛进行的全国规模的第二次灭佛运动,成为苯教发展的黄金时代。此次灭佛运动中,吾都赞普为兴苯教,在拉萨曲水铁索桥附近修建了一座名为绛洋贡却寺苯教大寺。大寺建成后开辟法苑,学习经典,盛名远播,鼎盛时期住有苯教徒三万余人,大量苯教经典在理论上被补充和丰富,在内容和形式上也吸收了很多佛教思想。而佛教作为外来宗教,在做出很多让步后,慢慢渗透吸收,融汇苯教中自然崇拜、神灵崇拜、祖先崇拜等一些信仰、义理的思想体系,融苯为佛,佛教逐渐融向藏文化形式。苯教自身一方面以宗教的形式向边远地区流播发展,另一方面逐渐演变为民俗文化形态并向广袤的雪域大地延伸。最终,佛苯之争发展成为融佛苯精髓于一体的藏传佛教(包括藏传佛教密宗)。从此,以"藏传佛教"为名的宗教以主流的形式在雪域得到了贯以千年的兴盛和发展。

(三)玉树藏传佛教的四大派系

佛教派别最初以地理为界,划分为北传佛教和南传佛教两支。北传佛教的经典多为梵文,或是各种中亚文甚至中文,经由丝绸之路向中亚、中国、朝鲜半岛以及日本等国家和地区传播。而南传佛教的经典则以巴利语记载,以古印度为源向南传播,路经斯里兰卡、东南亚至中国云南等地,现在的缅甸、泰国、柬埔寨、老挝等地流行的就是南传佛教。到藏传佛教形成时,以地理为界的两分法渐被后来按教理为标准的三分法所取代,即分为南传佛教、汉传佛教和藏传佛教。除南传佛教属于上座部佛教外,后两者均属于大乘佛教。

藏传佛教的发展分"前弘期"和"后弘期"。在朗达玛灭佛的 200 余年的前弘期(7 世纪至 838 年),佛教作为一种外来宗教,与当地原有苯教对峙,对抗中并不占优势。直到 755—797 年,墀松德赞从印度迎来寂护和莲花生两位大师,并建立了桑耶寺和僧团组织,引发了当时汉传佛教和印传佛教之间一场激烈争论,最终以赞普支持的印传佛教取胜。815—838年,赤祖德赞使佛教得到进一步发展。841年,赤祖德赞在信奉苯教的贵族大臣们发动的一场政变中被杀,其兄朗达玛即位后禁止佛教在吐蕃境内流传,这段历史被后世称为"佛苯之争"。此后,赞普达摩愈发大肆压制佛教,焚毁寺院佛经,杀害或强迫僧人还俗,藏传佛教自此陷入了百年黑暗期。此次的禁佛运动直至100多年后方才式微,佛教也才从多康地区重新慢慢传入西藏,开始了后弘期。

后弘期的开始之年说法颇多,按仲敦巴之意应始于978年,因为之前朗达玛的灭佛之举,佛教的很多经典遗失,此时,一些旧有保留的佛经被重新发掘编辑,新的重译的佛教经典也从印度源源引入,甚至还请了阿底峡尊者入藏专事传播中观应成派大义,即史称的"上路弘传"。与此同时,鲁梅一行抵达宗喀,拜贡巴饶赛为师,学经传教,史称"下路弘传",佛教开始重新在西藏本土发展,并发展成独具高原民族特色的藏传佛教。至此,藏传佛教从11世纪到15世纪初,有宁玛派、噶当派、格鲁派、噶举派、萨迦派等五大派系。

玉树藏传佛教亦是随着藏地藏传佛教的起伏而时盛时衰,并历经玉树历史的发展变迁,形成日后玉树藏传佛教自身的特点和派系。

1. 宁玛派

宁玛派是藏传佛教四大传承之一。"宁玛"的藏语意为古、旧,是由莲花生大师从8世纪传下来的,传承于前弘期,形成于后弘期,早期传教形式采取师徒相传或父子相传,既没有固定的权威性寺院,也没有形成统一的系统教义,僧侣组织亦松散无序。后经三素尔的不断努力,宁玛派逐渐形成不关心政治却拥有相对固定的寺院、相对系统的经典和完全独立的僧侣组织,慢慢享有盛名。三素尔结束了宁玛派无组织的分散格局,建立了拥有完整教法仪轨和寺院组织的正规宗教,对宁玛派的形成起到了关键性作用。

据记载,宁玛派是最早传入玉树地区的藏密宗派,从12世纪中晚期开始传入玉树,先后建立30多座寺院(比如宗达寺、热拉寺)。思想仪轨等均传承于前弘期的莲花生大师,是藏传佛教历史最悠久,也是最古老的一个派别。最显著的特点也是不问政治只重密法的修炼与实践,成就者最多。其僧人戴红帽,故又被称为"红教"。后因格鲁派盛行,不少宁玛派寺院改宗格鲁派。

17世纪,格鲁派五世达赖全力支持宁玛派,不仅扶持原有的宁玛派寺院,还加强和巩固吉札寺、敏珠林寺等寺院的势力,亲自创建新寺专门用于传授宁玛派教法,使其在玉树地区得到进一步发展。甚至玉树地区每逢瘟疫、战乱或灾害,均要请桑耶寺的宁玛派僧人进行占卜、作法禳解,这些做法也在一定程度上提高了宁玛派的社会地位。

青海藏族地区宁玛派寺院有135座,在藏传佛教诸多宗派中位居第二,数量上仅次于格鲁派,大大超过其他教派[①]。宁玛派始终独树一帜,只重修炼,不问政治,在玉树也一样,既无统一的寺院集团势力,也无领导全派的中心寺院,故始终未受到中央王朝的重视和扶持,这在一定程度上大大影响了宁玛派后期的发展和强大。但因其自身特别注重实修和实践应用,所以无数有成就者在藏区也依然具有举足轻重的势力,尤其是在藏族民间有着很强的影响力,在历来相互进行斗争的其他各派间普遍受到尊重。

2. 噶当派

噶,藏语指佛语,当,指教授。噶当,意为将佛的一切语言和三

---

① 《藏传佛教寺院简介》,http://blog.sina.com.cn/s/blog_5f922ede0100mm4c.html。

藏教义，都摄在该派始祖阿底峡所传的"三士道"次第教授之中，并据以修行。

噶当派是第二个传入玉树的藏传教派，因在藏传佛教中以修显宗为主而显特殊，其显宗是相对密宗而言的。相传曾经的噶当派起源于古格王国时期。1045年仲敦巴拜阿底峡为师，得其真传，创建了后来的噶当派。1055年阿底峡去世后，仲敦巴应藏北当雄地方之邀前往建立热振寺，故其成为噶当派的主寺。噶当派由此逐渐成长并发展起来（热振寺后来改宗格鲁派，标志着噶当派的结局），成为后弘期重要的宗派。在后来的历史中，噶当派演变成了新噶当，也就是格鲁派。格鲁派正是直接在噶当派的基础上发展起来的。在格鲁派兴起之后，大多数的噶当派寺院都改宗格鲁派了。因此，噶当派逐渐不再以单独的教派存在于藏传佛教舞台。

3. 格鲁派

"格鲁"汉语意为"善规"，因要求僧人严守戒律，故又称"善律派"或"善规派"。又因该派僧人戴黄色僧帽，亦名"黄帽派"或"黄教"，藏族则称它为"新教"。这个教派，由宗喀巴始创于15世纪初，格鲁派尽管在藏传佛教诸多宗派中最后形成，但由于有中央政府支持其长期持续掌握地方政治权力，故依旧发展为藏地最有影响的宗派。

格鲁派的创始人宗喀巴·洛桑扎巴（1357—1419），原名罗桑智化，"宗喀巴"是对他的尊称。他七岁出家后相继师从宁玛派、噶举派、萨迦派、噶当派等诸派高僧。由于宗喀巴·洛桑扎巴具有很强的学习和领悟能力，逐渐形成自己的宗教思想体系，主张显密并重，先显后密，强调教理和因明，使其理论尽可能与《菩提道次第广论》《密宗道次第广论》和阿底峡《菩提道灯论》在旨趣上一脉相承。另外，宗喀巴·洛桑扎巴一针见血地指出了当时藏传佛教中的很多问题,故倡导宗教改革,加强僧院制度管理,针对当时寺院僧侣生活腐化,尤其是僧纪松弛严重的现象,提出严格持戒、不事农作、独身不娶等具体改革内容。1409年,宗喀巴发动了一场宗教改革运动并取得成功,在得到帕竹地方政权的大力赞助修建了甘丹寺后,其弟子又先后在拉萨建成规模宏大的哲蚌寺、沙拉寺作为他们重要的传法据点,一个新的宗派由此形成。自此格鲁派广收门徒,举办法会,外出传经,扩大社会影响。由于与明朝中央政府及各地方势力的联系,使其得到更加广泛的政权的支持和政府赞助。于是,宗喀巴带领弟子甲曹杰、克珠(即一世班禅)、根敦珠巴(即一世达赖)等一起努力,最终形成了稳定的僧侣集团,拥有强大的经济实力,继而将活佛转世制度立为继承法嗣的唯一途径。

1642年,五世达赖受封于清朝中央政府,此举有力地加强了藏地政教合一制度的稳固,使其全面掌握了当地经济、政治和文化的统治权。格鲁派强势的发展对其他宗派构成很大威胁,令许多不同宗派的寺院被迫改入格鲁派,甚至当时蒙地都受到波及,可见其影响之深远。

格鲁派之所以能在青海广泛流传,主要是因为它和蒙古族的封建统治者结合,即先有达赖三世索南嘉措与盘踞在青海的土默特蒙古俺达汗(明封为顺义王)及其所代表的势力结合,使格鲁派的势力遍及青海和内蒙。后来四世达赖云丹嘉措、五世达赖罗桑嘉措、四世班禅罗桑却吉坚赞和青海厄鲁特蒙古固始汗(清封为遵文行义慧敏固始汗)结合,格鲁派借青海安木多(又称安多①)地区是宗喀巴的故乡,又是蒙古的势力范围,它依靠蒙古的力量,排斥和兼并其他宗派,企图依靠蒙古的力量在安木多的海东地区建立本派第二根据地。在清王朝"修一庙胜用十万兵""兴黄教即所以

---

① 杨士宏:《安木多东部藏族历史文化研究》,民族出版社2009年版。

安众蒙古"的政策下,格鲁派在安木多地区更为兴盛,广泛流传。藏语系佛教其他宗派的寺院基本上先后改宗格鲁派,从而形成了格鲁派的绝对优势局面。玉树地区格鲁派的兴盛是七世达赖噶藏嘉措大力发展的结果。青海境内有格鲁派寺院近1 500座,接近藏传佛教各宗派寺院总数的二分之一,遍及整个藏族地区。玉树有格鲁派寺院23座,著名寺院有惹尼牙寺、龙习寺、色航寺拉卜寺等,较大的寺院还有冈桑寺、觉荡寺(均在治多县长江南岸)等①。显教教义主要继承阿底峡等人的中观应成派思想。此思想的基本内容、主要特点、理论框架,集中体现在宗喀巴撰写的名著《菩提道次第广论》《缘起赞》《中论广释》等书中。其中《菩提道次第广论》是格鲁派纲领性的著作②。

4. 噶举派

噶举派俗称"白教",玛尔巴、米拉日巴等是他们的远祖,据说他们修法时均着白色的僧衣僧裙,故被称为"白教"。"噶"特指师长的言教,"举"意为传承,合译为"口传",故称"噶举派"③,是一个重密法修炼,强调师徒口耳相传的教派,后随萨迦派传入玉树。

噶举派形成于11世纪中叶,其教法复杂、支系众多,有香巴噶举和达波噶举两个传承之说。此二密法都来自印度,前者传至14、15世纪就已无继,再流传的都是后者,所以后人通常意义上的噶举派就是指达波噶举。创始人达波拉杰的本名叫索南仁钦,其教法都是源于玛尔巴和米拉日巴的传承,故派系虽众,但教义变化并不大,都是以应成中观论为理论基础。其中最主要的"大手印

---

① 《中国历代名刹、高僧简介(十一)》,http://www.360doc.com/content/16/1020/07/11695893。

② 《藏传佛教的教派》,http://www.alswh.com/Article_Show.asp?ArticleID=787。

③ 《藏传佛教的演变与发展过程》,http://www.alswh.com/article_show.asp?articleid=792&articlepage=9。

法"教法,显密兼修,要求以"拙火定"开端,调整呼吸使身体不畏寒冷,不惧饥渴,逐步达到心住一境不散乱,进入"禅定",再集中观察安住于一"境"之"心",再证悟到心非实有,达到"空智解脱合一"的境界①,最后到无上瑜伽密的"双身修法"之最高修法。

噶举派拥有366座寺院,遍及藏族地区,以西藏自治区和青海玉树州为该宗派的两大活动中心。青海噶举派又主要流传于玉树及果洛地区,玉树是该宗派很重要的活动中心,有噶举派寺院31座②。如噶举派中的香巴噶举派,一般都认为其传承已断,但实际上它在玉树地区的昂谦县东巴乡的公保寺内仍顽强地传播着。这个寺院虽然规模很小,但它代表着一个被称为早已结束了传承的佛教教派。至于海东等地的噶举派,早已改宗格鲁派,无迹可寻。由于噶举派支派繁多,各有传承,所以其僧侣在外表上也不一样,既有出家留发者,也有留发但戴着各式各样青铜头饰者(如日、月形者),不一而足。

噶举派在玉树地区主要流传有六个流派:

(1)噶玛噶举。亦称"甘仓噶举"。它是藏传佛教中最早创行活佛传世制度的一个教派,因为影响较大而被其他教派纷纷效法,蔚然成风。它在玉树地区的寺院有昂欠县的关夏午寺(寺僧约300人)等,玉树市的班庆寺(寺僧约100人)、禅古寺(寺僧约100人)等,各寺均有活佛,人数不等。

(2)周巴噶举。创自藏巴嘉热耶喜多吉。在玉树地区,这个教派的寺院有昂欠县的采举寺(寺僧约300人)、楚秀寺(寺僧约200人)、萨麦寺(寺僧约100人)等,玉树市的拉秀底青寺、阿寺等,各寺均有活佛,人数不等。

---

① http://www.chinadmd.com/file/crsc3vvxptuao3vp3xcosexz_1.html。
② 《藏传佛教的教派》,http://www.alswh.com/Article_Show.asp?ArticleID=787。

(3) 止贡噶举。创自止贡巴仁钦贝。这个教派在玉树地区有昂欠县的隆尕尔寺、宁藏寺等,各寺均有活佛,人数不等。新中国成立前,这个教派在玉树居扎寺的活佛德敦仁庆想统一各寺,自立为这一支派在玉树地区的领导人,终因各寺反对而罢休。

(4) 宁多噶举。噶举派四大八小支派以外的一个支派,系由噶玛噶举中分出。它融合旧派与噶举的教法自成一派,在佛教的宗派上属于噶举派,但通常又把它列入旧派的白玉系。此派对经籍的念法、教义的观点,及修观和寺院等都与噶举基本相同。这一派主要流传于玉树地区昂欠县的阔且寺(寺僧约 300 人)、乃多寺,玉树市的拉秀苏鲁地方的宁多寺等。

(5) 巴绒噶举。始创于达玛旺秀,这一教派在玉树地区流传的著名寺院有觉拉寺(亦译作"觉扎寺"),是巴绒噶举在玉树地区澜沧江边建立的小型政教合一的统治。新中国成立前,觉拉活佛就是这个政教合一统治的头目,其规模较之称多县长江边的拉卜寺要小一些。拉卜寺的头目,在清王朝及国民党政权扶持下,头衔为百户,而觉拉寺头目则为小于百户的百长。这两个小型的政教合一统治,是两个不同教派在玉树建立的地方统治,至新中国成立前,它们仍保存着这种统治形式。巴绒噶举在玉树地区还有寺院五六座。

(6) 叶尔巴噶举。创自伊喜邹巴。这个教派现只流传于玉树昂欠地区,寺院亦仅有一座,寺僧约 200 人。该寺与藏区民间流传的史诗《岑·格萨尔传奇》有某种联系,据说岑·格萨尔的一些遗物直至新中国成立前尚在该寺存放着。叶尔巴噶举除玉树地区还有之外,其他地区都已消失[1]。

5. 萨迦派

继噶当派之后传入玉树的宗教流派就是萨迦派。相对前两者

---

[1] 《中国历代名刹、高僧简介(十一)》,http://www.360doc.com/content/16/1020/07/11695893。

的传入，萨迦派在玉树的传播，无论是其方式还是力度，都显得更隆重。八思巴在玉树万人法会上全面而隆重地启动了玉树地区佛教弘传，一时间建寺院，收信徒，直接而强势地对该地区进行宗教影响。八思巴不仅成为一代宗教领袖，更是第一个归属中原政权而具备政教合一性质的领导人。后期八思巴在得到忽必烈政权的大力支持后，又进一步将萨迦派的影响发展到了顶峰，也使玉树地区成为藏密发展的重点区域，该时段也成为玉树萨迦派发展的巅峰时期。现玉树地区依旧是萨迦派寺院最大规模的聚集地，结古寺是规模最大也最具影响力的萨迦派寺院。

萨迦派寺院颜色为红、白、黑三色，俗称"花教"。该派始创于11世纪70年代，教法源于卓弥译师，创始于贡却杰布，形成于贡噶宁布，是藏区古老教派之一，也是促进藏区加入统一的多民族祖国大家庭的佛教教派之一。主寺为后藏的萨迦寺。萨迦班智达及八思巴是萨迦教派在历史上对祖国作出卓越贡献的人物。据记载，卓弥到印度学法多年，回藏后修建了牛古城寺收徒传法，弘扬"道果"。贡却杰布师从卓弥学法，宋熙宁六年（1073）在今西藏萨迦奔波日山建萨迦寺传教。其子贡噶宁布20岁即任萨迦寺住持，他佛学渊深，博闻多才，因使该派体系确立，势力发展，被称为"萨钦"（意为萨迦派大师），并被尊为"萨迦五祖"的初祖①。他是玉树佛教诸派中第一个直接以世俗贵族身份成为教主的，他还决定法位的传承只能限于本家族内部，从而使政教二权都集中在一个家族之手，直接控制着当地政治、经济和宗教、文化，成为卫藏地区最强大的实力集团。其主张的萨迦派教义思想与其他派别不同的是"道果"之见。"道果"认为心性是万物的最高本体，如果心性恢复了明净的本来面貌，则能彻见一切真谛，达到明空无执、明空双融

---

① 萨迦派，http://baike.so.com/doc/5930406-6143331.html。

的境界。

1260年,忽必烈继位蒙古大汗,册封"萨迦五祖"八思巴为国师。四年后忽必烈迁都燕京,在中央设置总制院掌管全国佛教事务时,命八思巴兼领总制院事协助中央对玉树进行管理。由此确立了中央掌管玉树的制度和机构,体现了中央政府对玉树管辖的完全主权,八思巴成为元世祖推荐释迦桑波的第一任本钦(总管),萨迦派成为玉树地区居领导地位的教派,政治、经济力量和社会影响空前加强。14世纪上半叶,元朝开始衰落,对萨迦派的支持明显减弱,加上其内部纷争和卫藏地区新教派、新的封建集团的崛起,萨迦派逐渐式微,仅留法王称号和官衔。1354年,萨迦地方政权被帕木竹巴绛曲坚赞一举消灭,并取其辖地,萨迦派从此政治失势,逐渐复归其纯宗教的领域。

在青海,萨迦派的寺院主要分布在玉树地区,按它们的教区划分,分为南、北两个部分。北区包括玉树、称多等地的萨迦派寺院,南区包括迦昂欠、杂多等地的萨迦派寺院。

南区萨迦派著名的寺院有宗达寺(寺僧约300人,活佛数人),以及曲改寺、碧如拉庆寺、碧如拉穹寺等。在这个教区内,萨迦派还有不少尼姑寺院和静房,如东昂拉庆寺静房等。宗达寺为南区的主寺,寺内驻有萨迦寺派来的堪布1人,负责传授教义、传授灌顶等,当然其最终目的乃为了征收布施。聚敛所得,一律解送萨迦寺。这个堪布,为萨迦寺的代表,享有较高的声誉与地位,但不过问寺院内的法事及日常教务等。

另外,南区萨迦派最著名的寺院还有结古寺,寺主为嘉那佛,以其历世与内地的关系较密,故有此称号,意为汉佛。寺僧约400人,活佛数人。寺内驻有鄂尔寺派来的堪布1人,所负任务与驻南区者相同,唯一区别是前者由萨迦寺直接派出,而后者则由萨迦三大支派之一的鄂尔寺派出,直接对鄂尔寺负责,间接对萨迦寺负责。

较之南区萨迦派,北区的著名萨迦派寺院规模相对要小一些,除结古寺外,还有尕藏寺(寺僧约 300 人)、东车寺、图登寺、朗庆寺等。

玉树地区的萨迦派各寺院中,多戒行严谨的僧侣及学者。此外,这个教派在其教区以内(在青海藏区,藏传佛教各派为了竞争,常按历史上的习惯划分各自的教区,在本教区内坚决排斥其他教派的传布和招收剃度僧侣,有的甚至引起纠纷)的中心村庄中设有萨迦观,由萨迦寺派高级僧侣主持,其被人们称为"萨迦喇嘛",其任务是负责给信徒念经等一些小型宗教活动,但不与本派的寺院相矛盾,所聚敛的财物直接解送萨迦寺。

萨迦派对本派的僧人控制较严,例如关于比丘的受戒,就常集中在本派的萨迦寺、鄂尔寺等几个大寺中举行,本派各地寺院的僧侣,必须于适当的时期内到萨迦寺等处朝拜受戒,方能成为比丘,否则仅是沙弥而已①。

现玉树的萨迦派寺院有 22 座,萨迦寺为其代表。

第二节 丰富的玉树宗教文化

在漫长的历史进程中,勤劳勇敢的玉树人不断汲取各种文化,创造了这块高原上具有鲜明特点的雪域文明,将这段历史和文明保存并显现于这方雪野,形成了雪域高原上一个独特的地理、历史和文化区域。宗教文化是玉树民族文化的重要组成部分。玉树藏族全民信教,原始苯教和藏传佛教的教义伦理等浸润在人们生活

---

① 《中国历代名刹、高僧简介(十一)》,http://www.360doc.com/content/16/1020/07/11695893。

的方方面面,藏胞在千年的历史长河中创造出了丰富的宗教文化并取得了丰硕成果,成为世界文化的宝贵遗产。

一、宗教文学

藏族是一个具有悠久历史和古老文明的民族,千百年来,玉树藏族人民生于斯、长于斯,和其他的藏族聚集区一样,不仅受到藏传佛教的影响,同时还深受藏域神话这种亚宗教性的文化元素影响,创造了风格独特的宗教文学。

玉树地区藏族民间文学十分丰富,神话、传说、史诗、故事等种类繁多,异彩纷呈,且与宗教均有千丝万缕的联系,通过文学的方式,表述佛教教义、佛祖故事、宗教传说、寓言、谚语和史诗等。下面以传说为例,了解玉树地区很多与日常生活息息相关的传说,领略玉树地区宗教文学的魅力。

1. 哈达的传说

一次,释迦牟尼佛到雪域来传经布道,弘扬佛法,这里的国王把自己的半壁江山和一般财富献给了佛祖,王公大臣也不甘示弱,竞相效仿,把最贵重的宝物献给了佛祖。面对堆积如山的金银财宝,佛祖丝毫不为所动,没有接受他们最慷慨的馈赠。

当地有母女俩,家境非常贫寒,论家财只有一件穿旧了的白布衬衫。听说佛祖亲临,母女俩把衬衫拆开,缝成白布条,在最干净的河里漂洗了七天七夜。洗刷得洁白无瑕后,选择吉日良辰,怀着最虔诚的心,带着最吉祥的祝福,昼夜兼程,赶了七天七夜的路,把白布条献给了释迦牟尼佛。佛祖万分高兴,庄重地收下了白布条后说:"这是有史以来最为贵重、最为吉祥的礼物。"佛祖心里最清楚,这个布条是善良淳朴的母女俩用自己的艰辛劳作和汗水创造出来的全部财富,是真正的无价之宝,这样纯洁虔诚的人,来世定能得正果。母女俩托佛祖的加持和祝福,使自己的积善之德和虔诚之心有了丰厚的回报,过上了富足幸福的生活。后来,母女俩献给佛祖的觐见礼就逐渐演变为藏族人敬献哈达的礼仪习俗。所以哈达包含和象征着最吉祥的祝福、最尊贵的礼节和最纯洁的心灵。

2. 新寨嘉那嘛呢和新寨卓舞的传说

结古镇以东约 8 千米的新寨村中央有一座东西长 283 米、南北宽 74 米、高 3 米左右、占地近 20 亩的用嘛呢石刻垒起来的堪称天下第一的大石经堆,是藏区著名的藏传佛教圣地。除了嘛呢石,还有佛堂、佛塔、转经筒、经轮大堂等众多建筑。在佛堂内珍藏着传说是自显六字真言的一块嘛呢石和嘛呢石碓的创建者一世嘉那活佛的手印石、脚印石各一块。

一世嘉那活佛曾周游各地,在五台山修行多年,是个道行很高的得道者。藏历第十二绕迥之木羊年,即 1715 年他来到结古镇,在新寨村创建了这座嘛呢石堆。相传当时该村有一名铁匠。一天,活佛看见铁匠在一块石头上打铁,对铁匠说这块石头其实并不结实,铁匠说他在这块石头上面砸了几十年的铁,一点痕迹都没留下,还不够结实吗?活佛笑了笑,在打铁石头上轻轻用手掌一按,印出整个左手印,又用光脚在另一块石头上轻轻一踩,踩出整个右脚印。以后当地群众把这两块石头视为珍宝,一直供奉在佛堂里。

在庆贺新寨嘉那嘛呢落成典礼上,一世嘉那活佛即兴创作了著名的新寨卓舞,当地人称"新寨求卓"或"多顶求卓",具有浓厚的宗教色彩。每年藏历十二月十五日"嘉那帮琼"庙会上,当地人都要跳这一舞蹈。

3. 文成公主路经贝纳沟的传说

传说文成公主经过玉树贝纳沟时,天上人间,地下龙宫,到处呈现出吉祥和欢腾的景象,受到当地部落和山神龙女异乎寻常的迎接。为了答谢如此深情厚谊,公主特意在这里逗留了一个多月,此地成了进藏途中停留时间最长的一个"驿站"。因为文成公主极不平凡的造化,这里出现了神话般的奇迹,在陡峭坚硬的岩壁上,有如鬼斧神工,天然出现了九尊自显佛像以及佛塔、经文、佛像等。这仅仅是人眼能够见到的一部分,还有更多部分人眼无法看见或无法辨认。相传很早以前,有三位享誉藏区的得道高僧,人称"康巴三杰"。有一次,康巴三杰路过贝纳沟时正值晌午,准备在此烧茶,便找搭三石灶用的石头,他们跑遍了整个山沟连一粒石子都没有找到。其实沟里到处都是石头,就是不能用,因为独具慧眼的高僧发现,在文成公主路过此地时,每一块石头乃至每一粒石子上都是自显的经文和佛像。身为得道高僧,当然不能糟践这些神圣的宝物,只好施以佛法神术把每个人的膝盖权当三石灶烧起茶来。喝了茶,他们给这条沟起了个好听的名字——贝纳沟,便扬长而去。从此,"贝纳沟"这一意为"十万佛经沟"的名称流传至今。

4. 格萨尔王的传说

玉树地区受格萨尔王传说的影响尤为突出,最为著名的就是代表藏族人民集体智慧的结晶——长篇英雄史诗《格萨尔》。《格萨尔》是藏族民间广为流传的英雄史诗,它是我国古代藏族社会的大百科全书,内容涉及藏族的宗教、神话、战争、自然等诸领域,而这部史诗就孕育于广袤的玉树高原。岭国是格萨尔大王在此创立的,玉树结古镇中心广场上还屹立着一座22米之高的格萨尔王铜像,它是全国最大的格萨尔王铜像。《格萨尔》持久且广泛地流传在青藏高原的藏族地区,依靠藏族的说唱艺人(藏族叫"仲垦")流传至今,越千年而不衰。在玉树地区,《格萨尔》大约有80种不同的曲调流传。这部文学巨著以手抄本、木刻本和口传的形式根植于民间,传颂在群众中,可以说玉树是《格萨尔》流传时间最长、传播区域最广、作品数量最多的地区之一。据初步统计,流传于玉树地区的《格萨尔》多达56部,新中国成立前多为手抄本,新中国成立后由青海、甘肃、四川、西藏及民族出版社发行的有24部。目前,流传于玉树的有《天岭卜筮》《英雄诞生》《赛马称王》《北地降魔》等 53 个故事。

作为一部世界上篇幅最长的史诗,其内容之丰富自不待言,而作为一部反映藏族生活的百科全书,其中藏族全民信奉的藏传佛教思想通过其中的故事情节而得到反映,也就是一件很自然的事情。相传,格萨尔王本身就是莲花生大师的化身,在史诗中的形象是"神、龙、念"三者合一的半人半神的英雄,而"神、龙、念"本就是藏族原始宗教里的一种厉神。藏传佛教派别噶当派、萨迦派、噶举派等的神、佛、护法等在史诗中都有出现,《格萨尔》中神、兽、念和神、威尔玛等贯穿始终,佛教中因果报应、轮回转世等思想在史诗中都得到充分体现,可以说《格萨尔》具有浓郁的宗教文学特征。

二、宗教艺术

宗教艺术是一种以表现宗教观念,宣扬宗教教理,跟宗教仪式结合在一起或者以宗教崇拜为目的的艺术。它是宗教观念、宗教情感、宗教精神、宗教仪式与艺术形式的结合。艺术与宗教,在起源时就紧密地联系在一起。今天看来属于艺术活动的许多东西,如歌舞、绘画、雕塑、建筑等,在当时却主要是某种宗教活动的一部分,而不单单是纯粹的审美活动。原始人对宗教的信仰和崇拜,是原始艺术产生和发展的直接动因。玉树宗教艺术种类繁多,内容丰富,无论是造像艺术还是表现艺术都是世界文化中的明珠。

(一)绘画(藏娘唐卡)

藏娘位于玉树结古镇以北,沿通天河北上约 120 千米处的歇格村,村内有一座距今千年的萨迦派寺院——桑周寺,寺内古塔是藏区负有盛名的宗教圣地之一,因藏娘塔的盛名,该地区的唐卡艺术又被称为藏娘唐卡艺术。

根据记载,藏娘唐卡始于 10 世纪末,是印度精通十明的大学者班钦·弥底加纳到藏娘地区弘法时所授。他不仅为当地群众传授佛教、泥塑、陶器、建筑、语法以及佛家庙塔的结构形式等知识,还传授壁画、雕刻和泥塑等手工艺,尤其是传授了唐卡的绘制技艺,亲手制作了在豌豆大小的一块黑石上镶嵌白石并雕刻立体佛像等许多传世之作,被佛教界传为佳话,声名远扬。

受班钦·弥底加纳画风影响,藏娘佛画的风格鲜明,迥异于热贡唐卡。其造像度量严格,形象粗壮饱满;用色厚重而色彩明快,渲染丰厚,层次细腻,善用灰色表现皮肤;表现善用象征手法,人物及其毛发善于虚实变化,形象边线节奏丰富,富有幻化之美,被藏娘历代画师引以为荣。桑周寺至今存有一幅名叫"公保协扎"(意为会说话的绔主)的著名唐卡。另外,新修大经堂的铭文中还详细记载了被誉为藏娘地区"梦幻画师"的著名唐卡艺术大师玛燕曲珠的绘画成就及其功德。

藏娘唐卡的艺人们(或画匠)零散分布在各个村社,以画藏传佛教题材的作品为主,兼顾一些民居的油漆彩绘。当地的很多村民家中都收藏有一定数量的古老唐卡,这些藏品的绘制年代距今几十年到几百年不等,因古唐卡采用了天然矿物颜料,故色彩经久未变,主题与画风相对现代唐卡绘画少了许多规范和拘束,显得生活气息浓郁,画面鲜活而富有情趣。古唐卡无论从色彩、质地,还是主题与风格,在历经时间的磨砺和沉淀后更蕴藏了一种震撼与诱惑的感染力,焕发炫目的光彩,让人惊叹不已。

藏娘唐卡的绘画技艺传承脉络单一而清晰,主要靠师徒之间的言传身授,且多是家族内传承,有些艺人世家至今还保留有零散的唐卡草图。草图是艺人们在创作唐卡时利用剩余的布头碎料绘制而成的,故尺度不一,大小不均。因历时太久,这些布色泽灰暗,有些素描的草图已然模糊不清,尽管如此,画布上线条流畅的图案和鲜活的人物神态依稀能辨，它们连同家庭珍藏的古唐卡，成为艺人们代代学习和模仿绘画的蓝本，在很大程度上为保存和传承技艺起到了无可替代的重要作用。藏娘唐卡的传承是家族式的，而且在历史上是由男性来从事的，这样的传承方式也直接来源于其他民间技艺的生计意义。

古藏娘唐卡除了传统的手绘技艺外，还有一种受刻印佛经工艺影响的手绘兼木刻套版印刷技艺。就藏娘唐卡艺术而言，这既是一种传统工艺，也是一种传承手段。主要用于大量重复构图的壁画或唐卡绘制中。从保存下来的为数不多的木刻模板来看，这些木刻印版均为阳刻，其线条流畅，工艺娴熟。

藏娘唐卡极其讲究用料，其所用的矿物和植物颜料均购自西藏，所需胶类必须是动物皮胶或骨胶，再经独特加工方可使用。所以藏娘唐卡的用料比较受限，加之近代藏娘唐卡的需求量增加，所用纯正的矿物颜料越来越少，而随着化工颜料丰富艳丽的色彩以及其低廉的成本、便利的获取途径，都使得传统矿物颜料的加工和使用技艺面临失传的威胁。

玉树藏娘唐卡，内容上都是宗教题材，以象征性的艺术图案表现其内在的佛教思想，是藏传佛教艺术象征与文化符号。从信徒角度而言，顶礼膜拜唐卡本身就是一种修为，可以获得善业功德，因此，绘制唐卡的艺人把创作唐卡视为神圣的宗教活动也就不难理解。不仅如此，玉树的画匠绘制唐卡之前要举行一定的宗教仪式，比如选定吉日迎请喇嘛，对所用工具画笔、画布、颜料等进行符咒开光、加持等，还要根据不同的画像选择不同的方位，等等。从某种意义上来说，唐卡的神圣和宗教地位其实更大于它的艺术价值。

总之，藏娘唐卡和玉树人民的生活紧密相关，这种不解之缘不仅代代相传，还被广泛应用于各种民间习俗中。藏娘唐卡的广泛流传,客观上是壮大信徒和宗教发展的需要,主观上唐卡也满足了人民精神信仰的需求,是玉树精神民俗和社会民俗两者相得益彰的追求。

(二) 雕塑(嘛呢石刻)

"嘛呢"是佛经观音六字神咒的略称,也是最受藏传佛教尊崇的一句祈祷语,音译为汉字就是"唵嘛呢叭咪吽",因为是莲花部观世音所传的真实言教,故又称"六字真言"或"六字箴言",这六个字概括了大乘佛教的全部价值观和奋斗目标。所以,在藏传佛教看来,要想表示对观世音菩萨度化的感谢和尊崇之心,最好的方法就是祈祷诵念六字真言。六字真言所示内涵不仅与密教修行成佛的各种途径相符,而且是诸佛思想的集大成者,是一切善法功德的本源和涅槃解脱的大道。藏传佛教的信徒们相信,只要一见一闻一触六字真言,就能证悟清净菩提心,除却烦恼,具备功德。所以,六字真言在藏传佛教信徒的生活中无处不在。

1. 嘛呢石

嘛呢石是藏族集石刻与绘画为一体的重要艺术表现形式,同时还兼有弘法、传法、信法和修法的社会功能。佛教的经文、咒语、符号、佛像等都可以成为石刻的内容,传达佛法坚固永存、睹物思义的信息,对玉树地区的政治、宗教和文化有着重要影响。

嘉那嘛呢石堆是世界上最大的嘛呢石堆,位于玉树新寨村,由藏传佛教高僧一世嘉那活佛多德松却帕旺于300多年前创建。从1715年至1915年的两百年间,嘉那嘛呢石堆占地达25亩,嘛呢石数量极多。"文革"中,大量嘛呢石被运往城镇用作各种建筑石料,嘛呢石堆遭到很大破坏。1986年,嘛呢堆重新向世人开放,经信教群众的收复凿刻,嘛呢石数量与日俱增,形成东西长283米、南北宽74米、高3.4米的石经奇观城,并以每年30万块的速度在继续扩大①。2002年嘉那嘛呢石堆北面高240米,南面高247米,西面高61米,东面高73.6米,最高处6米,最低处3米。政府批准建设控制地带东距嘛呢墙135米,南距嘛呢墙32米,西距嘛呢墙51米,北距嘛呢墙61米,据说嘉那嘛呢石堆扩建只能是从东到西、从南到北的方向,而不能是从西到东、从北到南的方向。有佛堂1座,大转经筒经堂2座,中等转经筒10多个,佛塔12座,小转经筒506个②。2010年,玉树地震使新寨嘉那嘛呢石堆佛殿佛塔大多倾圮,破坏严重,嘛呢堆也同样遭遇很大破坏,大片摆放整齐的石墙被震塌,嘛呢石散落成自然形态。原有划分六字真言且起到运送摆放嘛呢石的通道,被震落的嘛呢石所壅塞,佛殿、佛塔与嘛呢石之间的通道也被嘛呢石填满,尤其它的自然有序的扩展遭到严重影响。任何事物都有两面性,对于新寨嘉那嘛呢石堆来讲,地震是灾难,但也是机遇。地震后,当地群众自发地将散落在废墟中的古老嘛呢石运回嘉那嘛呢石堆,那些在"文革"期间被当作建筑材料,拿去用于修筑河渠、铺筑道路,甚至作为修建楼堂馆所之用的新寨嘉那嘛呢石,从一部分倒塌的楼堂馆所和民宅中回收了近2.5万块。这些嘛呢石非常珍贵,有相当的文物价值。另外,党和国家对玉树灾后文物抢救保护也十分关心,专门拨付了抢险维修补助资金。在国家文物局的支持下,青海省委托国内一流的设计单位中国文化遗产研究院,编制和设计新寨嘉那嘛呢石堆总体保护规划、维修施工方案。按照《文物保护法》和《招投标法》的有关规定,依法招标确定了北京市园林古建工程公司等施工单位和有关监理单位,对新寨嘉那嘛呢石堆实施抢险修缮。如今的新寨嘉那嘛呢石堆已经"修旧如旧",转经的人群络绎不绝。相信重建

---

① 嘛呢石堆,http://baike.sogou.com/v2594839.htm。
② 罗桑开珠、昂文格来主编:《玉树文化研究》,中国藏学出版社2014年版,第236页。

后的嘉那嘛呢石堆在文化保护下,更显勃勃生机①。

2. 嘛呢石刻

嘛呢石刻,泛指雕刻在白石块上并饰以五彩制成的佛语、造像和图符,是一种形式特殊的极具表现性和代表性的雕刻艺术形式,其浓烈的本土地域风格和鲜明的民族民间风采神韵,不仅昭示着藏族的石刻文化,更拥有十分重要的教化功能、审美意义和宗教文化地位。当虔诚的藏民需要神明指引时,就会带着写有祈祷经文的石头向天上神明朝拜。众多的僧侣、觉姆、信徒们不断堆放石经,其规模随着时间的推移不断扩大,堆积成藏传佛教的宝贵文化遗产。

(1) 玉树嘛呢石刻的内容。

从嘛呢石刻的内容看,玉树嘉那嘛呢,其种类可概括为经文类、佛教符号类、佛像类、咒文类、佛塔类等五大类。

经文类。嘛呢石刻的经文,一般情况下是根据信徒的需求而雕刻,也有以石刻为自己积累功德的石刻艺人自己雕刻的。尽管内容有祈祷经、平安经、解脱经、皈依经、长寿经、忏悔经、白度母经、绿度母经、四臂观音经等不一而足,但都与人们的生老病死等实际生活密切相关。能够出资请人雕刻的是有一定经济实力的家庭或个人,也有居住在其他藏区者专程到此出资刻经进行祈祷的。

佛教符号类。藏传佛教符号图即指十相自在图。符号图里用每一个缩写的字母代表一个自在,十个字母又组成一个梵文字母,并用红、黄、绿、青、白五种颜色填写。具体的十相自在是:命自在、心自在、自具自在、业自在、解自在、受生自在、愿自在、神力自在、智自在、法自在。它们不受任何业力的控制和支配,因为处于

---

① 《玉树:感受新寨嘉那嘛呢石城的魅力》,http://www.tibet3.com/Special/content/2010-10/26/content_591837.htm。

完全的自在之中,故而成为佛教的最高理想。嘛呢石上就刻着这样的符号,佛教认为符号图不仅能够让人们获得自在,还能帮人们避邪消灾,所以几乎所有藏族人家连门上或屋内都贴有这种十相自在符号图。

佛像类。佛、菩萨、明王、金刚和护法神都和人们生活中禳灾避邪、防病治病等生之处境、死之归宿以及来世的命运关系密切。信徒们相信他们石刻的敬奉,定会得到神佛的加持和眷顾。佛像类多以阿弥陀佛、释迦牟尼佛、弥勒佛居多,也有莲花生大师、药师佛等。菩萨类有千手千眼观音、十一面观音、四臂观音、文殊菩萨以及度母、白度母、绿度母等;金刚类有欢喜金刚、时轮金刚、密集金刚、胜乐金刚、金刚萨埵;护法类有马头明王、吉祥天女、六臂大黑天等。

咒文类。在各种菩萨像中,观音菩萨的种类最多,大体上可分为显宗观音和密宗观音两类。咒文主要以六字真言"唵嘛呢叭咪吽"为主,因为它既是莲花观音经的精髓,也能体现观音菩萨的精神和心愿,故而藏传佛教认为它显现了密宗六观音的功德,"能够分别破除六道之三障:千手千眼——破地狱道三障。圣观音——破饿鬼道三障。马头观音——破畜生道三障。十一面观音——破阿修罗三障。准提观音——破人道三障。如意轮观音——破天道三障"[①]。

佛塔类。佛塔包括功德塔、象征塔、遗体灵塔和纪念塔四类。新寨嘉那有佛塔12座,佛堂内供奉着创建石经城的嘉那活佛塑像。佛塔纪念的是佛祖释迦牟尼一生的八大功德。聚莲塔纪念释迦牟尼诞生,并象征其出淤泥而不染的高贵品德。菩提塔纪念释迦牟尼悟道成佛,将佛法传入人间。多门塔纪念释迦牟尼讲经普

[①] 罗桑开珠:《论玉树嘉纳嘛呢石的文化价值》,任新建、周源主编:《任乃强先生纪念文集——任乃强与康藏研究》,中国藏学出版社2011年版,第331页。

度众生的功德。神辩塔纪念释迦牟尼战胜外道,将佛法弘扬广大。天降塔纪念释迦牟尼上天讲经,成为天人师。和平塔纪念释迦牟尼和平解决了佛教内部的纷争,避免了佛教内部的分裂。尊胜塔纪念释迦牟尼延长寿命的自在功能。涅槃塔纪念释迦牟尼功德圆满,解脱自在①。

(2)玉树嘛呢石刻色彩搭配及象征意义。

藏族佛教经典以及藏文史籍(《佛光大辞典》)都有涉及六字真言色彩的相关内容。嘛呢石刻的颜色由绿、白、黄、红、青五种组成,五种颜色都有其深刻的宗教象征性。"绿色象征救苦救难;白色象征避邪消灾;黄色象征增益福德;红色象征慈悲怀爱;青色象征调伏顺从。"②具体运用和象征可以概括为以下几点:"唵"字以白色表示天上界,"嘛"字以青色表示阿修罗道,"呢"字以黄色表示人间界,"叭"字以绿色表示牲畜道,"咪"字以红色表示饿鬼道,"吽"字以黑色表示地狱。另外,玉树嘉那嘛呢石刻中的六字真言既有单字刻在一块石头上的,也有六字一起刻在一块石头上的,重要的是无论怎样刻法,颜色的涂法则必须按前面讲到的颜色,否则会被认为是亵渎神灵。

(3)玉树嘛呢石刻的书法。

玉树嘉那嘛呢石刻有很明显的地域性特点。在造像上,一方面继承了民间美术和传统美术技法;另一方面吸收、借鉴并融入佛教造像的技法,不仅丰富了本土雕塑的风格,也充实和丰满了雕塑的内容,从而产生了属于本土佛像的造像艺术,建立了新寨地区雕刻艺术以佛像为主的局面和主线,形成了玉树嘉那嘛呢石雕刻的

---

① 罗桑开珠:《论玉树嘉纳嘛呢石的文化价值》,任新建、周源主编:《任乃强先生纪念文集——任乃强与康藏研究》,中国藏学出版社2011年版,第333页。

② 罗桑开珠:《藏传佛教造像艺术的结构体系及其象征意义》,《中央民族大学学报(哲学社会科学版)》2009年第1期。

线条粗犷、拙中见力,形象生动、凝练,风格浑厚、大气,纹饰朴素,造型手法苍劲、古朴的鲜明特色,体现了玉树石刻艺人们的聪明才智和审美情趣。

根据嘉那嘛呢石刻的造型特征,通常将其刻法分为通体敲凿法、线刻法、涂绘法、磨制法四种。这些刻法都极具本土特色和民族特色。与藏传佛教其他艺术形式相比,嘛呢石刻是一种源自藏地本土的、融雕刻与绘画为一体的古老艺术表现形式,我们至今仍能从其丰富的造型语言中感受到那种强烈而又古朴的原始气息。因为作者绝大部分是民间艺人,无论是画面的造像度量,还是形象塑造,都很少受经院式的束缚,其表现力、想象力更自由奔放,图像创造也大胆生动,表现出强烈而鲜明的特色。再者,石刻虽根植民间,根植本土,但非冰冷的复制,而是有血有肉的灵魂的跃动,洋溢着旺盛的生命力,它以千人千面的姿态显示出个性的魅力,同时整体上又能充分地传达出那种扎根于民族精神土壤而迸发的民族气息。

玉树嘉那嘛呢石在其形成和发展的数百年间,不断吸收当地文化、宗教、艺术的精髓,以崇拜嘛呢石为对象,让数千万信徒被嘛呢石块上深奥的宗教文化思想和神圣所折服,也让嘉那嘛呢石在玉树人民心目中占据了无可替代的地位,成为信徒灵魂栖息的港湾。因此,玉树嘉那嘛呢石不仅是藏族石刻文化中的奇葩,更是藏族文化发展的一个缩影。

(4)玉树嘛呢石刻艺人。

玉树新寨村从事石刻的艺人可谓形形色色,有世代以此为业的,也有临时为业的。新寨村石刻艺人通常情况下是父传子、师传徒,且只限传于男性,但现今也有女性从事此行业的。这其中又以师徒相传为主,以教、学、练三种方式进行传授,教他们先习藏族文字,再习雕刻书法,同时还要学习绘画艺术等。多少年来,新寨村石刻艺人日复一日,年复一年,辛勤雕刻嘛呢石,他们对雕刻嘛呢石的心愿和行为从不间断,以质朴之情、虔诚之心,辛勤劳动,不断地在石头上雕刻他们的寄托和希望。

(5)玉树新寨嘉那嘛呢石宗教节日。

"嘉那帮庆"和"嘉那邦琼"都是结古藏区最隆盛的宗教节日。前者是经石城的奠基日,后者是落成日,特别是每年藏历十二月八日开始的为期三天的"嘉那帮琼"大庆典,都会举办隆重的宗教法事活动和歌舞表演。届时,数万人云集于此,转城诵嘛呢,经声、祈祷声和庙堂鼓乐声响彻长空。传说嘉那活佛就是在这天在一眼神泉中发现了嘉那嘛呢石堆的第一块嘛呢石,因而把这一天定为节日。每年这一天,嘉那嘛呢石堆广场会云集来自青海、西藏、四川、甘肃、云南五省区的藏传佛教僧侣和藏族群众,转嘛呢石堆,献嘛呢石,观看嘉那活佛创作编导的嘛呢舞蹈,观众达数万之众,是世界屋脊青藏高原上最盛大的石刻文化节。在两个足球场大的广场上,嘛呢石垒成的石墙高和宽均一米六七,从广场四周盘绕,曲折逶迤,墙与墙之间会留2米左右的门巷,门巷上方印有佛教真言或经文的彩幡迎风飘动,正中心的嘛呢石堆中间有一座用红色嘛呢石垒成的高入云霄的百丈宝塔,人们以无比虔诚的心情围着它转动嘛呢轮。为求功德圆满,人们会转够100圈(一圈约500米)。嘛呢赐给他们幸福吉祥的坚定信念,是支撑他们如此苦行的精神力量,磨炼铸造出了藏族人民心地向善、坚忍不拔的优秀品格。节日期间除了要举行隆重的宗教仪式外,还有商贸活动,夜间还有歌舞表演。

宗教仪式主要涉及"煨桑""诵经""灌顶"等。煨桑,也称"垠桑",是整个仪式中最神圣、最重要的一项仪轨,作为节日不可或缺的内容贯穿节日始终,尤其是头一天的煨桑,是整个宗教仪式的开始,也表示宗教节日的开始。操持煨桑的一般都是村里有一定地位的男性长者,他们在几处重要的祭坛同时进行煨桑,并唱诵祷词,那些起早的人家也在自家前或帐篷外做简单的煨桑和诵祷,同时要转经、磕头、诵经。诵经祭祀完毕,人们会从喇嘛前依次弯腰经过,让喇嘛摸顶、加持,同时喇嘛会把符咒的神水洒向人们,此所谓"灌顶"。早上的宗教活动结束后,下午的活动就自由许多,或转嘛呢石堆,或进行商贸活动。嘉那的活佛们很注重经贸交往,一方面有利于推动当地经济的发展,另一方面活佛们也深谙发展经济亦能助长宗教仪式的兴旺之道,两者相辅相成。

夜晚降临,嘉那嘛呢石堆北侧扎武宫殿大院子中坐北朝南搭的舞台准备就绪,时辰至,百户、大喇嘛上台入座,僧众和地方官吏就坐舞台两侧,普通百姓则散坐舞场东、南、西三面,观看歌舞表演。歌舞主要是玉树卓舞,舞蹈的氛围、艺术形式和表演程序,基本是苯教祭祀舞蹈的继承和文化精神的弘扬。

总之,新寨嘉那嘛呢石城就像一块活化石,记录了玉树宗教文化活动中信奉苯教的历史,佐证了在松赞干布时期佛教从汉地传入藏地的历史,印证了玉树结古地区作为朵、卫、康三地互通的主要路线的存在和将高原藏地与祖国内地紧密相连的意义,用佛教理论和佛教文化展现着它的宗教文化属性。遗存于嘉那嘛呢石城中的苯教嘛呢"玛哲米叶",以及唐代文成公主进藏时沿路所留下的石刻佛像、嘛呢石等文化遗迹,为后代研究整个藏族历史、宗教、文化和汉藏关系提供了珍贵的实物资料。

(三) 礼仪仪轨

作为一种宗教,玉树活佛的袈裟和佩挂都是要按照佛位高低特制的,不仅如此,在平日或重大礼宾活动中,从衣食起居到各种迎来送往,玉树各教派都有着极其严谨和规范的礼仪制度要求。活佛坐床礼、祭祀礼仪、灌顶仪式、活佛受戒典礼等,都是玉树礼仪仪轨中重要的组成部分。

（1）活佛坐床礼。活佛坐床礼是藏传佛教寺院中最为重大的宗教仪式。活佛坐床礼历经几百年的发展演变，已经形成了一整套严谨而又严密的宗教仪轨和历史定制，包括转世灵童的寻访、认定、坐床等诸多环节，其中对有影响的大活佛采取金瓶掣签和报请中央政府批准继任已成为历史定制。活佛坐床典礼要选择吉日良辰，吉日当天教区民众家家屋顶上都要插挂伞盖、经幡、五彩旗帜，准备煨桑祈愿的香料柏枝，寺院、属寺以及教区都清扫得干干净净，僧俗大众一律穿戴一新，簇拥在寺院门前的路旁。坐床典礼开始后，鼓声、钹声、号角声合成一片，景象壮观。坐床典礼上的活佛转世灵童要先献哈达，依次给佛祖释迦牟尼像、藏族先祖松赞干布和宗喀巴等各教派传承祖师献哈达。若遇到达赖大活佛灵童坐床，达赖还要穿黄色熏了香的法衣，乘坐黄色大轿从临时宿营之地向拉萨前进。仪仗队、鼓乐队、摄政、三大寺法台、各大寺法台、各大呼图克图、噶伦等护卫在达赖轿左右，行列达数里之长[①]。

（2）祭祀礼仪。每年正月、二月是玉树藏传佛教之大祭。正月初一跳舞祭；初二飞绳子祭；初三翻杆祭祀；初六至二十一大施祭，喇嘛诵经受布施；十五灯祭，悬灯以卜岁；十八驱魅祭；二十观兵祭；二十五赛马祭；二十九或三十驱祭。二月二十七舞踏祭[②]。

（3）灌顶仪式。玉树的灌顶仪式有多种，形式较随意，既可分散举行，也能同时举行。

（4）活佛受戒典礼。活佛、僧人7岁应受沙弥戒，20岁左右受比丘戒，女僧则要受沙弥尼戒。活佛受沙弥戒、比丘戒，都要举行受戒大典。若是达赖、班禅活佛受戒，大典更是庄严隆重。达赖喇

---

① 《藏传佛教——严谨规范的寺院礼仪、仪制》，http：//www.foyuan.net/article-198011-1.html。
② 《藏传佛教——严谨规范的寺院礼仪、仪制》，http：//www.foyuan.net/article-198011-1.html。

嘛受沙弥戒在拉萨大昭寺举行①。

玉树藏族作为崇尚礼仪的民族,他们的生活礼仪也很多,涉及生活的各个方面,如敬献哈达礼仪是玉树地区最尊贵也是最常见的礼仪,常用的哈达多为白色,也有黄色和蓝色,象征尊贵、虔诚和祝福。磕头礼也是玉树常见的礼节,一般在朝觐佛像、佛塔和活佛时磕头。磕头可分为磕长头、磕短头和磕响头三种。

三、宗教建筑

宗教建筑是宗教文化的载体,玉树地区98%的居民是全民信教的藏族同胞,这里寺院、佛塔林立,都融合和渗透着藏传佛教的文化和宗教思想,以一种强大的精神力量,呈现出独特的民族特色,构成了巴塘草原上一道道亮丽的风景线。

(一)藏娘佛塔

藏娘佛塔位于通天河南岸藏娘村,距玉树结古镇80千米,依山而建。通天河自东向西从佛塔基地北侧环绕流过,南、北两面是连绵的山峰,聚合的地势拢聚着通天河两岸的生气和财富,由低到高的建筑层次凸显和强调着佛教受人膜拜的尊贵地位,给人心理上以震慑和威压,激发人们内心的崇拜和皈依感。从景观的设计角度来看,藏娘佛塔群山环绕,蓝天白云,江水滔滔,匍匐塔下,神秘庄严。此种设计秉承了印度的塔风,又在本土文化的基础上形成了独特的藏传佛教佛塔。通常情况下,藏传佛教佛塔均由塔基、塔身和塔刹三部分组成(也有塔座、塔瓶、塔刹三部分的说法)。而藏娘佛塔,却在此基础上多了地宫一层,由塔基、塔身、塔刹和地宫

---

① 《藏传佛教文化:活佛受戒及其类型和礼仪(图)》,http://www.laoren.com/fj/2013/222865.shtml。

四部分组成。地宫的设计在藏传佛教佛塔建筑中十分罕见,它起源于古印度佛塔,大量文献记载,古印度桑奇群塔就设有地宫,专供佛陀舍利。"公元 1815 年,在桑奇第二塔的覆钵丘下面就曾经发现了一个舍利石函,里面装着 4 个小型的舍利盒,上面还刻有阿育王时期 10 个高僧的姓名;桑奇第三塔的地宫中则存放着两个石质的舍利罐,上面刻着舍利弗和目犍连的名字,这俩人都是佛陀弟子,可见早在古印度阿育王时期的佛塔就已建造地宫了。"①这其中按照西藏佛塔塔座、塔瓶、塔刹三部分组成来看还有如下的说法,即塔座部分的塔基象征人世间(土界),塔瓶(即塔身)部分象征水界,塔刹部分的横斗甚至伞顶象征精进之火,刹顶的月亮象征气息或风,太阳象征精神或灵气。这样就把佛教土、火、水、空"四界"集于佛塔一身。另外,从佛塔的功能和构造而言,罗桑伦巴高僧曾作过这样的解释:"佛塔的方形塔基表示坚固的地基,其上为火球,火球上为火锥,火锥之上为气托,最上面为波动的精神或待脱离物质世界的灵气,而登达以上的境界则要经过佛教的'趣悟阶路'。"还有一种解释:"佛塔下面的四层分别象征着四念柱、四正断、四正足和五根;佛塔宝瓶则象征七觉支;宝瓶的上方象征着八正道;佛塔的十三相轮象征十力和三念住,另外它还象征大悲总持、大悲心和空性;佛塔顶部的伞盖象征着智慧,伞盖下的两条固定绳线则象征着四业;伞盖上的日月分别象征着二智的获得;佛塔的顶尖象征无二,即时轮金刚和无差别。"②总之,无论哪种解释,藏娘佛塔都是集印度塔风和藏族塔风于一身的殊胜佛塔。其主旨都是围绕着藏传佛教展开的,都是从佛教义理的角度出发,对藏娘佛塔的内涵作出诠释。

---

① 《阿育王的不朽功德——无佛像时代的艺术》,http://www.ebaifo.com/fojiao-209990.html。

② http://t.qq.com/huanggeha?pagesetHome。

藏娘佛塔坐西朝东,高约 28.25 米,是土、木、石混合结构的"覆钵式喇嘛塔"。塔座为方形四层叠垒,均由当地产的黑褐色片石砌筑并以木制短椽与石板铺苫形成墙帽,从下往上由边宽 20.85 米到边宽 12.1 米,层层收缩。最顶层四角处有立竿悬幡,幡上印有藏传佛教"六字真言"和"风马"等为主的内容,用以祈求佛祖保佑。塔身即佛塔的塔刹部分,是圆桶形的一个覆钵,安置有水泥制作的十三级相轮,柏木制作的伞盖和铜质的日和月。塔心内部是柏木材质的柱子,也就是通常说的塔心柱,直通塔顶,与塔心片石墙之间留有 1.4 米见方的暗窗,塔心外周还环有圆形的平面内廊,其上绘有壁画。内廊上部采用下平上斜两层木椽,两层木椽之间形成一圈梯形断面暗道,可供一人爬进。塔心下部中心又有暗室,即所谓的地宫,用以安奉释迦牟尼舍利子以及附带的珍珠、玛瑙、宝石和香料等佛教供物。佛塔通体的白色既是藏族尚白的习俗,也是佛塔凸显其威严、光明、洁净的标志。藏娘佛塔在象征佛教理念的同时更凸显了温情的人性。

(二) 结古寺

结古寺位于玉树结古镇北山,海拔 3 700 米,藏语称"结古顿珠锣",即"结古义成洲"之意。其最初为一苯教寺院,后改宗为藏传佛教噶举派寺院,明朝洪武三十一年(1398)的时候,西藏萨迦派高僧当钦哇·嘉噶西然坚措又将结古寺改宗为萨迦派寺院并保持至今。结古寺有史以来,就以其宏伟的建筑、丰富的文物、众多的名僧而闻名藏区。

结古寺依山而建,桑舟嘉措经堂、讲经院、弥勒殿和大昭殿等一众主建筑错落有致,楼阁耸立,蔚为壮观。其中,"都文桑舟嘉措"经堂是由萨迦寺大堪布巴德秋君和嘉那活佛一世多项松却帕文设计,扎武迈根活佛主持,在德格佐钦寺支持下修建完成,可容纳 1 000 名扎哇诵经。此外，讲经院、大昭殿、弥勒殿、嘉那和文保活佛院等建筑各具特色，规模较大。寺内主供了释迦牟尼佛、莲花生大师、吉祥天女、宝帐怙主、旃檀木雕度母、密宗事部三怙主、自显度母和西藏萨迦五祖等各类佛像 3 400 多尊，或铜制镏金，或优质木雕，神态各异，肃穆端庄。寺内除珍藏有《甘珠尔》《丹珠尔》等近万卷各种经典外，还藏有八思巴所赠的释迦牟尼唐卡、旃檀度母像以及扎武百户祖传的宝刀等许多珍贵文物。

结古寺先后有活佛三名。扎武迈根·松杰丹增活佛是玉树巴塘乡人，1954 年还俗在家，1958 年卒，其转世现居印度。文保坚贡活佛亦殁于 1958 年，其转世住扎武百户亦居印度。嘉那活佛，其一世名多项松却帕文，昌都囊同人，父亲旦正，母亲阿吉，游学 20 余年，精通汉文，服饰略似和尚，故称之为"嘉那朱古"（汉活佛）。他多才多艺，独创了称为"多顶求卓"的 100 多种舞蹈，玉树地区著名的卓舞即源于此。晚年定居结古镇东新寨村东面山坡，并在新寨修建嘛呢石堆，即"世间第一大嘛呢石堆"之称的嘉那嘛呢石堆[1]。

结古寺培育出许多有学识的比丘名僧，由他们承担讲经院的堪布，尊为"喇嘛"（上师），负责整个寺院的讲经之事。最盛时，全寺成年扎哇多达 780 人，完德 400 多人。这其中就有《般若波罗蜜多经释》等五部著作的作者昂嘎喇嘛、一代玉树名医才江喇嘛、擅长历史并著有《大日如来佛堂志》及《藏区文物志》等的意科喇嘛（又名桑杰嘉措），还有格桑嘉措和扎西彭措等知名活佛。

结古寺还是很多名僧的圆寂之地，九世班禅大师却吉尼玛于 1937 年藏历十二月一日返藏途中圆寂于结古寺[2]。

---

[1] 结古寺，https://baike.baidu.com/item/。
[2] 玉树结古寺，http://www.baike.com/wiki/。

(三)禅古寺

禅古寺位于玉树结古镇南 4 千米处的禅古村,距文成公主庙 16 千米。始建于 12 世纪,海拔 3 700 多米,分上、下两寺,相距约 70 米,初有下寺,后建上寺,下寺为母寺。"禅古"直译为"花石头",得名于下寺附近一块花色磐石。禅古寺属藏传佛教噶举派寺院,修持本派"大手印法"①。两寺均建有大经堂、佛塔、僧舍、佛殿和讲经院等。现存有 80 柱的"江伊扎梅德勒囊江"大经堂由原扎武、拉达、布庆、拉秀四个百户共同修建,2010 年地震中其余建筑皆毁,唯此堂无损,可见其设计和建造之奇特和坚固。

另外,禅古寺有四个活佛转世系统(查来嘉贡、禅古朱古和斯日朱古、噶玛洛周尼玛),其中查来嘉贡地位居尊,是玉树地区册封的"四大嘉贡"(救世主,亦作怙主)之一。有传统的"才周"宗教节日,其间会有 119 人出场跳神舞。追溯其源,禅古寺的母寺是玉树曲浦寺和四川八邦寺,现有殿堂 80 间,僧舍 60 间,寺僧 69 人,内扎哇 50 多人②。

(四)然格寺

然格寺位于玉树小苏莽乡境内,海拔 3 776 米。其所在环境优美幽静,东、西、南、北分别有珍那山、贡多当泽山、然帮山、叶然拉泽山环绕,然格寺宛若身处盛开的莲花盆地里,选址殊胜。然格寺现有殿堂 5 座,即桑珠颇章大经堂、新大经堂、空载佛塔、转经筒殿、阎王护法殿,37 处传统僧舍,各类佛塔 10 余座。所有建筑均以大经堂为中心,依山势高低布置,错落有致,主体突出,加之周遭山林的护拥衬托,景寺结合,宛如天造,有着藏传佛教寺院自然古朴、融寺入景的特征。

---

① 禅古寺,http://baike.so.com/doc/8404605 - 8724306.html。
② 禅古寺,http://baike.so.com/doc/8404605 - 8724306.html。

(五) 当卡寺

当卡寺位于玉树结古镇东风村扎增大赛山腰间,距结古镇约10千米,海拔3 600米,属噶玛噶举派寺院。寺内供有释迦牟尼佛像、莲花生大师像以及蒂洛巴、纳若巴、玛巴和米拉日巴等噶举派始祖以及祖婆阿斯秋吉卓玛等护法神像。该寺首建于12世纪岗拉寺僧人巴洒之手,兴盛时有700多名僧侣。1958年时,当卡寺拥有48柱经堂1座,60柱佛殿1座,僧舍80余间,僧侣199人。现建有80柱大经堂1座,20柱小经堂1座,还建有佛殿、怙主殿、讲经院和100多间僧舍[①]。改革开放以来各方全力修葺和恢复寺院,寺院建筑面貌更新,经堂规模远远超越新中国成立前,依山而建的寺院更显得气势雄伟,颇为壮观。该寺每年都会举行传统的庙会或法会,比如藏历十一月二十三日至三十日的"祖婆护法神"供养法会,以及阳历每年6月1日至10日的初十供轮法会等[②]。

玉树地区寺院众多,风格鲜明,它们不仅代表着玉树的建筑风格,更是灵魂的建筑,让步入其中的人们叹为观止。我们这里介绍的仅是玉树宗教建筑中极少的一部分,以求窥一斑见全豹。玉树建筑在历史的发展中与其宗教共存亡,让人们在备感宗教空间的美丽庄严时,也沐浴到尘世与天国之间的灵魂之光。

玉树宗教艺术十分丰富,歌舞、雕塑、建筑等方面的成就都具有独到之处,是我国珍贵的文化宝藏,以上仅是择其一二而已。另外,玉树歌舞作为我国非物质文化遗产,本书辟专章介绍;玉树宗教建筑文化丰厚,已在本章有专门的讨论。总之,玉树的宗教文化积淀深厚,它集印度佛教文化、中国传统文化和本土文化于一体,形成极具特色的地域文化。在具有本土民众的体验感悟和审美

---

① http://www.jnxcx.com/lymap/ys24.html。
② http://www.jnxcx.com/lymap/ys24.html。

观念的同时,形成其颇具玉树风格特征的文化,这对藏族共性文化的丰富和发展作出了突出贡献,对藏族其他区域的文化也产生了重要影响。正是这些深厚的宗教文化蕴涵,促进了玉树地区文化的丰富和发展,而且也将在玉树今后的发展中发挥无限的能量。

第三节 玉树宗教文化的特征

自西汉以来,西藏象雄文化在玉树影响甚广。雍仲苯教徒旺庆·当拉米巴和嘎·嘉哇洛周等人先后从象雄来到玉树地区传播苯教,在结古镇扎西斜神山苯钦当母卡东坐禅修行。嘎·嘉哇洛周在神山下修建了一座苯教寺院,称之为雍仲当泽寺。该寺后毁于和硕蒙古的兵燹。此后不久,又在现在结古寺址建起了另一座苯教寺院——雍仲囊琼寺。毗卢遮那译师到康区弘扬佛法之时,囊琼寺改宗为佛教宁玛派寺院。明洪武三十一年(1398),萨迦当钦嘉噶哇·谢拉坚赞将囊琼寺改宗为萨迦派寺院,并称之为"嘎结古东周楞"。时有寺僧500人左右。

玉树境内尚有拉秀龙喜寺、藏娘桑周寺、尕藏寺、赛巴寺、达那寺等许多寺院在初建之时皆为苯教寺院。另据《嘉那·道丹松曲帕旺传》载,号称世界之最的新寨嘉那嘛呢石堆在初建之时也有许多苯教经石。

玉树基本是全民信教区,藏族普遍信仰藏传佛教。藏传佛教在玉树流传历史悠久。据史料记载,早在7世纪时,随着吐蕃势力的东进和疆域的拓展,藏传佛教逐渐传入玉树地区。宋时,南宋皇室在玉树任命土官,颁发文册并敕建了一座政教合一的寺院——根蚌寺,从而拉开了中央政府在青海南部施政的序幕。元朝时期僧侣活动日趋频繁,到14世纪中叶,宁玛派、萨迦派、噶举派等相继在玉树境内修建寺院。在此之前的四五百年间,玉树各地也有占卜问卦、雕刻嘛呢、铸造佛像、引进佛经和修建佛塔庙宇等,但尚未形成一种以僧众、佛殿、经堂和禅院等为母体的正规寺院。自明清以来,格鲁派乘势兴起,创建新寺,或改宗原有各派寺院。到1958年,全州共有藏传佛教寺院201座,分属噶举、萨迦、格鲁和宁玛四大教派,在寺僧尼工27 057人,其中僧侣25 071人,尼姑1 538人,活佛448名。宗教教职人员占当时总人口的28.6%,建有大小经堂和佛殿570座,僧舍21 060间,佛邸68院284间。拥有各类牲畜4.15万头(只),寺院所属耕地1 794亩。规模不等的各种宗教活动场所星罗棋布,具有寺多、僧众、教派齐全、分布广、影响深等特点。1962年以后,玉树结古寺和龙喜寺、称多拉布寺和尕藏寺等11座寺院一度开放,入寺僧侣624人,活佛11人。"文革"期间,绝大多数寺院受到严重破坏,僧尼遭受不公正待遇。中共十一届三中全会后,全州相继批准开放139座寺院和7处宗教活动点。其中噶举派寺院83座,萨迦派寺院27座,格鲁派寺院18座,宁玛派寺院11座。1996年时,全州有僧尼6 145人(不含医生、牧工、商人、艺人等已出家的寺院勤杂人员),占全州总人口的2.47%。活佛254名,其中1958年认定坐床的活佛97名;1990年以后由政府批准坐床的活佛24名[①]。

20世纪50年代,玉树实行了民主改革,随着玉树政治和社会制度的巨大变迁,其宗教信仰也发生了很大的变化,特别是改革开放以后,玉树与全国一样,迎来了文化的多元共生时代,其宗教文化呈现出别样的风格。

---

① 玉树藏族自治州地方志编纂委员会编:《玉树藏族自治州志》,三秦出版社2005年版。

一、玉树多元宗教文化的共生性

玉树既是茶马古道和唐蕃古道文化的汇聚点,也是藏北康巴游牧文化与宗教文化交叠传承的一个少数民族聚居区。所以,玉树是一个宗教文化很丰富的地方。教派类别齐全,就玉树市而言,最具规模的有萨迦派的结古寺、唐龙寺、桑周寺,噶举派的当卡寺、禅古寺,格鲁派的龙喜寺,仲达乡帮曲寺、嘎啦寺、让娘寺、安冲达吉寺。"文革"期间,绝大多数寺院受到毁灭性的破坏,藏于寺内的珍贵文物毁坏殆尽,但在落实宗教政策之后,寺院多数得以恢复。2010年地震后,在党和政府支持下,所有的寺院得以重建,规模进一步扩大,寺院里诵经、灌顶、转法轮等宗教信仰活动得以正常进行。

独特的地理条件和自然环境让玉树成了藏传佛教的历史标本和独具特色的宗教文化艺术活动场所。这种影响不止于宗教,甚至是在当地民众的心理素质、语言风格、审美观点、生活方式和传统习惯等方面,都拥有与其他藏区不同的特质。现玉树地区有各类藏传佛教寺院192座(约占青海藏传佛教寺院总数的29.23%),除两派合住寺13座和2座派系不明寺外,177座寺院中,萨迦派寺院22座,格鲁派寺院23座,宁玛派寺院31座,噶举派寺院101座[①]。信教群众中藏族、羌族和汉族均有占比,呈现出多民族共同信奉藏传佛教的和谐宗教信仰氛围,形成了各种宗教文化多元并存的宗教特征。

11世纪以后的佛教发展迅速,苯教逐渐被取代,苯教信徒越来越少,不仅寺院所剩无几,甚至连原有的圣地都改宗佛教。其实在吐蕃王朝时期,由于藏民和一些藏军的移居和进入,苯教曾一度

---

① 《玉树:宗教信仰》,http://www.gov.cn/ztzl/yushu/content_1581703.htm。

复起,并有了苯教寺院。如玉树龙喜寺,初期仅是一帐房寺院,有信徒百人,名曰"苯嘉玛"。后因当地拉秀部落头人参与共管,故又称"拉秀苯嘉玛"。玉树结古镇现今还有一座扎武头人管辖的苯教寺院,这些寺院既属当地头人掌管,表明双方之关系密切,苯教亦是重要支配势力。在后来的斗争中,由于藏传佛教势力的强大和巩固,苯教多被改宗。双方关系恶化,即便有苯教徒作法放咒,但均遭失败,最后只能改宗佛教。总的说来玉树苯教寺院的存在,规模较小,宗教活动较为松弛,佛教对苯教的融入和改变越来越大。

第一,随着佛苯两教的长期融合,两个宗教不仅在基本教义上的界限越来越模糊,在因果报应、因缘来世、普度众生等重要的宗教观念上日趋统一,而且教徒在信仰和心理上的隔阂也逐渐弱化,从而导致有些地区普遍有教徒既信苯教也信佛教的现象存在。

第二,扬佛抑苯的社会观念在传统藏族社会里一直没有根本性的改变,苯教徒很大程度上一直是受歧视的,因而很多苯教徒迫于各方面压力,在信仰苯教的同时,也建立起了与佛教寺院和僧人之间的信仰关系,有的甚至改宗皈依了佛门。

第三,在一些人烟稀少的偏远地区艰难保存下来的苯教寺院,基本上都比较贫穷,信徒人数稀少,总体势力单薄,这些寺院在新中国成立后的政治运动中遭到破坏,受创后无力恢复重建,导致信徒们正常的宗教需求无法保证,不得不退而求其次转向佛教寺院。以亡灵超度为例,苯教信徒由于没有属于他们自己的寺院和活佛,人死后的亡灵就会因为无法超度而变成荒魂野鬼,更不要说投胎转生。这不仅是对亡灵的极大不敬,更会让其子孙后辈无法得到安宁。在藏族传统社会里,养老送终天经地义,超度亡灵更是义不容辞,让家人的亡灵成为无家可归的幽灵,他们会遭到藏族社会里的各种唾弃,这是他们无法接受的事情。因此,没有了属于自己寺院的苯教藏胞会千方百计找寻附近的佛教寺院完成拜佛还愿或超度亡灵的一些特定法事,久而久之他们自己也成为这些寺院的信民,成为佛教徒,这种现象在穷乡僻壤之地尤其明显。

第四,有些地方僧俗不分的苯教俗家密宗师传统,导致许多苯教信民更愿意请佛教僧人来超度亡灵,因为比起俗家修行者,他们认为在宗教世界里佛教的修为更为正规,而超凡脱俗的僧人们更容易与来世沟通。

第五,佛苯两教在内道和外道理论上逐渐融合。藏传佛教徒自称内道徒,并将曾经在历史上与其发生过长期的争论和斗争的印度各种非佛教宗派通称为外道,因而佛教初传至吐蕃并与苯教发生冲突时,佛教徒很自然地将苯教也称为外道①。扬佛抑苯的思想在逐渐变成藏族的一个主要文化心态后,苯教不得不将自己的传统纳入内道的理论范畴。于是,在理论上界定内外道的差异就变得非常重要。皈依三宝和认同四法印最终成为佛苯两教在内道和外道理论上的共识,即两教都认同皈依三宝、笃信四法印的观点,这样佛苯两教有了同一个归宿——内道。三宝即佛、法、僧,四法印即诸行无常、诸漏皆苦、诸法无我、涅槃寂静,这是两个宗教传统从相互排斥到相互吸收,最后水乳交融的历史必然,是多元文化传统并行发展的必然结果②。尽管两种文化源流在内道概念上的合流还仅仅停留在哲学层面,苯教是外道的偏见依旧存在,扬佛抑苯的心理定式也未取得质的变化,但苯教佛教化的趋势随着社会的发展一如既往,两个宗教传统在并行发展的过程中势必互补有无,趋于一致。

总之,诸多原因导致了很多苯教徒在信仰苯教的同时也与佛教寺院及其僧人建立起信仰关系。有趣的是当他们遇到天灾人

---

① 才让太:《苯教的现状及其与社会的文化融合》,《西藏研究》2006年第3期。
② 才让太:《苯教的现状及其与社会的文化融合》,《西藏研究》2006年第3期。

祸,需要举行法事,或祭祀、修行、驱邪安邦来安定人心时,却一致认为苯教法师技高一筹。也因此,这些人在公共场合未必会承认自己的苯教信徒身份,但在家里又坚定地继承着苯教的传统,维持着这个古老文化的延续,在教派归属及文化心态上仍然将自己归属于苯教。可以说,他们是跨佛苯两宗教的一个信仰群体。

随着我国社会经济改革的深入,人们的价值观、宗教观都有了很大变化。现在的寺院中少有年轻的出家僧人,大多是年龄在七八十岁的藏族老僧,在寺院过着纯粹出家僧人的宗教生活。据统计,现在60%的僧人在寺院过宗教生活,其余僧人则是居家而住,完全演变成在家过世俗生活的居士僧。寺院的宗教影响也只体现在一年一度的法会上,且不同民族的分工明确,只有藏族僧人才能操办宗教仪式,以藏语诵经,汉族信众主要负责后勤工作,而羌族信众则只能作为纯粹的信仰者来参与各项活动。

上述种种现象表明,藏传佛教、苯教和汉地佛教都在佛教这个统一的平台上各取所需,最大限度地满足自己的信仰需求,使宗教信仰呈现多种多样的状态。加之当今玉树的客观条件和文化基础,多元宗教文化既有融合又各有保留,形成了多元一体的文化新格局。

二、玉树宗教文化与世俗文化

无论是玉树的原始宗教——苯教,还是极富特色的藏传佛教,都与玉树的世俗文化联系紧密,尤其是藏传佛教更是与玉树的世俗文化有着深刻的关联,藏传佛教的人生哲学和道德哲学都具有很强的世俗化倾向,是外来宗教在玉树本土经长期发展后与世俗文化相调和的产物。玉树有寺多、僧众多、教派齐全、分布广泛、影响深刻的特点。玉树民俗文化是以康巴游牧文化和宗教文化为"大传统"背景,由此酝酿和派生出的藏娘唐卡、嘛呢石刻、泥塑工艺技能等民间技艺就是为宗教文化服务的,另外,玉树彩帐的传统制作规则也深受宗教文化观念的影响。玉树是一个宗教文化与民间信仰高度融合的地区。由于其浓厚的宗教文化,玉树地区的很多民俗活动中都包含着宗教元素,节庆习俗都与宗教有着千丝万缕的联系。反之,玉树的宗教法会中蕴含了诸多民俗节庆,例如藏历新年作为民俗节日,其节日中仪式仪轨亦有着很明显的宗教因素。

苯教在发展的过程中,逐渐向民间、民俗文化靠拢,这固然有着与佛教斗争的外在因素使然,但也有着其本身主观发展的内在必然要求,从宗教规范到宗教日常,苯教的很多仪式也被日日遵循的大众从俗化,慢慢成为藏族生活中吃穿住行的一部分,宗教文化与世俗文化的融合成为一种趋势。

(一) 日常生活与宗教文化互融

玉树藏族全民信教,人们一天的生活就始于燃香礼佛。为保证吃饱穿暖、出行顺利、生活幸福等诸多目的,先民们便向神灵祈祷,慢慢这些祈祷活动、朝拜活动已不单单是宗教活动,它们已成为藏族群众日常世俗生活的一部分。就连腰饰、胸饰等这些构成玉树藏族服饰文化的重要组成部分,也是起源于远古自然崇拜的。可以说,日常生活与宗教文化的互融表现在各个方面。

第一,体现在婚嫁仪式中。在玉树婚丧嫁娶的种种仪轨中,虽说女方的嫁妆因个人的经济条件有所差别,但其中必有小铜菩萨一尊、经书一册、佛塔一个。据说当年文成公主嫁到西藏时就带有这几样物品,这种习俗一直流传下来,成为新娘嫁妆的必备之物。

第二,体现在名目繁多的节日里。在大大小小有史可查的150多个节日中,或多或少都与玉树特有的宗教文化有着联系。如玉树结古镇当卡寺的女神节,每年新年的前一天,寺院都要进行隆重的仪式,用以纪念当卡寺的女性护法神阿斯秋吉卓玛;节日当天,寺院的僧人要跳女神羌姆舞,广大农牧民手捧哈达,朝拜花灯供品;仪式结束后则同亲朋好友唱歌跳舞,尽情欢乐。

第三,体现在居住和装饰方面。就居住而言,许多人家都设有专门的经堂。另外,民居院墙在色彩上的变化很典型地体现出宗教信仰和地域传统文化的信息。如玉树藏家碉房建筑的色彩装饰别具特色。藏胞习惯在大片石墙上涂红或粉白,嵌上梯形黑框的小窗,在楼层之间的楣檐上、墙外的楞木上涂朱、蓝、黄、绿、青等各色,对比十分强烈,给人以极度反差的视觉审美效果。建筑材料色彩的搭配也颇具特色,泥土的淡黄色,石头的青灰色或暗红色,楞木的五颜六色,使整个建筑好像一首古朴的壮美乐章。这些彩饰既保持了当地藏家民居的装饰传统,又是吸收了寺院建筑的装饰特点的最好体现。

第四,体现在藏族的生育和丧葬仪式方面。在宗教气息弥漫的玉树,从母亲怀胎到分娩到给孩子取名,都有一整套带有明显宗教色彩的仪式(或习俗)。乳名一般是父母在择定吉日后把子女抱到活佛或喇嘛座前,请求赐名。无论男女,其名字都带有浓厚的宗教色彩,如噶举派多为"噶玛",格鲁派则多为"洛松"等。藏族人名的意义内涵十分丰富,但主要还是与佛教文化有关。另外,藏族的丧葬方式以天葬为主,人死后升天,需要鹫鹰带路,这与苯教观点相吻合;还有一个解释,就是人死后所做的最后一件善事就是把自己的身体毫无保留地奉献出来,用自己的身体布施于鹫鹰等鸟类,这种解释明显与藏传佛教的观点相一致。可见,无论苯教、佛教,在藏族民众心目中,人的生死大事都与宗教有密切联系。

第五,体现在宗教节庆活动方面。玉树的节庆期间,人们除了瞻礼佛像,燃香上供,观看宗教戏剧表演,还参加歌舞、射箭、摔跤、赛马等竞技活动。而一些体育竞技活动中还有僧人的身影。

第六,体现在饮食禁忌方面。礼佛敬神是人们日常生活的一部分,渗透于生活的方方面面,比如在吃过大蒜后,需过三至七天方可参拜庙宇神殿,因为大蒜气味不净,会玷污圣地,让神灵愤怒。还有藏民族认为火塘中有灶神,所以要小心伺候,若得罪灶神则会招致灾难。所以,在灶中燃烧毛发、骨头以及对着火塘吐痰是藏族的大忌。

总之,玉树藏族日常信仰礼俗中的念经、转经、祈祷、礼拜等活动,看似一种信仰行为,但它其实已经润物无声地影响着百姓的日常生活的方方面面,人们一天的生活几乎就是从祈求保佑开始,早饭后,人们沿着居住地的宗教设施或神山圣湖等转经,不停地念诵六字真言。每逢宗教节日,人们便来到寺院虔诚地为长明灯添加酥油,礼拜佛像,祈祷平安吉祥。宗教在藏族人民的起居饮食中被世俗化、生活化。

(二) 文学与宗教的互融

了解藏族文学,我们会发现藏族文学作品有一个突出特点,即无论作品的主题思想还是文章结构,都与宗教有密切联系。这是因为这些以宣扬宗教思想为主的文学作品,其作者本身就是佛教高僧,或者是宗派法王,且不论他们高深的佛学造诣和强大的创造能力,单就他们特殊的身份而言,当然会以弘扬佛教思想为主。如以歌曲的形式宣扬佛法的《米拉日巴道歌》,作者就是噶举派创始人米拉日巴,其大量篇幅是阐述佛教治政主张的《萨迦格言》。此外,挖掘作品的素材,我们会发现很多藏族文学作品直接取材于佛经故事,而佛经本身也是具有强烈艺术感染力的文学作品,如《本生论》《贤愚因缘经》等。还有就是世俗观念中很多内容本来就源自宗教,比如佛教思想中六道轮回、因果报应等思想观念在世俗人心中的影响,认为今生的苦难是前生造业今生报的缘故,只有积累功德才能消灾解难,修得正果,这样灵魂才能升到天国。还有玉树群众喜闻乐见的藏戏,其内容多取材于历史传说、佛经故事、民间神话等,而历史传说和民间神话中又更多地夹杂了很多宗教元素。如《洛桑王子》《赤美更登》就是直接由佛经故事改编而成的。历史剧《文成公主》里面也有很多描述宗教问题的内容。

玉树宗教文化与世俗文化的紧密融合,既说明了玉树传统文化的一个特质,也反映出藏族传统文化的一个显著特色,即宗教的世俗化特征。

(三) 道德法律与宗教文化的互融

历经漫长岁月,藏族形成的一系列关于人际交往、个人自律方面的道德准则和行为规范不断得到提炼和升华,并趋于系统化,甚至写进了吐蕃最早的法典中。例如玉树地区一直沿用的7世纪吐蕃赞普松赞干布制定的《十善法》和《十六净法》,已成为宗教戒律与世俗法律相融合的道德和行为规范。法典虽说不是出自玉树人之手,但这两个法律所提出的禁止做什么、应该怎么做,都是玉树地区人们的道德准则和行为规范。"十善法"即放生、布施、恭敬、实语、和合、软语、义语、修不净观、慈忍、皈信正道。当时松赞干布致力于推崇佛教,其用意在于用佛教稳固自己的统治,但在客观上,他却开了宗教戒律与世俗法律相融的先例。两部法规不仅对后世玉树民众产生极大影响,甚至对统治者产生了巨大作用。佛教中的大慈大悲、忍辱不争、众生平等、皆可成佛等思想已经融入寻常百姓的道德观念之中。时至今日,玉树的人们也普遍认为敬重本尊、礼敬僧人是做人的美好品德。

另外,《萨迦格言》是一部反映藏族道德观念的著作,其中包含了大量的宗教道德观念,以及在自然经济条件下形成的价值观念和世俗道德。它是藏传佛教在道德观方面具备很强的世俗化倾向的最好例证。宗教与道德水乳交融,难以区分,至今仍对玉树人民的道德观产生影响。如提倡公正、谨慎、勤奋、孝敬、报恩、温顺、不怒、和蔼、怜悯、知耻,反对无耻、偏袒、忘恩、暴戾、无同情心、轻浮、懒惰、易怒等,同时还有勤俭节约、抑工商重农牧、反贪知足的价值观念,这些都表明了藏传佛教的价值观、道德观和人生观,包含了大量的世俗化内容,是两者相互渗透的结果。佛教对藏族本土文化的侵入,已经涉及藏族哲学、文学、法律、美术、建筑等文化系统,藏族人民消化、改造佛教中的大小五明融入本土文化,丰富、完善、深化了藏族文化的内容,形成了本土文化和外来文化的相互融合。另外,佛教的信仰观念以一种宗教的自觉方式渗透到藏族的价值信念、审美趣味、道德观念、文化习俗的深层结构中,"积淀为一种遗传基因,成为藏族人内在文化心理特质的现实存在和精神支柱"[1]。而众善奉行、诸恶莫做、慈悲利众,被看成是达到理想人格所必须的条件,将世俗中的理想人格典范与佛教中的涅槃重合,即"觉悟人生真谛,德行圆满,达到涅槃境界"。

用世俗修炼宗教,用宗教净化世俗,"玉树文化是以佛教文化为其根基的,藏族的风习、民情、政体以及文学艺术无不深深打上佛教文化的烙印,有些制度习俗本身已与佛教文化融合在一起而难分彼此"[2]。

三、不同宗教信仰的保留与认同

任何宗教都与其所处社会的文化存在着千丝万缕的联系,苯教作为本土宗教,它在玉树历史上经历了一个漫长的产生和发展

---

[1] 马超:《西藏文化中宗教文化与世俗文化的互融现象》,《群文天地》2010年第11期。

[2] 马超:《西藏文化中宗教文化与世俗文化的互融现象》,《群文天地》2010年第11期。

时期,对玉树的藏族影响至深。从 7 世纪开始,居于独尊地位的苯教开始了与外来宗教即佛教长达 1 300 年之久的竞争和角逐。至今,两者相处的传统成为它们互相竞争和互相融合的历史见证。从表面上看似乎是作为外来宗教的佛教占主导地位,苯教作为本土宗教则似乎处于劣势,但实际上两者都在自身教义的基础上吸收对方的东西完成各自的重新整合。佛教不再是纯粹的印度佛教,苯教也不再是吐蕃时期的苯教,它在佛教完全占有主导地位之后依旧能顽强地生存至今,不仅是因为它的发展和创新,最主要的是它深深植根于藏族社会的信仰基础和文化基础,使其成为藏族传统社会里宗教生活和文化生活中的一个重要组成部分。

(一) 同源文化基点上的宗教保留与认同

纵观整个发展历史,无论苯教还是佛教,它们在历史的整体进程中都与玉树社会、玉树文化相适应与融合,其次才是它们之间的相互取舍。有学者认为现在的苯教基本上已被佛教化,故将苯教归为藏传佛教的一个教派;但也有学者认为苯教虽与佛教有很多相似之处,但在教理教义上仍有差异,甚至有完全相反的地方,苯佛间的认同感也极差,所以坚持反对将苯教纳入佛教的主张。事实上苯教无论是否属于佛教,有一点可以肯定,在长期的佛苯竞争中,苯教从佛教中吸取了许多有利于自身发展的积极因素,而具有很明显的佛教特征,玉树的宗教一样逃不出此窠臼。

苯教经典的教理教义有九部分,即我们通常见到的"九乘"。具体又将前四部分归为一体,后五部分归为一体,分别称"因乘"和"果乘"。前者讲述诸如占卜、诅咒、颂赞、祈求、驱邪等的宗教教法及各种宗教仪轨,基本上完整地保存了苯教的基本内容。后者则主要讲述如何超脱轮回之苦,内容基本上来源于佛教,是对佛教的汲取和创新。如《康勤》是从佛经中的《般若十万颂》改造而来,《康穷》来源于佛经中的《般若二万五千颂》,《本经》来源于《瑜伽师地》,《十万黑白花龙经》来源于《总持五部》。

从苯教所供奉的神来看,有相当一部分神来源于佛教,有许多神像也是仿照佛教神祇的形象来塑造的。如在一些寺院中苯教作为始祖和主神供奉的丹巴辛饶像,就是仿释迦牟尼像塑的;还有苯教中供奉的佛、法、僧三宝也是从佛教中仿学而来。

另外,作为藏传佛教最基本特征之一的活佛制度,在玉树一些苯教寺院也有相继引进,如贡萨寺就是12世纪由噶举派的创始人拨达玛旺秀的心传弟子秋杰次成帮巴创建的。但两者之间还是有一定区别,主要表现在关于活佛职位的继承方式上。苯教在这方面比较混乱:有仿照藏传佛教通过转世灵童来继承的,也有通过娶妻生子而实行世袭的。有极少苯教寺院没有活佛系统,最高主持为堪布。堪布的袭职方式也十分混乱,有采用世袭的(堪布不能结婚,由其侄儿世袭),有实行转世制的,还有通过抽签袭职和上一任堪布预先指定的,等等。

苯教虽然不乏对佛教的学习,但并非单纯的模仿,而是有的放矢地选择、吸收和改造。苯教徒也从来不将自己认同为佛教徒,因为苯教与佛教有许多不相同甚至根本是相反的内容。

第一,苯教中原始宗教的气息较之藏传佛教要浓厚得多,反映了苯教原始宗教中的自然崇拜。苯教寺院中所供奉的神除度母佛、莲花生和丹巴辛饶外,还供有很多代表天、地、山、石、树木等各种自然界精灵的自然之神。这也是玉树地区很多高山、湖泊被尊为神山、神水而被崇拜的原因之一。苯教中很多驱鬼招魂、跳神治病等占卜吉凶的巫术,其实就是苯教僧人一直秉持的宗教活动,也是苯教徒世俗生活中不可或缺的内容。

第二,苯教与藏传佛教的教符"卐"从形式到内涵完全不同。苯教以"卍"为教符,与藏传佛教中的"卐"符号相反,藏传佛教中的

"卐"称万字或德字,苯教的"卍"称为"雍中",苯教的寺院、灵塔、经书及教徒住房甚至服饰上,到处都有"卍"符号。两个符号尽管不同,但它们的含义和功能是一致的,都具有吉祥、神圣、永恒、坚固等含义和驱邪纳祥的功能。也有研究认为,苯教的主要标志为"雍仲恰辛",它由两个"卍"连接在一起组成。"雍仲恰辛"的字面释义早在印度佛教传入藏地以前的经文中就对此有多种解释,因此称"苯教为了对抗印度佛教而采用与'卐'相反的'卍'作为标志"的这一说法是不客观的。

第三,苯教与藏传佛教各派的转经方向完全相反。前者转经时教徒左手拨动经筒,右手转动经轮,要求教徒都要按逆时针方向行走。藏传佛教各派则恰恰相反。据说两者转经的方向是绝对不能颠倒的,否则转再多的"圈"也全无意义。

第四,苯教喇嘛作法时所使用的法铃也与藏传佛教各派有所不同。苯教法铃呈扁形,口大,使用时铃口朝上摇动。藏传佛教各派使用的法铃是深口径,使用时铃口朝下摇动。

第五,苯教寺院与藏传佛教各派寺院的规则和管理也完全不同。苯教寺院与所在地区的农牧业生产活动联系十分紧密,平时住寺的僧人很少,只留少数几人看守寺院,大多居家而住,早晚念经,白天劳动。当寺院有宗教活动时,僧人纷纷返回寺院,待活动结束后一切又恢复原样。这种教农(牧)相容的特点是藏传佛教各派所不具有的。

可见,从青藏高原主流文化的态势分析佛苯,可以说自松赞干布统一神权以后,青藏高原上的神权再未超越过政权,玉树在很多方面向吐蕃看齐,宗教一直处于从属地位,玉树佛苯的历史演变和发展逃不出青藏高原大的背景,苯教自然屡遭重创。相反,藏传佛教却得到各方面的发展。严密的僧团组织、完善的学经制度,都将佛教经院哲学推向壮大,尤其是藏传佛教独特的辩经方式,使藏传佛教的教理教义得到空前的推广和成熟。而教理教义的成熟又使藏传佛教从哲学理论的层面得到进一步深入和细化,在诸多佛教学者通晓五部大论、学贯印藏佛教而受到青藏高原整个社会的极大尊重时,藏传佛教在玉树藏族社会也已深入人心。对于苯教而言,政治上的高压态势,宗教上的力量悬殊,都是导致苯教极力迎合和仿效佛教的根本所在。他们只能一方面积极创建自己的学经制度和学位晋升制度,建立自己的中观、般若、因明理论体系;另一方面极力吸收佛教中自己没有的东西,甚至不惜放弃自己固有的传统,比如苯教放弃其曾经因此而得名白帽宗教的最传统的噶尔莫泽杰法帽,戴上了夏莫乃仁即长尖帽。以牺牲自己的传统为代价,苯教越来越迎合佛教以求得生存,但与此同时,苯教也越来越多地失去了本该属于自己的文化特质。因此,这个佛教化的过程,其实质是苯教渐失自己文化特征的过程,说明苯教对藏传佛教的适应和融合,也是对整体社会的适应和对主流文化的融合。这种适应和融合,一方面以一个几千年历史文化传统作出牺牲为巨大代价,另一方面也为社会的优化整合提供了机会,带给社会一个和平的环境。

(二) 宗教的世俗化

今日玉树宗教文化的核心内容是藏传佛教,而藏传佛教的一个突出特点就是宗教的世俗化、生活化,它与玉树的民俗文化相互交融、紧密结合,形成了藏文化迥异于其他文化的鲜明特色。

第一,世俗的宗教化。苯教的万物有灵论,对藏族的影响至深至远,在这一大文化环境下存在的玉树民众不可能逃脱这个窠臼,世俗的宗教化也就一直影响着玉树的后人。很多神山圣湖被认为要么是各种神灵的居所,要么是英雄人物或天上神仙的化身,因而人们崇敬有加,就连水中鱼虾、山上草木也都被视作神圣。在玉树及藏东地区，人们几乎不食鱼虾，也不触摸蛙、蛇这类动物，因为这些水生动物被认为是龙神的宠物，若伤害或触碰则会使人染上疾病。所有这些人们朝拜神山圣湖的习俗，都是受苯教万物有灵论的影响。

第二，宗教的世俗化。纵观藏传佛教的发展历程，其中融入了许多世俗性元素。藏族多数节日都颇具游乐性质，"即便是肃穆庄严的宗教节日也具有娱神娱人的双重功能，而所谓'游乐型'节日也或多或少地带有宗教的色彩"①。这些颇具特色的节日，正是藏传佛教在自身发展中，为吸引更多群众所做的一种兼容：一方面它为吸引大众更多的注意而吸收了藏族民间的传统游乐活动；另一方面它的自我发展也促进了传统活动的发展，逐渐形成如今那些形形色色的宗教节日。而这些节日活动既包括了庄严肃穆的宗教仪式，也包括了大众喜闻乐见的世俗性游艺活动。藏传佛教的传统法会就是一个群体性的大集会，这种定期集会活跃了人们的物质交流，成为藏族群众日常生活的一部分。

第三，玉树宗教的世俗化是各个领域包括政治、经济、文化等逐渐摆脱宗教的羁绊，同时宗教也不断调整自身以适应社会的过程，是个人在信仰上更多地关注今生，少关注来世，让信仰完全变为个人私事的过程。终极关怀与现实关怀的问题在藏传佛教中被看作"道"和"器"的关系问题。表面看，两者彼此对立，互不相融，这与藏传佛教所扎根的独特地理环境有关。青藏高原地广人稀，游牧为主的生活方式，使得大批僧人和信教群众难以摆脱世俗社会追求纯粹精神的皈依，所以从藏传佛教产生的那天起，就不得不深深依赖世俗社会打上的印记。个体是它的一个不可逾越的重要层面，个体多关注今世而少关心来生，这一点在藏传佛教的各大经

---

① 马超：《西藏文化中宗教文化与世俗文化的互融现象》，《群文天地》2010年第11期。

典著作中均可找到相似的教义。龙树作为大乘中观学派的创始人,他就曾对入世和出世有过这样的解释:"涅槃与世间,无有少分别,世间与涅槃,亦无少分别。"①这就是说个体绝不能离弃或厌恶世间,去追求超世的涅槃,那样个体就永远也达不到涅槃的境界。因为来世的幸福即存在于现实世界中,个体在现实世界里对色、香、声、味、触五欲尘的贪求和享受虽然不为藏传佛教所提倡,但是让人们放弃人伦、灭人欲、绝世务地不食人间烟火的生活也绝不是他们的主张。正因如此,孔子创立了主张人世、务实、济民的儒教被藏传佛教格外推崇,甚至把孔子当作世俗学说的祖师而祭祀。同时,基督教中强调世俗工作的意义,拼命致富与发奋工作,把基督教徒在现实生活中与平常人无二区别,只是逢礼拜天到教堂做礼拜的宗教视为"世俗化"的宗教,也受到藏传佛教的认可并加以利用。所以,这也是只在藏族社会中出现像"儒教—基督教"的这种信仰模式的原因,也因此,我们才能相对准确地将其定义为"藏传佛教的世俗化"。

第四,藏传佛教在长期的发展中不仅不反对世俗化,相反还大力提倡世俗化。例如:"大乘佛教把大小五明世俗文化作为佛教徒学习的内容。佛教传入藏族地区后,藏族佛教把大小五明世俗文化完全纳入了佛教的体系建构之中,作为佛教结构体系中的有机要素。……表现出了明显的世俗性。"②所以,世俗化在藏传佛教这里,并不是像世界上其他宗教那样根本对立。相反,很多重现世的内容在藏传佛教中大量存在。但同时,藏传佛教毕竟代表着农奴主的利益,他们早期采用的"唯我所用"等讲经方式,就会不可避免地将消极悲观、厌世、逃避现实、调和矛盾的思想注入佛教"四

---

① 《解脱者是否会落入因果——野狐禅公案》,http://blog.ifeng.com/article/21491913.html。
② 《藏传佛教大小五明文化》,http://blog.ifeng.com/article/21491913.html。

谛"的"人生唯苦""一切皆空"等义理中,加之对藏传佛教过于虔诚的藏族民众绝大多数文化水平偏低,从而使得绝大多数信徒逐渐淡化了现世的追求,转而向往成就正果的来世幸福,轻现世、重来世的传统观念便在藏区形成并延续千年。随着当代尤其是近几年经济的发展,越来越多的藏族群众开始了对物质生活的追求,经商做生意,开始转变轻视实利的价值取向。这既是藏传佛教世俗化的表现,也说明了藏传佛教既出世又入世的思想。

(三) 宗教的生活化

随着藏传佛教的世俗化,它不仅拥有所有宗教世俗化过程中所具有的普遍性特征,更呈现出藏传佛教在玉树的地域性生活化特征。作为玉树地区的一种宗教,藏传佛教在不断调整自身祛除鬼怪神灵等方面的内容时,更多以宗教本身对玉树社会生活的许多领域产生影响,不断适应社会的发展。一方面,藏传佛教还是玉树藏族全民信仰的宗教,人们对其保持着异常的虔诚;另一方面,个别地方逐渐出现了宗教观念淡化的现象。民众在对藏传佛教一以贯之的虔诚信仰的同时,信仰模式在发生着一些变化,尤其是在最近几年,藏传佛教在宗教仪轨和信仰模式方面发生的变化还是比较明显的。例如"庆玛巴"(在家的居士)的数量越来越多,他们"不但不必剃度出家、完全脱离世俗社会,而且可以娶妻成家、养儿育女","平时以世俗人的身份在各自居住的农村或牧区从事农牧业生产劳动,只有在农闲或法定的宗教活动时间才履行宗教职责"[①]。这些藏族居士的务农时间大大多于宗教生活的时间,生活方式已经完全不同于严格意义上经院式僧侣的宗教生活,而是更贴近世俗人的正常生活。还有一些居士是外出从事宗教活动,活

---

① 尕藏加:《宗教世俗化和藏传佛教》,《青海社会科学》2001年第3期。

动也多是以诵经或举行简单易行的宗教仪式为主,通常都是一人或两人到某人家去诵读经文(平安经、消灾经、祈福经等),或附以小型宗教仪式达到禳灾赐福的目的。与此相仿的是现在玉树很多村落都有嘛呢康,每月初十、十五、二十九日举行三次例会,年内于农历正月、十月、腊月举行三次大型集会,以方便老年人转经,历时共约 20 天①。

另外,近年来在一些居士较集中的地区都有当地的居士堂,除定期举行一些宗教活动外,平常都是轮流派一人进行燃酥油灯、烧香等日常性的宗教事务和一些简单的宗教仪式,藏传佛教的信仰模式和宗教仪轨呈现越来越小型化、简单化、多样化、民俗化、生活化的特点。这些特点和变化是藏传佛教生活化倾向的重要表现。宗教的生活化已经不仅仅是一个简单的宗教或学术问题,而更是涉及藏族社会生活方式、事关以藏传佛教为核心的藏地文化未来发展方向的重大问题。结合党的宗教政策,如何将藏传佛教生活化导向一个既要继续发扬宗教本身优秀特征,又适应现代社会各种发展要求的轨道,是当今研究藏传佛教理论的初衷之一。

(四) 宗教的现代化

现代化是指科技化的生产方式给人类社会带来的巨大变化,包含政治、经济、文化等诸多方面。今天我们所说的现代化主要指宗教的现代化,"现代化影响的震撼性不仅反映在人的感官上,也反映在人的内心,人的自我意识中"②。宗教这种意识形态在现代社会转型时期所发生的变化正是我们今天要探讨的世俗化。所以,从这个意义上来说,世俗化与现代化是相伴相生的,在历史的

---

① 嘛呢康,http://baike.so.com/doc/398932 - 422368.html。
② 石勇:《异化:人的自我迷失》,http://www.360doc.com/content/16/0611/15/28239297_566757660.shtml。

长河中,因受宗教阻碍而使科学停滞不前的例子不胜枚举,甚至有血的教训。有因坚持"太阳中心说"而被宗教裁判所活活烧死的布鲁诺,有因坚持科学的观点而被判终身监禁的伽利略。可见,宗教也是要随现代化的发展而发展的,只有这样才有继续存在下去的可能,才有旺盛的生命力。所以,应该对宗教世俗化有正确的认知和正确的引导,尤其是在将宗教的世俗化过程引向现代化目标的这一终极认知上,一定要正确地认识到只有正确解决宗教世俗化的问题,才有可能化解宗教的发展问题。21世纪,人类社会处于市场经济和高科技时代,所有的观念和行为都会因此而不得不改变,宗教也是如此。"穷则变,变则通,通则久",这是不能不接受的事物发展规律,包括藏传佛教在内的中国的宗教也不例外。这些宗教在长期的历史发展中都有自己一套成熟的理论和优良的传统,这是我们应该客观对待的。我们首先要挖掘那些与现代化相融相合的传统理论,然后才能有目的和针对性地消除那些与现代化进程不相适宜的东西,真正实现适应中国现代化建设与构建和谐社会的民族宗教道路。

(五)同源文化基点上的宗教信仰的发展

随着西部大开发中对基础设施的投资建设力度的增强,便利的交通已经为人民生活带来巨大影响。同时,市场经济体制增加了广大藏族百姓的经济收入和收入渠道。人们在物质生活上得到满足之后,开始注重对精神文化生活的追求。到西宁、成都购物,到峨眉山拜佛,甚至前往拉萨取经,既是一种生活方式,也是他们开阔眼界、愉悦精神的生活方式。从文化人类学的角度看,玉树民众在宗教信仰方面所形成的宗教信仰格局不单单是多元,而是多元一体的类似社区文化的村落文化现象,既有同一文化背景下单一民族信仰不同的宗教文化,又有不同文化背景下多民族信仰同源的宗教文化,以及多民族宗教文化共生的文化现象。"各民族的文化交往中尤其在宗教信仰方面形成既有具象的排斥,又有泛宗教信仰上的认同,局面错综复杂。"①尽管如此,主流宗教信仰下相同的文化历史渊源,使藏族、汉族两个民族在经历数次摩擦后依旧没有任何文化心理上的不适和障碍,说明佛教文化不但是藏族、汉族之间交流的文化纽带,更是两者在佛教文化和宗教信仰上有着相同认同感的现实明证。

第一,从老百姓的宗教信仰状况来看,苯教是玉树地区人们的重要信仰。信仰群体多为老人,这主要是因为玉树得天独厚的地理条件和寺院条件。众所周知,享誉整个藏区的四大名山之宗的尕朵觉悟神山就位于玉树称多,静蠹在卡哇嘎博(梅里雪山)、贡嘎雪山和夏冬日雪山之中。它既是长江上游流域的众多神山之王,更是造福玉树的福山圣地,伴山而居,玉树的老人不用外出辛苦就能经常性地参加很多宗教信仰活动,便利的客观条件使得苯教自然成为该地区老人坚持的信仰对象。而且,苯教和当地的民间信仰之间因为有着文化同源关系,为老人在自由交叉信仰方面提供了历史传统依据,进而在意识形态或文化观念上潜移默化,使其产生强烈的认同感。

第二,从一些居士的宗教信仰状况来看,他们既要修习自身的教法仪轨,又要服务信教群众,就是说他们在村落居民中具有鲜明的宗教身份,身份具有双重性。这也是他们无论着装还是家居环境,都与普通百姓有着明显区别的原因。平日里他们除定期参加寺院的集体宗教活动和一些定期的法会外,或在家修习苯教,或到寺院里进行简单的宗教仪式,为天南海北的游客和信众提供宗教

---

① 中国宗教学术网——佛教研究,http://iwr.cass.cn/fjyjs/lw/201112/t20111221_9205.html。

服务，也不时应人之邀上门念经祈祷——兼顾出世的宗教神圣性和入世的生活世俗性于一身，在玉树百姓中享有特别的社会地位。

第三，从青壮年村民的宗教信仰状况来看，无论是玉树还是其他地区的青壮年村民，他们在宗教信仰方面表现出时断时续、时强时弱，即随意性很大的特点。也就是说，年轻人的宗教信仰呈现出间断性和偶然性的特点，一年中仅一次或数次去寺院或转神山。有趋势显示，年轻人反而将前往峨眉山拜佛作为一年或一生中很重要的一项宗教信仰举措。这一现象一方面说明了峨眉山在他们心目中已成为神圣的宗教信仰对象；另一方面，峨眉山作为中国内地的四大佛山之一，它的汉传佛教的文化、建筑和艺术的发展历程，以及同各兄弟民族和海外人士的友好往来，在藏传佛教中亦形成一定的宗教影响力。年轻人的宗教信仰从形式到观念都发生了悄然的变化。

总之，任何一种文化都不可能拥有永恒的稳定性和健全性。玉树藏传佛教既要适应时代发展，又要主动吸纳不同文化的优质元素；既要具备自身纵向的传承，还要兼有文化发展的"横向沟通"；在民族交往中既有文化的摩擦、对立甚至冲突，又有文化的相遇、沟通和融合，多元融合，多元发展，方能在当前藏区社会变迁中，尤其是在文化的发展上成为一大亮点，充分显现出宗教作为社会子系统的一种文化功能。

第四节　玉树宗教与文化的保护和传承

玉树地处中原通往西藏的唐蕃古道要冲，属藏族聚居的全民信教区，其藏传佛教的历史达 800 多年，以藏传佛教为中心的寺院颇多，宗教色彩浓厚。新中国成立前，遍及全州各地的寺院不仅是当地文化艺术的活动场所,更是文化的教育中心。受其地理条件和自然环境以及历史进程的深刻影响,民众的心理素质、语言风格、审美观点、生活方式和传统习惯等方面都有着与其他藏区不同的特点,有着独具特色的宗教文化色彩。2010年4月14日凌晨,青海省玉树藏族自治州玉树县发生里氏7.1级地震,其后的重建及发展给玉树藏族民间文化的保护和传承带来了新的挑战,宗教文化也不例外。

一、宗教在玉树的保护和传承现状

青海境内29.23%的藏传佛教寺院集中在玉树。玉树现有各类藏传佛教寺院192座,除13座两派合住寺院和2座派系不明的寺院,177座寺院中,萨迦派寺院22座,格鲁派寺院23座,宁玛派寺院31座,噶举派寺院101座[①]。这些宗教活动场所人们耳熟能详,心向往之。2010年玉树地震后,国家和青海省政府先后投入巨资对玉树宗教场所进行恢复重建工作,取得了很大成果。

(一)宗教思想与政治观念同构

在玉树改革发展过程中,青海省政府始终贯彻"尊重藏民族的宗教信仰,坚持民族团结,保障正常的宗教活动"的民族宗教政策,保证了玉树各种宗教活动的正常举行,传统的宗教在传承、尊重与改变中发展前进。玉树的寺院不仅传承了其本身的宗教特性,也呈现出爱国主义的新气象。对僧人的教育不仅是爱教的教育,更有爱国和遵纪守法的教育,过去如此,现在和将来都不会改变。州和地市均设有佛教协会。中国佛协玉树州分会办有玉树州佛学院、藏文印经院和藏文会刊《玉树州佛教》。国家创办了中国藏语

---

① 《玉树:宗教信仰》,http://www.gov.cn/ztzl/yushu/content_1581703.htm。

系高级佛学院,专门培养藏传佛教高级人才,玉树已有百余名活佛、高僧进入该院深造。

(二) 藏传佛教的与时俱进

藏传佛教在其历史发展演变过程中,从来不是一潭死水的。曾任西藏自治区人大常委会副主任、西藏大学党委书记的尼玛次仁总结说:"我们的目的是把祖先留下的文化遗产保护好,把佛教传承好,只是方法和形式在变。"①随着玉树地区宗教信仰自由权利的实现,玉树的宗教活动也在不断发展变化,广大僧人的生活也与整个社会建立起日益密切的联系。旧时的寺院只对信徒开放,是信徒们朝圣和举行各种宗教仪式的圣地,不少寺院已成为国家AAAA级旅游景区,并被列入世界文化遗产。宗教在传承、尊重与改变的思想指导下正日益呈现出新面貌。

除了宗教发展观念的改变,藏传佛教在其管理机制上也有一定发展,现在玉树的寺院的管理机构均是民主选举产生的,实行寺院内部事务的自主管理。信徒们可以自由地去寺院或神山或神湖朝拜,信徒们进行的煨桑、诵经、上供、转山、转经,乃至斋僧布施等所有宗教行为均属自主自愿的自由行为。玉树几乎所有信徒家里都设有小经堂和佛龛,随处可见磕长头、转经、朝拜的善男信女以及他们所挂的经幡、雕刻的嘛呢石。玉树的寺院每天都接待来自国内外的游客,很多对藏文化感兴趣的专家学者也对玉树藏传佛教的文化很是沉醉,流连忘返。

随着玉树社会的发展,玉树僧人数量逐渐减少的同时,僧人的知识结构却在明显提升,很多僧人不仅有较高的政治、宗教和法律

---

① 李惠子、赵超:《传承·尊重·改变——西藏传统宗教透出新气象》,《中国青年报》2009年2月28日。

知识,甚至能说英语,懂科技,会电脑,文化水平很高。玉树在没有现代意义的学校的时候老百姓只能到寺院学习,现在 18 岁以上的公民均可根据自己的信仰自由原则选择是否出家,教育正在促进寺院的发展。禅师班典顿玉说:"这是在自己民族文化的基础上,吸收先进文化,符合时代进步的做法。"①

(三)藏族文化和藏传佛教在玉树得到了很好的保护和传承

自 1959 年玉树实行民主改革后,中央政府在玉树全面实行民族区域自治制度,采取全国援藏的特殊政策,积极保护玉树优秀传统文化,落实宗教信仰自由政策。宗教信仰自由是国家宪法明确规定的,在玉树地区也是得到真正落实的。

格桑益西教授曾说,藏族文化不仅仅是藏传佛教,藏传宗教是藏族文化的重要组成部分。多年来,玉树出版的藏文典籍大多是与藏传宗教有关的,它们的出版得到了中央政府和州政府的大力资助。"宗教典籍里头多是 1949 年以前的高僧大德们写的,有些是濒临失传的。我们搜集起来以后就出版、发行到国内外,在美国国会图书馆、英国剑桥、牛津大学、法国巴黎(政治研究)学院、日本,很多国家都收藏有这些书,书的内容涉及宗教、历史、民俗、语言等多个方面。"②

(四)宗教传统与文化面临的危机

第一,宗教传统与文化遭遇"现代性"后果。在经济全球化和社会现代化的冲击下,玉树人民的生活方式也在发生着根本性变

---

① http://news.xinhuanet.com/newscenter/2009-02/27/content_10912676.htm。
② 《藏民族文化和藏传宗教在西藏得到较好的保护和传承》,http://tibet.cctv.com/20090704/103466.shtml。

革：其一，很多靠口头和行为传承的民间文化因为缺乏传承而后继无人；其二，很多历史原因造成大量具有历史和文化价值的珍贵资料被毁弃，部分传统艺术濒于消亡；其三，外来文化的冲击使青少年越来越缺乏对本民族的优秀传统文化的认可，缺乏对本民族传统文化的保护和传承意识；其四，现代以及后现代文化观念的影响，使一些原初风格、传统特色、原创形式的民族民间传统文化被改编和曲解，完全破坏了其文化遗存的完整性。

第二，传统的宗教在从业人员参差不齐的文化素质之下，文化传承的问题在管理层面上得不到有效的发挥。在玉树，一些传统文化的资源在其开发和保护中，由于缺乏专业人才，尤其是缺乏精通藏、汉两种语言及文字，缺乏了解音律和舞蹈知识的专门人才，导致玉树地区传统文化从资料搜集、整理、研究到传承人的培养都受到很大影响，很难形成系统、有效、深入的"传承"梯队。加之行政管理部门缺乏科学的保护管理体制和传承机制，致使玉树文化资源市场的管理者与研究者欠缺总体规划。

第三，玉树地区对传统文化的开发和利用的经费投入不够，文化基础设施建设严重滞后。玉树在实施保护和开发过程中，由于一些必要的设施和交通工具以及相应的先进器材和技术严重短缺，使许多宗教文化精品不能重见天日。仅靠当地群众自觉自愿，根本无法整理为系统的文字、照片、影像等资料，部分文化因保护和抢救不及时，处于濒危的窘境。

二、地震对玉树藏族宗教文化的破坏

根据青海玉树地震灾害评估报告，"4·14"地震波及青海省玉树藏族自治州玉树、称多、治多、杂多、囊谦、曲麻莱和四川省甘孜藏族自治州石渠等7个县的27个乡镇，受灾面积35 862平方千米，受灾人口246 842人。位于震中的结古镇，是州府所在地，地震使以结古镇为中心的灾区的传统文化遭到了严重破坏①。

(一)地震导致大量宗教建筑被损毁

此次地震,包括新寨嘛呢佛塔在内的国家级文物保护单位全部受损,其余都有不同程度的破坏,如转经堂墙体的开裂倾斜,嘛呢石墙体的整体坍塌,部分石刻断裂受损;还有勒巴沟摩崖石刻和贝纳沟的大日如来佛石窟寺(文成公主庙),山体岩石均有松动,大经堂有裂缝。省级文物保护单位中,禅古寺90%的建筑倒塌,大经堂墙体错位裂缝,部分墙段倒塌;讲经院北侧墙体全部开裂,经堂内唐卡全部坠落,壁画全部剥落;灵塔整体倒坍,佛像、经书、唐卡等全部埋在塔下;嘎然寺墙体有裂缝②。

(二)宗教传统与文化传承人的伤亡

玉树作为《格萨尔》英雄史诗的发源地之一,历代《格萨尔》传唱艺人亦成为世界非物质文化遗产的代表,玉树地区有说唱《格萨尔》的艺人30多位,图登君乃是其中翘楚,为杂多县牧民,时年25岁。据说15岁的图登君乃有天晚上在杂多县苯莽寺的护法殿入睡梦境中得到了神明的加持,为让后世能够看到更多的《格萨尔》,开启了图登君乃的智慧脉门。从此,图登君乃可用静、猛两种形式传唱《格萨尔》和诸多传记180余部。2009年4月开始,玉树州政府为保留图登君乃口中的史诗遗产,特意把他从杂多县聘请到州群艺馆,并派秋君扎西副研究员负责为图登君乃录制说唱《格萨尔》,到地震发生当天,图登君乃完成了3部半说唱的录制,最后一

---

① 龙占福、陈名涛:《震后玉树藏族传统文化的发展性保护研究》,《语文教学通讯》2012年第1期。

② 龙占福、陈名涛:《震后玉树藏族传统文化的发展性保护研究》,《语文教学通讯》2012年第1期。

部只录制了一半,图登君乃及其家人共 8 口人不幸全部遇难。另有玉树州群艺馆 2 名职工,州歌舞团 1 名退休职工,玉树土风歌舞团 3 名职工,玉树县档案馆 1 名职工,均不幸身亡。另外,玉树著名文献专家金巴仁青,闻名国内外的东仓《大藏经》主要管理者慈诚仁青,还有禅古寺和结古寺的几十名学僧,玉树州民族综合学校的美国外教 Selby Brendan 等专家的遇难,给古籍文献的保护整理工作带来了巨大损失。其实,地震中损毁的宗教文化并不只是寺院的倒塌,艺人及工作人员、专家、学者的牺牲,更多的是他们带走的文化本身,这些文化需要后人的不断挖掘、修复,才能显露于世,而要还原其本真却是很难的一件事。

三、重建中推进宗教传统与文化的保护

与羌族传统文化在汶川地震中遭受的破坏相比,玉树无论是人数伤亡还是物质文化的受损,都相对要轻一些。基于极重灾区结古镇在玉树地区的文化地位,文化方面极小的地震损伤,都可能会影响到整个玉树地区已有的藏族传统文化,从这个意义上讲,地震灾害无疑给玉树文化造成了重创。源于此,社会各界为拯救这些文化遗产做出了很多努力。

(一) 政府的保护措施

面对这场灾难,中央和地方各级政府特别是文化、文物部门积极应对,展开了保护文化和文物的行动。文化部从国家非物质文化遗产专项资金中紧急划拨 300 万元,用于玉树地区非物质文化遗产抢救保护工作。青海省文化和新闻出版厅在第一时间发出《关于做好玉树震区文化遗产保护工作的紧急通知》,对灾区文化遗产保护提出了抢救、保护的具体要求。玉树的灾后保护措施涵盖了文化基础设施建设、文物的抢救与维修、地震遗址和非物质文

化遗产的保护等多方面内容,而且充分考虑到了尊重藏族文化习俗,符合玉树实际的问题,既超前考虑,又具有可操作性,力争把玉树灾后文化重建工作做成布局合理、功能齐备、设施齐全、特色浓郁的样板工程。这对灾区藏族传统文化保护起到了至关重要的促进作用,对玉树宗教文化的保护也起到了积极的作用。

(二)学界的保护措施

在研究讨论汶川灾后文化重建时有学者曾提出:"不能因为物质文化遭受重创而对其文化的未来持十分悲观态度,应该把关注点从物转移到人上来。"[1]玉树在物质文化的保护上有其自身的特殊性,比如藏传佛教的影响、藏文对传承藏文化起到的作用等。物质文化对于文化整体的延续和发展具有更为重要的意义。因此,如果不充分考虑这种特殊性,灾后重建中所采用的借鉴之策,可能起不到正向的作用。所以,学界力申对玉树物质文化的损伤应给予足够的关注,更有学者提出要通过对物的重建,重构传统文化;通过传统文化治疗地震给民族心灵烙下的创伤,舒缓悲怆情绪,激发生活热情,重构民族自信心;通过文化重建实现心灵和信心的重建。

地震已过,玉树宗教文化在秉承传统文化核心的同时,更应以一种多元的态势吸纳并发展玉树的文化。相信在社会各界的共同努力下,在各方文化学者共同促进下,这颗璀璨的文化明珠依然会大放异彩,流传后世。

---

[1] 陈玮、鲁顺元:《玉树灾后重建与藏族传统文化保护》,《中国藏学》2010年第3期。

第三章
玉树藏族工艺文化的变迁

工艺是指人民在改造自然、改造世界的过程中,从生产、生活中不断积累和创造,在悠久的历史发展中,不断改变并传承下来的各种技巧、技艺、物品。中国工艺源远流长、丰富多彩,蕴含着中国人民独特的生活文化印记和地域感情,是中华文明的重要组成部分。工艺同时反映了人民的智慧和创造力,是人民对生产、生活的理解和对美的追求。

按照工艺研究的论述,工艺有两层理解:一是日常用品,在日常的生产、生活过程中,通过一些技艺或技巧,如染织、雕刻、烧制、绘画等,将各种原材料、半成品加工成成品;二是工艺美术,制作者通过工艺生产者的工种、工序、结构等构思,综合利用各种技艺和技巧,将各种艺术特点赋予产品的加工处理过程。本书所谓的"工艺",就是指"工艺美术"。

《工艺美术手册》指出,工艺美术是"一种与工业生产相结合的美术形式,具有物质生产与艺术创作相统一的特征。有时划属造型艺术范畴,但通常是依附于工业生产或商业活动而存在。从广义来看,工艺美术包括工艺美术产品与工艺美术设计两个方面"[①]。从目录结构看,该书将工艺美术品分为雕塑工艺品、编织工艺品、织绣工艺品、工艺画、陶瓷工艺品、金属工艺品、漆器工艺品、民间工艺品和其他工艺品。

玉树藏族的工艺,由于其所处的区域和民族构成特性,具备很强的地域特点和民族特色。这些工艺制作出来的工艺品品类繁多、制作精良,色彩和形式结合美妙,显示了藏族人民的创造力及其对美妙事物的追求。玉树藏族的工艺品,有的是穿戴方面的,有的是生产、生活所用之物。随着时代的变化,虽然某些工艺品已经过时,但这些精美的工艺品是装饰性与实用性的有机结合,它们不仅体现了当地藏家装饰艺术的特点,也反映了藏族人民的聪明和智慧。

第一节 玉树藏族工艺分类

根据《工艺美术手册》的界定,我们可以得出:工艺是在生活领域中以功能为前提,通过物质生产手段对材料进行审美加工的一种美的创造,是美化生活气息和生活环境的一门艺术。玉树藏族工艺是藏族人民对自己的生活用品和生活环境的美化,是功能和审美的有机结合。玉树藏族工艺根据其产生的因素,如历史时期、地理环境、经济条件、文化技术水平、民族习尚和审美观的不同而呈现出不同的风格特色。根据玉树藏族工艺特色,我们将玉树藏族工艺分为织作、服饰、雕塑、陶瓷、金属、绘画、其他等种类。其

---

① 张金庚主编:《工艺美术手册》,山东科学技术出版社1988年版,第1页。

中,因玉树藏族服饰丰富多彩,故从织染制作类别中单拎出来,自成一类。

一、织作类

织,采用各种丝线根据经纬原理织出各种纹样的织物,如运用羊毛、牛毛线织成大块的毛毡、毛毯等;作,将各种原材料,如皮子、丝线、金属丝,通过工艺制作出各种类型的半成品材料,如针线包、皮革。在织作过程中,通常还伴随着各类造型、花色的运用。玉树藏族织作类所采用的原材料大多为牛羊毛,将牛羊毛织成线后,通过经纬的组合制作出大幅的毡、毯、氆氇等。玉树藏族织作类工艺有很多,有的是制作其他物品的材料,有的是成品,如牧民针线包、藏毯、吉祥毡、褐子等。

(一) 玉树牧民针线包

针线包主要用来缝制各种皮子、毡子,因此是玉树牧民日常生活中必不可少的。玉树牧民着宽大的藏袍,针线包等小物件常挂在腰带上。他们的针线包与汉族的针线包有着完全不同的特点,即不只是实用工具,还十分注重外在的美观。

玉树牧民针线包有两种:皮质针线包和金属针线包。虽然是小物件,但是玉树藏族工艺者也将其制作得非常精致。皮质针线包长约10厘米,扁圆形,下端为尖角形,内用牛皮座套,外镶绸缎或黑色布料,有的还用彩色丝线绣上各种花纹图案。金属针线包分银、铜、铝质数种,通常上端呈斧牙形,下端有三个圆角。除通体镂刻花纹图案并镶嵌各种名贵珠宝,下端的三个圆角上以三条金属丝链连续系两层金属吉祥结图案,或一层吉祥结,一层流线型圆坠。针线包佩挂时,特别像汉族的荷包。结合其他小物件,把整个藏族服饰装饰得非常美丽。

(二) 玉树藏毯

玉树藏毯在制作上其材料多采用牛羊毛,这些原材料通过经纬组合后,再经过玉树藏族工艺者的制作,整个毯子非常柔软、经久耐用;毯子整体美观、大方,具有很浓厚的民族特色。玉树藏毯是在玉树藏族传统艺术的基础上,吸收、融合了汉族、印度和尼泊尔宗教艺人制毯技巧精华而形成的具有独特的藏族艺术风格的工艺美术品。玉树藏毯按照其大小和使用方式,可以分为地毯、炕毯、坐毯、脚踏毯等。

玉树藏毯的制作过程非常复杂,有的工艺是藏毯独有的。制作时,先是构思整幅地毯的图案,按照图案,以牛羊毛为原料,植物染色,手工捻线,制作出所需要的各种颜色的毛线。在编制过程中,将天然染色的毛线环绕在线杆上,织完一行,就将毛线扣全部拉紧,再用刀具将杆上的绕纱割开(藏族独特的连环扣技艺),这样便会在毯面上出现层层毛线的断面。当所有的行织完之后,还需要用剪刀进行打磨。打磨后的藏毯色泽艳丽而不易褪色,质地坚硬而富有弹性。

玉树藏毯从艺术风格上看,既有宗教色彩,又有汉文化色彩,还有各种自由式、龙凤式及随品种形式不同的构图形式,如宗教佛八宝、暗八仙、国王七宝等,汉文化的琴棋书画和梅兰竹菊等。这些内容反映出玉树藏族人民的精神力量和对生活的美好期待与追求。其色彩和图案搭配讲究,地毯颜色艳丽,色彩构图穿插灵活,与藏族建筑彩画的装饰风格一脉相承。

(三) 吉祥毡

在玉树藏家的生活中,吉祥毡的用途很多,既可以作为毛毡、铺具、雨衣,也可以剪开制作棉藏靴、遮阳帽等。吉祥毡的制作方法与汉地相似,但不用毡棍。擀毡时,通常先在草滩上铺一块褐子或棉毯,然后按毡子的大小,将事先撕碎的羊毛一层层铺在上面,有的铺一层则洒一次水,有的则将羊毛全面铺好后洒一次水。羊毛铺好后,连同褐子一起卷起来,然后不停地卷搓。卷搓一阵后,再将褐子连同羊毛一起摊开,再洒上一层水,卷起来继续卷搓,如此卷搓数遍,当羊毛初具毡型后,即将褐子铺在地上,只擀毛毡就行了。擀的次数越多,擀出来的毡越瓷实。

当地还有专事擀毡的"毡匠"。羊毛铺好后,他们常用黑牛毛线或染成其他色彩的羊毛线,在上面拼接出各种图案。当毡擀成后,这些彩色图案便清晰地呈现在洁白的毡面上,如同印上去的一般,显得异常美观,当地藏家称其为"花毡"。这些花毡的边沿花多由回纹、波纹、斜线纹、卷草纹等二方连续图案构成,四角饰有朵云形、角偶花等图案。有的还在毡子中心部位拼有万字纹或寿字纹、吉祥结等独立纹样,使得整个毡面显得既华丽而又庄重典雅。一条图案精美的花毡,不亚于一条藏毯。

(四) 褐子

玉树藏家所织的褐子分为"牛毛褐子"和"羊毛褐子"。牛毛褐子主要用于缝制帐房;羊毛褐子呈白色,主要用于缝制藏袍。牛毛褐子和羊毛褐子不仅在颜色和用料上不同,它们的织造方法也不同,牛毛褐子以帐房人家织造者居多。织造前,他们通常选一处比较平缓的山坡,在数十米长的距离里,上方和下方对应竖起两根木桩。当这些工作完成后,再将事先捋好的经线平行拉开,固定在两根木桩上,然后用一块两尺来长的长方形木板,将经线分为两层;织造时,将长方形木板竖起,以开启织口,投入纬线,然后再用一同样长的弓形木板将纬线打紧。如此周而复始,一段一段褐子便织造出来了。何时把经线织完,织褐任务就结束了。羊毛褐子,当地人称为"毛氆氇",这种褐子的织造多见于东部半农半牧区。所用织机是一长方形木质框架,安装有分经木、脚踏提综装置等,可以手脚并用。其经线的固定方法,有的与旧时汉地织机的固定方法相同。在织作的时候,先是一层经线垂直固定在织机上方的横木上,横木下端吊有一排金属环,经线一根一根地系于其上。另一层经线则挽于机前数米处的木桩上,然后平行拉开,与横木上的经线交织后,经分经木分为两层,织造时,织手用脚踏提综装置开启织口,投纬引线。其结构类似于过去的织布机,织出的褐子多逐段拖于身后。这种织机虽然是一个人操作,但是提综、投纬、打纬等工序,看起来比织牛毛褐子的方法更灵活、先进。羊毛褐子的经线和纬线在织造前通常不染色,制衣时再根据需要加以染色。

如今,虽然织造褐子者时有所见,但昔日那种"家家制造,赖以营生"的场面再也看不到了。同时,由于文化交融和市场开放,牧人夏秋穿呢子、皮夹克、防寒服的越来越多,褐子制作的衣服不再是唯一的选择了。或许有一天,这种织造方式会从这片土地上消失。

二、服饰类

"服饰"是人们穿戴的总和,包括从头到脚的服装和饰物。玉树素有藏区"服饰之乡"的美誉。其服饰不但是康巴服饰文化的一个代表,也是康巴服饰文化中的翘楚。玉树藏族服饰可以分为服装和饰物两大类,其中服装可分为帽子、藏袍、藏靴、腰带等,饰物包括辫饰、耳饰、项饰、首饰、腰带饰物等。玉树藏族服饰华丽奢华、雍容大气,点缀各种饰物。在此基础上还进行各种图案装点,并用抽象、变形和夸张等手法,结合各种色彩,增加服饰整体的美感。

(一)服装类

在绚丽多彩的玉树藏族服饰中,帽子尤为引人注目,堪称一绝。玉树藏族无论男女,冬天一般多戴狐皮帽和羔皮帽,夏天多戴遮阳帽。在玉树牧人的各种帽子中,狐皮帽是最漂亮的一种,也是他们冬春季节戴得最多的一种。常见的狐皮帽,分为圆顶筒形和尖顶袋形两种。筒形帽子一般筒高 30 厘米,用绸缎、织锦等材料缝制内里。帽子的圆顶,多用数片色彩各异的绸缎叠压而成。帽檐高约 20 厘米,围帽筒上卷一周,后有一开口,两边各缀一彩带。帽檐是狐皮帽的门面,多镶嵌棕红、松软、蓬松的狐皮。羔皮帽,其形状和狐皮帽极为相似,只是帽檐镶嵌的是白羔皮,帽筒相比较低,帽檐稍窄,且用料不是十分讲究。过去牧人所戴的帽子多饰红色绸缎和布料,故称"红帽",随着时代的变化,牧人的生活丰富多彩,审美观念也在不断变化,已由"红帽"变成"彩帽"了。在夏天,牧人多戴遮阳帽,遮阳帽有男帽和女帽之分。男帽,当地藏语称"衬夏",一般高筒宽帽檐,帽子整体用白毡制成,外罩一层白布,帽檐用黑布压边。其独特之处在于高高的帽筒,帽筒高约 20 厘米,越往上越细,就像一个倒扣的喇叭。女帽,藏语称"斯热",因其形状像船,汉族称其为"船形帽"。女帽的制作比较简单,通常用数根竹条或树枝扎一船形框架,然后在上面绷一层纱布即可,女帽多为黑色,直径 30—40 厘米不等。牧人一般 7 月开始戴遮阳帽,8 月底以后就要换皮帽了。此外,玉树藏族男女还喜欢戴礼帽。礼帽,一般由制作工厂制作,礼帽的习俗和制作与汉式礼帽相似,主要区别是帽檐上有一个按扣,可随时向上卷。藏式礼帽的颜色有驼、灰、草绿、藏蓝等色。金花帽,是地道的藏帽,据说是文成公主进藏后受西山飘绕的彩云启发而制成的一种帽子。以前这种帽子在玉树境内特别流行,如今已经很少见到了。

  藏袍是玉树藏族人民服装的基本款式,有冬装、夏装和常服、礼服之分。藏袍不仅宽大,而且色彩绚丽,特别适应高原气候多变的自然条件,以及逐水草而居的生活特点。常服是用布料、氆氇做的,而礼服要用毛呢、绸缎、锦缎等更精好的料子来缝制,还要用水獭皮和虎豹皮装饰。玉树藏人的冬夏装有十多种,最常见的冬装是镶獭皮的皮袍,叫"察桑"。藏袍中女性礼装最考究华贵,都要在摆边镶上宽30多厘米的水獭皮,并拼接成黑白相间的漂亮图案,其上再镶接15厘米左右的彩色锦缎,很华贵。玉树藏族女子的夏装叫"锦新",由氆氇、毛呢、布料绸缎等做成,用锦缎镶边,显得素雅高洁。

玉树藏族的腰带有绸带、皮带、铜带之分。绸带男女通用,皮带和铜带则是属妇女专用的高级腰饰品。绸带,用料有真丝提花绸、印花绸、腰带绸、广庄绉等。男用绸带宽20—30厘米,长约2米,多用朱红、湖蓝、金黄、明黄等。女用绸带宽30—40厘米,长约3米。多用深绿、果绿、梅红、桃红等,两端多带有丝穗或辫成各种图案的辫穗。皮带,系用自鞣的牛皮制成。前段各长约30厘米,窄而成尖刀状,中部长约70厘米,宽约10厘米。正面多以大红颜料或大红织锦缎饰底,以绿牛皮镶嵌图案。中部带面多分段镶嵌云纹、花草纹、"寿"字纹、吉祥结等图案。整个带面虽只有红、绿两种颜色,但看起来色彩协调,庄重典雅,颇具民族和地方特色,受到当地藏家妇女欢迎。铜带,分各自独立的三节,节间以铜鼻和铜制云纹图案相连。每节皆为皮底缎面,大多镶嵌有珊瑚珠、玛瑙珠、松耳石等。铜带与皮带等长,但面宽仅6—7厘米,其用功考究,做工精细,新颖大方,是腰带中的上品。

藏家妇女腰带一般戴两三条。腰带,有大带和小带之分,大带系腰,小带围臀,勾画出女性的曲线美,据说这是玉树藏族服饰的一个独创——不仅看起来美观大方,若骑马疾驰或遇风吹拂,彩带便翩翩起舞,如两只彩蝶在身后追飞,煞是好看。平时,女子的腰带却较为简单,一般戴革质的,上有镂空的花纹图案,素朴大方。腰带上还要配挂上金银雕镂镶着珠宝的小佩刀、针匣、奶桶钩、银链、响铃串等。男子腰间一般还要配饰腰刀、弹带、火镰以至叉子枪等,以显武勇和阳刚。据说这与玉树民间流传的一首优美的民歌有关:"去时我在众人前面,这是因为我的骑术出众;回时我在众人后面,那是因为我是勇士。"传说中唱这首歌的江赛白马骑士,就是这样的一副装扮。此外,男子另有三件特殊的腰饰物:印章,圆柱形,高约7厘米,直径2厘米,有金、银、铜质数种;镊子,供随时拔胡子和拔鼻毛用;解针,系半截黄羊角,牧人取其角尖部位,用于解绳扣。

藏靴,是生活在牧区的藏族、蒙古族人民不可缺少的生活用品。从出土文物中发现,早在新石器晚期,青海都兰县一带就有革履靴鞋了。这种原始的靴鞋,原料为牛皮,用较厚的牛皮作底,薄一点的作面,底和面的缝合则用牛羊皮条,鞋口前端还有带毛的牛羊皮装饰。这种靴鞋或许可以说是藏靴的祖先吧。不过,它的后代经过漫长的发展变化,更为精致、美观、合理、实用,能适应牧民群众在特殊的自然条件下生产、生活的需要,深受欢迎。

玉树藏靴,有独特的民族风格和地方特色。它造型美观,形式多样,隔潮保暖,防水耐磨,而且久穿不易变形。这和生产过程中选料考究、加工精细的传统工艺技术是分不开的。一张生牛皮要经过熟皮、染色,变成手感柔软,不干裂,无皱纹,色泽透亮的缝靴革,然后按图形分片裁出,用定形木植头依型缝制。靴底用牛皮5—7层,用麻绳缝制,纳靴底时不仅要求计码均匀、前后端正,而且每只靴底的针码不能少于57—58针。总之,制作工艺要求严格,十分讲究。

(二) 饰物类

玉树因辫子盛行,常被人戏称为"辫子王国",这也反映了玉树在辫子文化上的独特之处。玉树的藏族男子,有的长发披肩,有的梳着各种辫子,而且梳辫者居多。玉树藏族除了梳各种各样的辫子外,还特别注重辫子的装饰。

玉树藏族辫饰各样,男女有别,对于辫饰还有各种讲究。男子披长发者,一般不附以任何饰物。男子长辫上夹续彩色丝穗,同时饰有辫箍及琥珀、玛瑙、珊瑚、松耳石等珠串。辫箍,多为象牙或乳黄色塑料环,一般直径约 3 厘米,长 3—5 厘米,套于额前或头侧发辫中;珠串多饰于前顶发辫处。其他辫型的辫饰比较随意,或插一支珊瑚枝,或缀一枚银元或数颗松耳石。头顶梳辫者,有的在辫首孤零零地缀上一大颗琥珀珠等。藏族女子的辫饰,主要反映在辫套上。藏族女子最讲究的就是辫套。辫套有枣红、墨绿、深蓝、纯黑等色,多用绸缎缝制而成,并镶有双层彩边。常见的辫套有长、中、短三种:长辫套自头顶直拖到膝盖下,几乎与人身等高,上面镶嵌着各种装饰物;中辫套多自肩部拖到膝盖下,长达 1 米,饰物与长辫套相似;小辫套多为长方形或正方形,长度一般不超过 20 厘米,多用彩色布料或彩色绸缎缝制而成,这种辫套多绑在辫梢,起装饰和收拢小辫的作用。现在藏族男女发饰受时代潮流的影响,也在不断发生变化。不少藏族男子留背头或分头,一些妇女喜梳大辫等。尤其在城镇,这种变化非常明显。

耳饰,主要是耳环。玉树藏族男女皆有戴耳环的习俗。妇女戴双耳,男子戴左不戴右。耳环多为金、银、铜质,且大多镶嵌着翡翠、玛瑙、珊瑚、宝石和松耳石坠。男女皆喜戴大耳环,大的直径约 5 厘米,长达 10 厘米,一直垂到肩部。有的外环上还另饰一花形、鸡心形等金属图案,上嵌各种宝珠。有的则在数个高高的金属基座上镶珊瑚珠和松耳石,看起来异常漂亮。

项饰,主要指藏族女子佩戴的项链,玉树人的项饰以天珠(藏语叫"斯",其中以九眼石最为神奇)和珊瑚(藏语叫"曲茹")为主,再配以绿松石、珍珠、玛瑙、玉石等,论串戴。项链一般用珠料或各种宝珠串连而成。珠料多用数种不同的色彩交叉串连,玉珠、玛瑙珠多单独串联。珊瑚珠、琥珀珠除单独串连外,还多与猫眼石搭配串连,珊瑚珠还常与松耳石搭配串连。在妇女的项饰中,另有一种叫"翁"的银饰品。形似算盘珠,上镂各种花纹,常与猫眼石、琥珀珠和珊瑚珠搭配串连。宝珠中平添一银色饰物,显得更加美观大方。猫眼石、琥珀珠和珊瑚珠,被视为最华贵的三种饰物。藏族妇女能戴上这几种满串项链,那是无上荣耀。以前,部落头人及富裕藏家的男子,也有项链,采用琥珀珠、猫眼石、珊瑚珠等名贵宝石串联而成,佩戴方式与女子相同。如今,藏族男子很少佩戴满串项链,即使偶见有戴项饰的,也仅有一颗琥珀珠或由三五颗宝石串联而成,比女子的逊色很多。

手饰,玉树藏族男女的手饰以戒指为常见。无论男戒女戒,多为金、银、铜制的高出的金属基座,上面镶嵌松耳石、玛瑙、天珠、绿松石等各类珠宝。镶嵌物一般为长圆形,男戒镶嵌物有的长达 3 厘米,看起来非常大方。玉树藏族女子除戒指外,皆有戴手镯的习惯,还喜欢戴象骨、金银和玉制的手镯。金银手镯,式样比较传统,镯口首端多饰有龙头、凤头以及其他神鸟头动物图案,外廓多镂刻各种花纹图案,或镶嵌各种名贵宝石。手饰除金银手镯外,还有诸如天珠、珊瑚、绿松石、象骨珠串等。

三、雕塑类

雕塑是雕、刻、塑三种制作方法的总称。通过各种可雕刻的材料,如玉树藏族地区多采用的石头、木板、岩石、黏土等,进行各种图案、造像、经文、文字的展现。

玉树藏族地区优秀的民族民间雕塑包括大型雕塑、微型泥塑、刻经、嘛呢石、木刻、石刻、石雕、木碗等,它们都是中国雕塑艺术中的一颗颗璀璨的明珠,享有极高的声誉。玉树藏族的这些雕塑艺术,是现在仍能见到的民族文化艺术的优秀遗产。在历史长河的冲刷下,不少文化艺术被淹没了,而一些雕塑作品却长久地留存下来,成为艺术遗产中的瑰宝。

(一)微型泥塑(塑像)

玉树藏家僧俗供奉的泥塑佛像,主要有大型泥塑和微型泥塑两种。大型泥塑主要是指喇嘛寺院内供奉的佛像,这种佛像的塑造工艺要求高,非造诣极深的老艺人不能胜任。加之这种佛像平时并不常塑造,而且塑造起来费时、费力、费钱,故从事这种泥塑的艺人并不多。这里介绍的是当地僧俗中塑造最多的微型泥塑。

当地僧俗所塑的佛像种类很多,有身着袈裟、结跏趺坐的佛祖像,有佛祖连带胁侍菩萨像,有骑着雄狮的文殊菩萨像,有骑着白马的普贤菩萨像,有头戴天冠、结跏趺坐的观音菩萨像,以及观世音之化身红度母、绿度母、四臂观音、千手千眼观音像等,还有藏传佛教所崇拜的各种护法神像。

微型泥塑通常在事先刻好的模具中进行。这种模具多为铜质或铝质金属制品。有长方形、正方形、圆形、椭圆形、佛龛形等形状。大的高约20厘米,小的仅有四五厘米。僧俗塑佛时,先用黄土、麻丝或羊绒和好泥巴,然后取下与模具大小相等的一块压入模具中,再刮掉多余的部分,倒出来后即为浮雕状佛像。无论何种形状的泥塑,正面四周皆饰有单层或双层立体边饰,佛像背后大多衬刻有环形背光或各种佛教图案。有的在边框下端刻有六字真言,看上去很像一个缩小的大型石窟。泥塑塑好后,放到阴凉处阴干,然后涂一层金粉、银粉或白灰,即可拿去供奉。为了便于长期保存,信民们还常将其放到牛粪火中烧,一直烧到像瓦片一样坚硬。由于塑造这种泥塑佛像多选用黏性较大的红黏土,故烧制出来的佛像多呈现红褐色,看起来既美观又大方。

泥塑佛像塑造的好坏,泥巴的用料和塑造技术固然重要,但关键还要看模具刻得是否成功。玉树僧俗所用的泥塑模具,有的购自外地,有的则是出自当地藏家艺匠之手。这种模具的雕刻要求非常高。较大的模具通常要刻数十尊乃至上百尊佛像,即使几厘米高的小模具,有的也要刻四五尊佛像。有的佛像仅有2厘米高,但刻得十分精细,其眉眼鼻耳、衣纹、莲座以及背面的衬刻等,都刻得异常清晰,可见藏家艺匠的刻金工艺颇有功力。

僧俗塑造的这些微型泥塑,也颇受族外朋友的喜爱,尤其是一些工艺美术爱好者常将这种泥塑作为民间工艺品收藏。

(二) 刻经

玉树藏家的刻经,主要有石刻和木刻两种。石刻是当地僧俗平时进行最多的,也是最普通的一项活动,其形式又分为片石刻和摩崖刻两种。木刻主要是刻印经板、佛像和各种佛教图案。

片石刻是把经文刻于石片或者石板上,大的高1米以上,小的仅有巴掌大小。在缺少石片的地方,有的则把经文刻在不规则的石头上。取其正面刻写经文,一块石头上往往刻字数处。摩崖石刻,是把经文刻在"神山""圣地"的石崖上,大的高达数米,有的几乎占去整个崖壁。

内容上,石刻分为典籍石刻、造像石刻及六字真言石刻三类。典籍石刻,是把藏传佛教经典系统地刻在石片上。造像石刻,则是在石片、石板或摩崖上刻出佛、菩萨、金刚、力士诸神像,以及佛经故事的各种佛教图案等。在各种石刻中,以六字真言石刻最为普遍,是片石刻和摩崖石刻的主要内容。

玉树藏家的石刻技法,常见的主要有阴线刻、阳线刻、高浮雕、平面线浮雕、凹入平面雕等数种。典籍石刻和佛经故事多用阴线刻。其他技法主要用于佛像、佛教图案及六字真言的雕刻上。一件雕刻作品,有时仅用一种技法,有时数种技法综合运用。

在构图技巧方面,玉树藏家艺人多采用单纯的构图方法,在一块石板上,或刻一尊佛像,或刻数尊大致相同的佛像,或刻一个佛经故事,或刻一至数个佛教图案。除佛像余白偶尔填补日月、法轮、法螺图案外,其他雕刻并无多余点缀。六字真言石刻的构图往往比较复杂。除六字真言外,余白多填刻法轮、法螺、神象、神马、神猴等佛教图案。图面虽然显得有些拥挤,但由于六字真言通常所占比例较大,位置突出,余白处填刻的图案相比较小,画面内容虽多,但是主题明确,井然有序。

玉树藏家的木刻中,印经板多用平滑坚硬的桦木制成。寺院用的木刻经板,皆为横长方形。长板宽约三寸,长二尺左右,有的宽约五寸,长约一尺七寸。短板一般不超过一尺长,而且多为正反两面刻文。刻印鸿篇巨著多用长板,篇幅小的则用短板。所刻内容主要为藏传佛教景点,也有一些历代名僧的历史和文艺方面的著作。阿卡印经时,通常先用墨刷将经板刷一遍,然后把印经纸铺在上面,再用干刷刷过一遍即可。俗民用的印经板,常见的有正方形和长方形两种,大的长达60厘米以上,小的则不足20厘米。而且经板下端多有一长把,供印经时手握之用。其印刷的方法与僧人印经书的方法大致相同。经板上有的全刻经文,有的全刻佛像或佛教图案,有的则图文并茂,印制出来非常漂亮。

经板上的经文多为阳刻,佛像和佛教图案也为阳刻线。藏家艺人运刀如笔,雕刻出来的线条精致、纤细柔和、匀称而活泼,曲线美感强,整个画面具有圆润柔和的韵律感,既达到了形神兼备的绘画效果,也富有生意盎然的雕刻趣味,其功力不亚于专业木刻家。

四、陶瓷类

陶瓷由于其材质的要求严格,故有一定的区域局限,玉树陶瓷类的工艺主要是依据地方瓷土的要求进行生产,比较出名的有囊谦藏黑陶,以及一些日用的瓷器,这些瓷器虽然不如一些名瓷器那样精美,但是也呈现出玉树陶瓷的特点。

(一) 囊谦藏黑陶

囊谦藏黑陶是囊谦农牧民生活中不可或缺的一部分。当地农牧民以饮用囊谦藏黑陶壶中调制的酥油茶为荣。历史上"藏黑陶"作为贵族的贡品,制造数量少,做工精细,具有极高的观赏价值。

1. 藏传黑陶的原料、种类及功能

黑陶的制作采用的是最原始的制作方法,其中原料上,选用当地细腻的红胶土和黏土,夹杂宝石达洛喀、敬玛尔等矿物质,这些原料通过纯原始的手工捣碎、筛选、合理调揉,制成最原始的陶胚材料。

藏传黑陶在烧制过程中,由于温度和原料的配比,烧制后显示出不同的色彩。根据其色彩的不同,藏传黑陶有红陶、黑陶、玛瑙陶、紫陶、花陶、青陶、灰陶、黄陶之分,红陶似铜色、珊瑚色,黄陶似金色、琥珀色,青陶似瑰玉色、青靛色,黑陶似生铁色、煤色,灰陶、花陶和玛瑙陶等,设色各有不同。

藏传黑陶在制作过程中,工艺师们根据黑陶的使用功能制作出不同的形状,根据个人的构思制作出不同的花纹,再添加宗教和信仰元素,所制作出的黑陶有的图案纹理简单,有的复杂多样。藏传黑陶形状有圆形、长嘴形,纹理上有在陶嘴、手柄处雕刻鲸鱼、鳄鱼、虎狮凤龙凤龙的,上面镌刻有八宝图案,旁边刻有七政宝,背面刻有莲花、斜楞花格,还有许多古今藏、汉、蒙风格的漂亮图案。

藏传黑陶具备陶器的一般功能,如用于盛放各种物品或饮器的盆、瓮、缸、钵等,在玉树地区主要用于盛水、牛奶、粮食等;也有用于做炊具的各种罐,可以煮奶茶、牛羊肉汤;当然黑陶还可以做装饰品或者宗教用品等。在藏传黑陶中盛放物品或者烹饪食物时,不生锈,可以解毒,而且可以保持食物丰富的营养成分。

2. 藏传黑陶的制作工艺

制作黑陶的器型需要很多道工序,而且每制作一种不同的瓷型,就要使用不同的工具。其实每创造一种器型,不仅要有足够的创意,想出一个能够和时代审美观相契合的作品,还要围绕这个作品创造一套工具。这些工具按照功能可分为挖土、拍打、修磨、抛光、模具、辅助 6 大类,当中又分为 27 种小类,27 个小类中分出百种型号的工具,嘎列、萨加、席布、萨黑扎、腊土、则扎、则托、则布、木鲁、油当……这些造型奇怪的工具数也数不清,这些工具都取自自然。其中有木质、竹制、石制、动物皮毛等。而当代的金属工具也在年轻艺人中被普遍使用。

藏传黑陶传统的制作方法和现在的是不一样的,现在的制作工序中,很多都采用了机器制作,机器可以很好地控制点、线、面,器型准确无误;但是传统方法就要全靠制作者的经验去把握器型。严格说来,黑陶制品没有一个是完全一样的,因为一切都要依靠制作者的双手去控制。

藏传黑陶原料在选取上非常复杂,工艺师根据不同的陶器制作要求,对不同矿物原料进行配比,这样烧制出的材料才能具备不同的使用功能和色彩。材料配制好后,要对材料进行捏练和陈腐。通过捏练和陈腐环节,可以使坯体在受热过程中进行各种物理化学反应,以便烧成并获得致密的结构,减少坯体的气孔率,增强胎体烧成后的强度、硬度和比重。传统的捏练坯泥的方法,或者用人工足踩、手搓,或者用牲畜踩踏、石头碾烂。经过捏练的泥巴,为增加黏性,提高可塑性,还要进行陈腐。一般来说,陈腐的时间越长越好。经过长时间的陈腐处理,所制作出来的胎质细腻光滑。

制陶原料选定配制后,进入黑陶制作的最关键的一个环节——成型。传统藏传黑陶的成型方法包括工艺师手工和模制成型、轮制成型等。捏塑法,主要依靠工艺师的形体构造思维,一般适用于小件陶器。模制法,用于大批量制作陶器。事先制造出一些模具,如盆、钵、罐等,然后将原料放入模具中,待半干时取出制成陶坯,也可制作一些特殊陶器的局部。这是一种较原始的制陶方法。泥条盘筑法是一种原始的陶器成形方法,先将原料搓揉、拉长成条形状,按器型形体、大小将泥条圈起来,一层一层地叠上去,然后用拍子拍打,使之成形。用这种方法制成的器物,内部往往留有泥条盘筑的痕迹,给人以古拙感。轮制是较为先进的一种黑陶制作工艺,和现在机械轮制的方法类似。事先制作出手工陶轮,制作时,将原料放陶轮上,手工转动陶轮,利用其快速旋转的力量,使之成形。相比手工成型来说,它的特点是器形规整,厚薄均匀,陶壁表里普遍有平行密集的轮纹,器底往往有线割的偏心纹。

陶器坯体成形以后,还要进行修饰。修饰环节分为几个层面:抹平、拍印或刻文饰彩等。抹平从坯体制作开始,不断地用手蘸水往上抹,防止坯面过早干燥而出现裂纹,并通过抹平连接缝条,填补空隙。拍印主要是使坯体整体结实有纹饰,分段用的器物也是在这一过程加以粘接修饰的。用拍子打光,使高低不平的坯体表面填平补齐,并使泥料中的片状矿物平行于坯体表面,增加光线的平行反射,减少散射,进而出现光泽。最后是饰彩,在坯体上塑造不同的花纹、图案,并进行彩绘,完成整个坯体的装饰。

黑陶制作最后一步也是非常关键的一步是陶坯焙烧。俗话说"一毁毁一炉",囊谦藏传黑陶焙烧方法是封罐法,即将坯体封入已烧制成品的大陶罐中,采用独特的"封罐熏烟渗碳"方法,控制烧制过程中的温度和湿度,使陶坯在烟熏碳粒渗入陶坯最后成品。这样制作出的成品具有"黑如碳、硬如瓷"的特点。

今天,藏传黑陶之于藏人,不仅是日用品,更是一种宗教和文化的传承,一种感情的寄托。受现代工业技术的冲击,黑陶作为日用品的市场需求受到了限制,但是作为工艺品的需求却越来越大。

"传统藏式黑陶,选料和制作程式都非常讲究,而且非常注重实用性。"白玛群加说,在现代社会传承和拓展藏黑陶的发展空间,既要坚持传统的工艺,也要通过创新迎合现代人的消费需求[①]。

(二)龙碗、八宝碗

龙碗,因碗壁上画有两条活灵活现的长龙而得名,分搪瓷制品和陶瓷制品两种,皆为大口、细腰、高底。由于搪瓷龙碗不但具有木碗那种轻便易带、不宜摔烂的特点,而且美观大方,牧人常买这种碗代替木碗使用。陶瓷龙碗,不但售价高,而且易碎,通常定居藏人使用者较多,多作为招待客人的专用碗。

八宝碗,因碗壁上画有八宝图案而得名,藏区的八宝碗,多画藏传佛教八宝,依次为金轮、右旋海螺、宝伞、胜利幢、妙莲、宝瓶、金鱼、吉祥结。玉树地区销售的八宝碗,以陶瓷制品为常见,其大小形状与龙碗相似,八个图案分别为圆形,均匀地排列在碗壁上,图案清晰,色彩艳丽,再加上碗口和碗底镶嵌金边,看起来非常漂亮。

五、金属类

自古以来,在玉树这片得天独厚的土地上,玉树人民用勤劳和智慧创造出了大量精美绝伦的金属艺术品,如各类藏族服饰佩挂和日常金属用品,具体有藏刀、格乌、珞珑、珞热、火镰、奶桶勾等。

---

① 《藏黑陶的传承与创新》,http://news.xinhuanet.com/local/2015-10/05/c_1116741968.htm。

(一) 玉树藏刀

玉树藏族民间工匠打制的藏刀,式样独特,装饰别具一格,颇具玉树当地民族和地域特色,故被人们称为"玉树藏刀"。在玉树当地藏族人民使用的藏刀中,虽然也有其他的藏刀出现,如"康巴刀""西宁刀"和甘肃保安族的"保安刀",但是在玉树使用最普遍的还是"玉树藏刀"。

一直以来,玉树各地都有打制藏刀的工匠,主要分布在玉树的东部地区。当地的工匠吸收各地制刀的长处,结合藏族传统的审美,经过长期的摸索,形成了独具特色的藏刀。玉树藏刀的刀柄,多用硬木或牛角制成。刀鞘多用铁皮或钢皮等金属材料制成,内叠两条薄木片,仅留插刀片的空隙,与其他地区制刀的程序大致相似。玉树藏刀的特点,在于它那华丽的外观镶嵌。常见的西宁刀、康巴刀和保安刀,一般从里面先打,工匠采用"起錾"技法对镀金的刀体铁皮加以装饰,或用金属丝、鲨鱼皮和宝石做局部点缀。玉树藏刀无论男刀女刀,皆用丰富的材料通体交叉装饰。男刀外观造型笔直,刀柄多为朵云彩,刀鞘多为圆形或椭圆形,而且宽出鞘体数毫米,看上去就像一个小小的盾牌,其外部镶嵌材料主要有金属叶片、金属丝、鲨鱼皮、宝石等。在工艺技法的运用上,金属叶片有连续的镂空图案、适合的浮雕图案,以及用不同色泽的叶片拼制的图案等。金属丝多用于叠压或拼凑纹样,宝石则直接嵌入高高的金属基座上。纹样表现题材有龙、凤、花草、法轮、宝瓶和几何图案等。在纹样及其他饰物的布局上,刀鞘主纹龙凤纹,鲨鱼皮常以大的块面出现,余则做局部点缀。男刀多在刀柄金属饰物中镶嵌一颗珊瑚珠,看起来异常醒目。同时,玉树藏族艺人利用白银、紫铜、黄铜三种不同色泽的金属材料交叉镶饰,相互衬托,也在很大程度上增强了装饰的效果。玉树女刀的镶饰材料,除金属叶片、金属丝和鲨鱼皮外,通常在刀柄位置另镶嵌一段牦牛角。而且宝石的镶嵌占有十分重要的位置，除正面等距镶嵌数颗珊瑚珠和松耳石外，刀鞘中部两侧大多还对称镶嵌两颗珊瑚珠，显得异常华贵。同时，女刀外观造型上也有许多独特之处。常见的女刀，鞘首及柄尾多呈蛇头形，而且通体弯曲度比较大。正面、背面及侧面为对称的菱形。看起来玲珑奇巧，新颖别致。从这些镶饰中可以看出，当地制刀艺人的金工技巧相当娴熟。他们按照自己的设计意图，得心应手地对各种材料进行加工、拼凑、配制，不仅具有较强的实用性，而且看起来华丽、规整、古朴、浑厚，达到了新颖俊美的装饰效果。

直到今天，当地很多工匠仍然采用古老的手工打制工艺。他们所用的锻造木炭，有的是从山上割来的红柳枝，趁未干之前，烧到一定程度，再埋入地下，使之成炭。所用的银料，多用银元熔化而成。使用的鼓风机，则是自制的羊皮吹风袋。其他工具大多是铁锤、铁钳、钢凿、钢剪、钢锉等，用这些简单的工具打造出如此精美的藏刀，实属不易。也正是由于这些原因，玉树藏刀才更显示出其独特的艺术魅力。

安冲乡和赛河乡的藏刀最负盛名。现在所提到的"玉树藏刀"多指这两个地方所产的藏刀。但在具体的地区，则分别称为"安冲藏刀"和"赛河藏刀"。这两个地区的藏刀在外形格局上有一些不同：安冲藏刀中女刀长而弯曲度较大，赛河藏刀则相对短而平直。当地藏族人民根据自己的喜好和欣赏习惯而选择，但质量和装饰上大同小异。

玉树藏刀由于其复杂的制作工艺、精良的制作技巧、传统与现代的审美装饰，显示出独特的艺术魅力。其中安冲藏刀因其历史悠久的工艺，考究的用料选料，独特的样式造型，在藏刀中极负盛名。安冲藏刀因产自玉树安冲乡而得名，是当地藏族人民必备的生活用具和装饰品。其发展历史可以追溯到500年以前，在玉树安冲乡聚集着大量传统工艺藏刀加工的能工巧匠,他们沿袭传统的藏刀制作工艺,并在不断发展中改进,生产出的藏刀显示出传统和现代要素相结合的特点,规整、古朴、浑厚而又华丽、新颖、俊美。生产出的藏刀不但实用,而且装饰性强,因此为玉树和周边果洛、昌都、甘孜、阿坝的藏族人民所喜爱,甚至有很多还远销尼泊尔、印度等国。

安冲藏刀和其他玉树藏刀在造型上基本相似,主要包括刀柄、刀鞘,不过在刀鞘的形状和装饰、刀柄的长度和宽度上,各地工艺有所区别。安冲藏刀在式样上非常独特,装饰别具一格,具有很强的地域特色。安冲藏刀不管男刀女刀,刀体上都会用各种装饰材料通体交叉装饰。刀柄上多用朵云形,刀鞘上一般刻有吉祥纹样和龙、凤、花草等图案,昭示祥瑞。安冲藏刀中男刀外观造型笔直,装饰简洁,女刀则长而弯曲度较大,镶金错银,精致华美。

安冲藏刀具有鲜明的地域特征、民族特色和丰富的藏文化内涵,是珍贵的民族传统文化遗产,极具保护价值。但是由于复杂的制作工艺,一把刀打造出来需要十几天。价格相比一般机器制造的藏刀贵很多,使用上的效果基本上相差不大,因此购买安冲藏刀的人越来越少。再者,许多艺人相继去世,过于复杂的工艺和对于材料、技巧上的考究,使得很多年轻人不能静心钻研,造成断层严重,濒临消亡,亟待抢救和保护。

(二) 格乌

格乌是一种内装佛像或护身佛咒的金属小盒,据说佩戴此物可得神灵佑护,逢凶化吉,四季平安,故玉树藏族无论僧俗男女,皆佩戴格乌。格乌有佛龛形、圆形、椭圆形、鸡心形等数种,多用黄铜、红铜、白铁制作而成,也有金银制品。格乌大小不等,大型格乌高20余厘米,小的则不足5厘米,格乌两侧各有一金属小鼻,供穿佩带用,凡内装佛像的格乌,正面大都有一佛窗。佛窗四周镂刻或镶嵌花纹、云纹、塔纹、鹿纹、龙纹、佛纹等纹样;有的镶嵌珍珠、玛瑙、翡翠、松耳石、珊瑚珠等,在所有的格乌中,这是最豪华的一种。凡内装佛咒的格乌,一般无佛窗,但也多有镶嵌物,看起来也十分漂亮。在这种格乌中,有的还装有活佛的几根头发。

僧俗佩戴的格乌,大多出自玉树当地藏家能工巧匠之手,藏家艺人制作时,大多只有一锤、一剪、一锉、一凿及一简单的焊接工具。一般的铜皮或铁皮格乌,只需经过剪裁、打磨、轧制阴文图案及焊接数道工序即可。而镶嵌图案的格乌,通常还要把金属熔化后倒在模具里,先粗制出图案,然后再一点一点地雕刻、锉磨、镶嵌,工艺水平要求较高。一个 10 厘米高的方形格乌,佛窗四周要镶嵌四种不同的图案或数十个相同的佛像,看起来密密麻麻但又十分工整,而且每个图案都十分清晰,造型也很生动。像佛纹、鹿纹、龙凤纹等,无不活灵活现,栩栩如生。藏家艺匠所用的虽仅仅是黄铜、红铜、白铁等金属材料,但皆能巧妙地进行拼接和组合。常见的圆形格乌,盒盖和盒子多用两种不同色泽的金属材料制成。方形格乌正面的用料及其镶嵌图案,有的用三种不同色泽金属材料进行装饰,再加上镶嵌的各色宝珠,看起来异常华贵。做工精细的格乌不仅是僧俗的宗教信物,也是富有民族特色的工艺品。

六、绘画类

玉树藏族人民因其对世界的独特感知方式,形成了自己独特的文化传统和象征体系。从远古时代的岩画中富于野性的表现,后期各地寺室壁画的梦幻飞扬,发展至今天种类丰富的绘画艺术,如唐卡、经幡、建筑图案等。在各类绘画艺术中都深刻地显现出玉树藏族人民的生活习俗、宗教色彩和艺术感知。玉树藏族绘画类别很多,在此按照绘画艺术的历史性和重要性,略举两例。

(一) 玉树藏娘唐卡

藏娘唐卡艺术和热贡唐卡艺术是藏传佛教艺术中的杰出代表，在传承和发展中，它们为阐发和弘扬藏传佛教教义产生了重要影响，同时，也对继承和丰富民族传统优秀文化遗产起着重要作用。两者在很多方面具有相同之处，但也有各自的风格和特色[①]。

藏娘唐卡按照材质可以分为止唐和规唐两大类。止唐是手工绘制的卷轴画，因颜色和材料不同又分为九小类，如彩唐、金唐、朱红唐、黑唐等。规唐是用绸缎和锦缎制作的唐卡，按形制可分为"盖格钦姆""吏册""达册""支册""伊览""札勒"等。"盖格钦姆"，高20米左右，宽17米左右，是寺院举办佛事时使用的唐卡，又称"晒佛"；"吏册"，高2米左右，宽3米左右，等身高度，此类唐卡一般供奉在寺院；"达册"，高70厘米左右，宽50厘米左右，箭身高度，是标准的挂式唐卡，一般供奉在家庭佛龛或寺院；"支册"，高40厘米左右，宽30厘米左右，人的小臂高度，一般供奉在家庭佛堂；"伊览"，高35厘米左右，宽25厘米左右，一般供奉在家庭佛龛；"札勒"，高5厘米左右，宽4厘米左右，小型画片高度，主要用于活佛或高僧灌顶。

唐卡不管是大幅小幅，都要经过严格的程序，一般分为造像度量、构图、上色、勾线和描金等程序。造像度量是唐卡制作的标准之一，在制作前，要按照经文唐卡的规定数据和唐卡的大小，事前绘制横线、竖线、斜线等度量线，通过度量线的纵横交错，将画布分成很多区域，制作者根据这些区域，进行身形轮廓和相貌的绘制；度量造像完成后，还要根据特定的程序和构成进行构图，构图包括造像构图、背景题材构图以及搭配构图。如造像构图中的主尊位

---

① 玉树藏娘唐卡，http://baike.so.com/doc/9181827-9515056.html。

置和占比等,背景中的天空、河流、湖泊等。构图完成后,就要进行上色,以前上色所用的材料都是矿物质材料,分为五种基本色:石青、石绿、朱砂、黄丹、白色。通过这些基本色材料的调制搭配,又可以得出二十几种复合色。上色时根据不同的图形要求,分别上不同的色料,一般画布上不留空白,整体色彩比较浓烈。勾线和描金是在上色环节之后进行的,勾线的原则是同类近似色勾轮廓线。描金则是在黑色、朱砂等底色上用金描绘图像。

藏娘唐卡制作技艺属于家族内传承,传承脉络单一,而且在历史上是由男性来从事的,因此,这些技艺在传承过程中很容易形成断层。如藏娘地区规唐的制作工艺已濒临失传,很多年轻的艺人已不知规唐的基本制作工艺,而中老年艺人也仅仅是听说以前曾有艺人制作规唐,如今基本上没有艺人会做这种唐卡了[①]。唐卡的自然矿物色料,由于加工过程中的独特和复杂,其制作工艺也已经濒临失传。

(二)玉树勒巴沟岩画

青海境内发现的岩画多以动物个体形象为主,只有玉树勒巴沟岩画散发出浓郁的宗教文化气氛,从沟口唐末释迦像到现今打制的嘛呢石,可以感受整个藏族宗教石刻的历史。玉树勒巴沟岩画主要以佛像、菩萨、香客、瑞兽等个体形象为主。

"勒巴"在藏语中是美丽、吉祥的意思。勒巴沟里有年代久远的佛教文化石刻,相传是文成公主和金城公主进藏途经此地时留下的历史文化遗迹。沟里还有近代当地佛教信徒刻凿的漫山遍野的宗教文化石刻,这些对研究唐代汉藏关系、观赏佛教石刻艺术风采具有重要意义,是弥足珍贵的历史文化遗存。勒巴沟岩画主要

---

① 玉树藏娘唐卡,http://baike.so.com/doc/9181827-9515056.html。

以佛像、菩萨、香客、瑞兽等为主,较为著名的有《藏王与公主礼佛图》《天龙八部图》。《藏王与公主礼佛图》以松赞干布与文成公主礼佛为内容,平坦的崖壁上,大日如来佛立像有 3 米多高,佛像左下方,戴高帽、着蕃服的藏王松赞干布和梳高髻、着唐装的文成公主捧花拜佛。据记载,710 年,唐中宗养女金城公主与吐蕃赞普赤带珠丹联姻,金城公主在嘎玉勒巴沟驻跸地命工匠刊刻了大量佛教内容的摩崖,特别雕刻了这幅《藏王与公主礼佛图》,以弘扬佛法和促进唐蕃友好。此内容的摩崖石刻,全国仅此一处。

沟谷深处还有线刻《佛诞生图》和浅浮雕《大日如来佛》等,后者的画面下方有古藏文"马年刻凿"的题记。放眼望去,勒巴沟沿路到处是佛教石刻,藏族群众把这些刻着佛教内容的石头统称作"嘛呢",山体上的摩崖石刻叫作"山嘛呢",草丛间刻着六字真言和佛经的石块叫作"草嘛呢",溪水中刻经的鹅卵石则是"水嘛呢"。徜徉谷中,无论是头顶上高峻厚重的山岩,身边堆积的石块,还是晶莹的溪流中,具有图案美感的藏文铺天盖地,仿佛永远被佛的痕迹包围着。

沟内佛像、供养人像、香客形态各异,栩栩如生。除人像外,到处可见《无量寿佛经》《般若经》《忏悔经》《行愿经》和《六字真言经》的石刻经文。这些精美的岩画带有浓厚的唐代汉族佛教造型艺术的风格。

七、其他类

玉树藏族工艺除了以上的几大类民间工艺之外,还有很多散发独特魅力的民间工艺,这些少数民族工艺包含的种类、材料、手法等之复杂,是国内比较少见的,如刮盐,制作烟袋和烟壶、皮筏、火镰、奶桶钩,制作服饰上的袍扣、腰带上的饰物(印章、镊子)等。

(一) 烟袋和兽角烟壶

旧时玉树藏族男人普遍爱吸鼻烟,尤其是成年男子大多有此嗜好。妇女吸鼻烟者也时有所见。他们随身带有一个鼻烟壶,烟瘾上来时,往左手大拇指甲盖上倒上一点儿鼻烟,对准鼻孔吸一下,然后痛痛快快地打个喷嚏,接着擤擤鼻涕,抹抹眼泪,看起来比吸纸烟舒服多了。

鼻烟的制作工艺要求非常高,而且工序也很复杂,其原料是将富含油分和香味的晒烟叶碾碎并过筛后所得的细烟末,还要用茉莉花熏制,并配以其他香料,然后置于密封容器内进行陈化。据说,每百斤烟叶只能制出30多斤鼻烟。正因为鼻烟难制,其售价往往也非常高。历史上,玉树境内销售的鼻烟主要来自印度,一般人吸不起,他们吸的主要是自制的土鼻烟。如今虽然国产鼻烟相对便宜些,但牧人吸惯了自制的鼻烟,不少人仍然自己加工鼻烟。

玉树藏族牧人除了会加工土鼻烟,还备有相应的制烟和装烟工具,即獐皮烟袋和兽皮烟壶。獐皮烟袋主要用于粉碎烟叶。买来晒烟叶后,牧人自己加工,制作一个完整的獐子烟袋,将烟叶装入袋内,绑紧袋子,然后用木棒反复捶打。待烟叶打碎后,取少量放入特制的木盒中进行筛选,然后再将筛不掉的粗烟末倒入袋中,继续捶打。如此反复,直到满意为止。最后,将獐子皮袋翻过来,刮干净即可。除了大批量制作的獐皮烟袋外,牧人还备有獐子脖子皮筒,加工鼻烟时,将皮筒竖放在一块光滑的石板上,然后装入烟叶,用一根木棒不停地捣动。烟叶捣碎后,放入"差棒"里进行筛选,这样反复几次,鼻烟就制作出来了。对于一些烟瘾比较大或出远门的牧人,常随身带一"差棒"和特制的小獐子皮袋,随制随抽,还不用带鼻烟壶。牧人选取獐子制作皮袋,是很有讲究的,獐子皮不仅柔软耐磨,没有牛羊的膻腥味,还多少带有麝香的特殊香味,在加工鼻烟的时候,香味也就自然融入烟叶中。

凡是吸鼻烟的藏族男女,大都有一个鼻烟壶。我国民间的鼻烟壶在制作中形成了工艺奇葩,但是在各种鼻烟壶的展示中,很少能够看到玉树藏族的兽角鼻烟壶。常见的鼻烟壶有牛角烟壶、鹿角烟壶、羊角烟壶等。牛角烟壶多取牛角角尖的一段,内外打磨光滑后在角尖处锯一小孔,末端安一活动木塞。装烟时将活塞拿下,取烟时从角尖的小孔倒出,用起来十分方便。牛角烟壶装烟甚多,出门三五天,装满一鼻烟壶足够吸了。每逢集会,很多藏族男子手里会端着一个牛角烟壶,大的小的,长的短的都有,镶金的,镶银的,形形色色,五花八门。鹿角烟壶,多取干鹿角分叉处的一段,一般长 10 厘米左右,呈裤衩状,打磨好的鹿角烟壶呈象牙色,既光滑又大方。牧人非常重视鹿角的装饰,有的在烟壶的口部和两个角叉末端分别镶嵌银边和铜边,有的在两侧分别雕刻出吉祥图案,有的还配有金属丝链,使得烟壶显得灵巧而美观。羊角烟壶主要用黄羊角或藏羚羊角制成,其独特之处在于那一个个横楞上。在黑褐色的羊角上,有的还分别镶嵌金色饰物,看起来小巧玲珑,别具特色。

(二) 玉树牛皮筏

玉树当地所用的皮筏,皆为牛皮筏,这不仅因为玉树高原牦牛多,原料来源容易,更主要是因为牛皮厚实耐磨且筒子较大。制作筏子之前,筏工先将牦牛的头、蹄砍掉,再将皮囫囵剥下,用盐水或酥油脱毛,然后在牛脖子和四肢皮口处涂上酥油,待其变软后,用细绳扎紧,这样所需的牛皮筒就加工好了。制筏时,用嘴对着事先留下的小气孔,将皮筒吹饱,然后分排用木料串绑起来,一架皮筏便制成了。现在玉树看到的观览皮筏,多为平板状,筏子四边无遮无拦,类似黄河流域的皮筏。而在 20 世纪 50 年代以前,玉树地区,尤其是通天河水域,所用皮筏四周多用布或者牛皮围有半人高的筏围子。围筏围子一则为了安全,二则可防止河水溅湿旅人衣物,整体看起来更像一条小船。随着交通的不断发展,通天河上的牛皮筏渐渐消失了,尚存的大都仅作为旅游工具。

第二节 玉树藏族工艺的特点

一、宗教性

玉树藏族工艺品大多蕴含着宗教色彩,玉树藏族手工艺自从松赞干布引进佛教文化开始就适应了佛教艺术品的制作。这些工艺品,有的是从佛教的法器直接演化而来,和玉树一样充满了藏传佛教的神秘色彩;有的是附着了玉树藏族对神灵、对天地和天人合一等的诠释;有的是对玉树藏族与外界隔绝的神秘生活的展现。就佛像而言,用藏族传统工艺制作的佛像是以舍利子所受佛祖的教义为依据,藏族传统工艺理论的开创者门拉顿珠、宗喀巴大师和米旁大师等许多贤者圣人的造像理论作支撑,用珍贵的材料创作而成。因此,其结构准确,造型美观庄严,栩栩如生。如果按规范装藏,举行开光大典做成富有加持力的艺术造像,对于信仰佛教的人群来说,其吸引力就不仅仅是一件有经济价值的工艺品了。可以说,不融入具体的文化氛围和浓郁的生活气息中,对工艺品的理解就达不到相当的深度。

二、奇特性

玉树藏族工艺品的材料丰富多彩,从普通泥土、石块到纯天然的矿物质颜料、纯金、纯银、丝绸、牛角、羊角、鹿角、琥珀、玛瑙、丝线等都可以成为工艺品的材质,因地制宜,随地取材。在具体的制作过程中,又结合了玉树藏族工艺大师的独特构思,每一件都能够反映出不同的思想、意识,因此每一件工艺品都呈现出不同的特色。例如,安冲的腰刀,在打造的时候不像机械打造的那样精准,完全体现了制刀大师在制作过程中对材料的认识,对火候的把握以及对宝石、装饰的独特审美构思;黑陶更是如此,每一件黑陶工艺品都不同,形状、色彩、装饰上更是大师工艺的展现;唐卡也是如此,在制作之初,大师们已经在心中有一个框架构思,当各区域完成填色、勾勒和描金后,整幅唐卡的思想也就随之浮现。

三、审美性

玉树藏族工艺制作过程中,结合各种美和工艺师的构思,具有独特的艺术魅力和感染力。例如简单的鼻烟壶,工艺师根据各种器皿的构造,如鹿角、羊角、牛角的形状,构思出相应的简单模型,在此基础上,对模型进行装饰,制作出来的每一件工艺品都显示出工艺师的独特工艺;再者,根据每一件原始材料,如黑陶的不同泥质,工艺师均要构思出相应的形状和色彩搭配。因此,每一件工艺品成型后,都能够将工艺师的独特艺术思维和艺术构思展现出来。此外,根据玉树雪域人民喜爱色彩艳丽、装饰华贵的审美特点,藏式宫殿寺院都有富丽堂皇的室内和室外装饰。有佛像法器的装饰、帐篷装饰、唐卡装裱、法幢和柱面幡等挂饰;有琳琅满目的供品摆设;有金翅海螺和金唢呐等乐器装饰;有人体美化的金银首饰;就连生活用具最普通的碗、壶、食品盒、茶桶、小刀,甚至针线包和赶牛羊的抛石带和鞭子都有特定的装饰习惯及其名称。可以说,装饰工艺在藏族生活中无处不在。

四、价值性

玉树藏族的每一件工艺品都附着了很高的经济价值和文化价

值。例如,每一件工艺品单纯从经济价值上算,所采用的各种材料、珠宝、装饰都是很难寻找的,很多贵重的金属、珠宝,单用黄金计算,可能都是黄金价值的好几倍,有的文物是无价之宝,如现存的几幅规唐作品。另外,很多工艺品出自艺术大师之手,靠一般的技术是做不到的,普通的手工艺者也不可能有机会加工如此昂贵的材料,因此其技术含量、艺术价值和文物价值都是不言而喻的。如大型泥塑,非造诣非常高的老艺人不能胜任,其塑造过程所耗费的时间和材料,也是很难估量的。

五、实用性

玉树藏族工艺品与玉树人民的生活息息相关,有的本身就是生活用品,有的是在玉树藏族人民日常生活、生产中演变而成的。例如,藏刀主要用于切牛羊肉,毯子、褐子等用于保暖。玉树藏族工艺品的创作者并不把从事工艺活动当作创作,而是一种直接的需要。生活中需要织布来做衣,打扮孩子需要饰物来美化,室内的环境布置需要装点,表演节目需要烘托热闹的气氛,婚丧嫁娶和生老病死等人生礼仪需要表示。人们为了适应这些需要,自己动手和美化,力求表现出自己的心愿和理想。玉树藏族以这种艺术形式抒发和表达感情,是最真挚、最质朴和最实际的。

第三节 玉树藏族工艺文化变迁及原因

一、玉树藏族工艺文化变迁现象

玉树藏族工艺品源于传统的浸养和滋润,来源于藏族博大文化的不断熏陶和积淀,有其深厚文化历史传统和民族地域特色。但是在现代文明冲击和各种文化的融合下,它又不能够固守传统。

随着社会的发展及现代化进程的加速,传统的民族工艺中必将注入新的思想,有的是原料的变化,有的是制作工艺的简化,有的是机械设备的介入,有的是传承方式、生产规模的改变,还有的就是在工艺技巧、品种、花色图案、用途、设计理念、形状等方面的新内容的融入。有的工艺品在发展的过程中,渐渐淡出了人们的生活,而成为一种收藏品,有的继续发扬光大,被时代赋予了新的内容。但是无论发生怎样的变化,无论是现代的影响有多大,这些工艺品都还留有其传统的精髓,而这也是其能够存在下去的原因。它既能够保持传统,又在此基础上有所创新,在变迁中传承,在变迁中发展,实现了民族性与时代性的统一。变迁对少数民族传统文化的传承和发展具有积极的作用,同时也不可避免地带来一些负面影响。

(一)部分工艺品开始融入现代产业的发展中,有的则渐渐湮灭

伴随着玉树藏族地区的各种产业的发展,玉树藏族人民的商品意识开始变得积极起来,很多原来的生活、生产、祭祀用品,不再仅仅是使用品了,而是外来旅游者或者是商人眼中的民族工艺品。藏族人民的经济结构也发生了很大的改变,他们将具有民族和地域特色的元素融入工艺品中,使一些工艺品在传承中不断改进。有的工艺品在商业经济中更加繁荣,如唐卡,在外来商业经济中更加繁荣,继承起来更加容易,但是在制作工艺和质量上也越来越粗糙。有的工艺品由于市场的接受度不高,加之外来工具的冲击,慢慢退出了生活舞台。如鼻烟壶,大部分年轻人都是吸纸烟,因此鼻烟壶的用处不大了,制作也就少了;再者,鼻烟和鼻烟壶的制作非常麻烦,品质好的又太昂贵,制作烦琐,一般人已经不能接受了,而吸差的旱烟还不如吸纸烟,因此鼻烟和鼻烟壶等工艺品越来越少了,很多已经不再制作了。

(二）现代工艺及机械制作带来了工艺制作效率的提升和工艺品的创新

很多工艺品原先所需的原材料、半成品需要很长时间来打造，而且质量上不能够保证，现在通过使用一些半成品和机械加工，生产的时间大大缩小，产出的产品质量圆润均匀，也不费事费力。如原先掐丝用的金属丝，通过工人的手工和木架子制作，几个人需要很多天才能够制作出一幅掐丝所需要的材料，而现在，通过绞丝机器，一天可以生产出一个月用的材料，更有的直接购买金属丝，完全不用考虑拉丝所需要的工时，整体的制作效率大大提升。机械生产出来的很多产品、半成品质量相比以前得到很大的提高，如现在拉丝出来的半成品质量高，丝质粗细一致，圆润均匀，用起来的效果也比以前好；机械控制的黑陶，通过机械制坯，可实现统一化、规模化生产，因此一批就可以制作出很多样式相同的陶坯，而传统工艺制作的陶坯是一人一样，规模生产很困难。总之，有了机械的融入，很多原先需要很长时间制作出来的工艺品，现在很容易就制作出来了，不过其工艺价值也大打折扣。

此外，新的制作设备、新工艺、新手段在带来生产效率提升的基础上，还带来了产品的创新，尤其是在设计上，这种创新表现得特别明显。传统上，很多工艺品是订单式生产，完全依靠使用者的用途阐述和工艺师的构思，设计产品的样式非常单一，而现在通过现代的生产设备以及设计工具，样式就变得丰富起来。在现代精细制图仪器和设计样图库可供选择的基础上，工艺师的创作能力大大提升，创作灵感进一步丰富，通过自己的构思，将不同的用途、工艺、样式结合起来，形成初始设计轮廓后，通过设计软件加工，很快就可以形成设计的基本模具。这样不仅速度快了很多，而且批量生产的产品也可以标准化了。玉树藏族工艺通过采用这些新技术、新工具、新元素可以生产出多种多样的工艺品，在造型、装饰、风格上也可以满足不同地域、不同民族文化、不同审美标准和不同欣赏习惯人群的需求。

现代工艺及机械制作也提升了整体的工艺品的传承和更新能力。随着外来旅游者的进入和市场需求的变化,玉树藏族的手工艺者也开始迎合市场,在原有的传统工艺品的基础上,发展和开发了很多新品种,如藏银的挖耳勺、牙签等,另外还制作出一些具有民族特色和宗教特色的手工艺品,如法铃、烛台、佛灯、佛像等,在满足市场需求的同时,丰富了原有工艺品的类型和样式,进一步传承和发扬了原有工艺品的制作工艺。

(三)工艺制作效率提升了,但工艺环节减省造成了工艺品质量的下降、价值的减少

很多制作者为了经济效益而减省手工艺品的生产环节,特别是年轻人,不再按照传统的技术工艺要求开展每一道工序,该五凿的三凿,该正反雕刻的只正面雕刻,錾刻出来的工艺品虽有形而无神。部分工艺品以次充好,如很多织工工艺品,从外观总体上看没有明显差距,仍保持民族的传统样式,基本上是手工或机制而成的,但是从织物的质地上已经发生了很大的变化。过去织物都是民族自制的布料和麻布,现在这些材料基本上已经消失,布料都是市场上购买的,这些也导致很多工艺品的质量大大下降。很多制作者为了追求利润,甚至从其他区域直接购买大量的仿造产品放到自己的作坊、商店中售卖。这直接冲击了坚持原始、传统手工工艺生产的工艺师,有的工艺师没有办法,只能节减生产环节、节省材料、以次充好,造成很多工艺品质量大幅度下降。

(四)存在技艺失传的可能

很多工艺品的制作工艺在传授过程中不传授给外来的学徒。一般对外来学徒只传授一些简单的技巧,而不传授工艺的精髓,这

样导致一些工艺可能失传。更为严重的是,玉树的很多年轻人因为生计问题,不愿意学习这些手艺,他们认为这些手艺非常严格,学习过程又太辛苦,赚钱较慢,有的工艺压根赚不到钱,不如买卖虫草、外出打工等赚得快。在玉树藏族,很多工艺师大都在50岁以上,年轻人从事的无非是简单的工艺品制作,一旦手艺高超的工艺师退休了,很多工艺品的技艺水平就会大大降低。而年轻学徒中,有的学习态度不太端正,有的目的也不单纯,重的是收入,能够静下心去研究和传承工艺文化的人,少之又少。这些现象的存在,导致一些技艺处于濒临失传的局面。

二、玉树工艺文化变迁的原因

文化变迁的原因不外乎两个方面:一是内部原因,即内部的生产、生活变化导致的变迁。在长期的生产、生活过程中,由于生产水平的提升而出现或消失了一部分工艺品。二是外部的环境影响造成的变迁,如外部的经济环境冲击、民族之间的文化交融、外部观念意识的冲击、政治、战争、民族迁徙等。玉树藏族工艺品文化变迁的原因也无外乎这两点。

(一)内部原因

玉树藏族工艺品大多是生产、生活用品,随着外部因素的介入,这种融合民族、地域、工艺特点的用品发生了演变,变成了工艺品,但是其核心还是使用品。使用功能是其被制作出来的主要原因,随着生产和生活方式、生产技艺、生活水平等的改变,玉树藏族工艺文化本身也在不断发生变化。

1. 生产、生活节奏的变化导致很多工艺品日趋简单,重使用性,轻装饰性

如很多工艺品以往在装饰上要花费很大的功夫和很多贵重金

属、珠宝等,有的是为了显示地位,有的是为了整体美观,有的属于审美和工艺要求。但是对于广大的藏族人民来说,这些工艺品在制作的初期,其主要功能是服务于生活、生产,随着整体节奏的加快,很多生活用品的功能性进一步提升,而附着在工艺品上的其他特性则渐渐淡化,尤其是装饰性、美观性,人们更加看重的是它的用途。如藏饰,玉树人的各种服饰随着生活的简单化和走出草原后各种文化的交融,装饰和点缀越来越简单,很多服饰变成了节日的"特殊"装扮。

2. 现代技巧工艺和传统技巧工艺的融合与对撞

制作工艺水平传统性和制作工艺技巧机械发展性之间的对撞,也促进了很多现代技巧工艺和传统技巧工艺的融合。随着机械设备的改进和制作工具的更新,很多传统工艺开始慢慢吸收和使用新的设备和工具,使得很多工艺品的制作更加快捷,有的甚至可以实现规模生产。但是,由于这些设备机械的使用,原来传统工艺制作中的工艺师的灵魂思想逐渐显现不出来了。

3. 经济价值和文化价值的冲击

玉树藏族工艺品制作者在开发传统时注重工艺品的经济价值,忽视了工艺品的文化价值。玉树藏族工艺品在融入市场过程中,制作者更加注重迎合市场,注重工艺品的经济价值,而对工艺品的文化价值则由初期的注重变成了忽视。由此,制作出来的工艺品在样式、花样、镶嵌等方面有了很大的市场迎合性,而其期初制作这些工艺品的文化内涵则消失了,尤其是原本应当注入的工艺师的灵魂、思维、思想等方面,渐渐已经感受不到了。

(二) 外部原因

1. 工艺品文化价值的弱化

旅游、收藏等行业在玉树的兴起,正在全方位、多角度地影响着玉树藏族工艺品及其蕴含的文化特性,加速了玉树藏族传统工艺的文化变迁,很多工艺品其本身的特性一旦发生变化,原来制作工艺品的思想和信仰内涵则荡然无存,留给世人的只能是一件物品。对于工艺行业来说,冲击最大的莫过于工艺的传统技巧和制作思想,大量作为艺术品出售,使得很多工艺品生产变成了工厂生产,规模化生产,不利于传统工艺的发展。为了迎合消费者,有些工艺品的民族特性也渐渐淡化,文化内涵消失,成了一种变异的工艺品。

2. 工艺品商品化

随着工艺品逐渐融入市场,市场的调节功能发挥了很大的作用,工艺品的商品特性渐渐占据主导地位。在工艺品传统的制作技巧和制作方法所耗费的时间和周期远远不能够满足市场需求的情况下,良品开始被劣质品和假货所驱逐,充斥市场的不再是有思想的文化品,而更多的是迎合旅客和收藏者喜好的物品。制作传统工艺品的匠人或大师们很难适应市场的发展,而许多半吊子的制作者或半途出师的人,其粗制工艺品冲击了大师们的作品。工艺品的传统灵魂就此消失在"劣币驱逐良币"的现象中。

3. 民族融合和民族间的文化交流和传播

在文化发展过程中,民族间的文化交流和传播,在市场环境下,不同需求者的诉求慢慢融入到工艺品的制作中,传统的民族性和地域性特点也融入了其他民族和地域的特点,很多工艺品出现了其他民族的字符、图案以及文化。随着时代的发展,还融入了一些时尚元素,这样一来,玉树藏族工艺品的文化内涵和表现形式便发生了很多的变化。如安冲藏刀为了迎合购买者追求精美的要求,在不该镶嵌宝石的地方大量镶嵌,整体上显得不伦不类;囊谦黑陶为了迎合其他民族的审美标准,出现了细腰、高鼻等样式。在这些文化的冲击下,变迁也就自然而然地发生了。

总之，随着内在需求和外在文化的对冲与融合，玉树藏族工艺文化不断发展变化，但是能否保持玉树的民族特色和地区特点，在发展中传承，在传承中发扬光大，还需要玉树藏族人民和工艺师的不断付出和努力。

第四章
玉树民俗文化的变迁

第一节 玉树民俗文化概说

民俗文化是一个非常宽泛的概念。玉树民俗文化丰富多彩，包括衣饰、食俗、婚嫁、丧葬、礼俗、农事、节日、佛事、狩猎、牧场生活等。玉树地区藏族人民的民情风俗有着自己的形式和特点：一是保留着康巴男女的衣着装饰。特别是男子，多将长发梳成一条粗辫，盘于头顶，辫间夹续一缕红色或黑色丝穗，垂于耳边，这是比较古老的康巴男子汉的形象。二是食俗方面，诸如磨食炒面，煮食新鲜牛羊手抓肉、打搅酥油、酿制酸奶的传统地方习俗。三是婚丧等方面，保留着当地古老的风俗。四是禁忌方面，玉树藏族一般不吃鱼肉、鸡肉，禁食熊、豹、狼等猛兽的肉，不吃当天宰杀的牛羊肉，禁杀放生的"神畜"，禁打放生的"神马"，禁挖泉，禁生人进有病人的家里等。一句话，玉树保留着藏族普遍的生活习俗。民俗文化又可分为物质性民俗文化和非物质性民俗文化。本章重点谈谈物质性民俗文化中的民居文化和非物质性民俗文化中的民间节日文化。

第二节　玉树民居文化

一、玉树传统民居文化

（一）牛毛帐房

玉树藏族逐水草而居，随时携带着长方形的牛毛帐房。这种帐房都是用毛褐子缝制而成的，具有防蛀防腐、柔韧保暖、容易拆迁、便于托运的特点。较之其他地方的帐房，玉树的帐房帐坡宽大，帐壁较高，外观显得高大别致。玉树帐房为平顶，帐顶有一个天窗，侧面有一个小门。揭开天窗，撩开门帘，可以通风排烟。这种长方形的帐房，一般由四大片组成。前后帐坡及帐壁各一大片，两头类似于汉地房屋的山墙部分另分两片。每片根据帐房的大小，由若干块褐子缝制而成。四大片褐子接合处及帐脊木两边均有活扣。下帐时，里面用脊撑起，外面用毛绳、木橛固定。玉树高原上的牛毛帐房，随着牧民的游牧生活移动，按照四季的变迁而搬迁。牧人们世世代代在这里繁衍生息，牛毛帐房是他们温暖的家。除了牛毛帐房，一般家庭还备有"人"字形帐房；富裕点的家庭，另外备有六角或八角形彩帐，显得五颜六色。

（二）石宅建筑

藏族住宅具有悠久的历史，距今约 3 600 年前，玉树地区通天河中下游地带就有部族群落筑屋定居。玉树石砌建筑一般就地取材，当地的高山上到处是风化了的石头，这些石头呈片状分布，中间有一层层裂缝,便于砌石。据称多文献记载,玉树砌石工艺最初是从拉布乡发展起来的。拉布乡的砌石艺术不仅有悠久的历史,而且有深厚的文化传统。拉布乡是康巴地区有名的千年古藏落。在玉树地区,尽管石房随处可见,但上规模上档次,既古老又现代的砌石建筑,能像拉布地区保留完整而系统的不多。在拉布乡至今还保留着一些气派的碉房,兰达碉楼就是其中之一。兰达碉楼建在通天河畔路边的高台上,石木结构,外形端庄稳固,楼角整齐大方,风格古朴粗犷,是一座非常典型的贵族居所。这种碉房组成的村寨,小的十户八户,大的可达百家——有的坐落在高高的山包上,三面临崖,一径相通;有的坐落在陡峭的山坡上,依山就势——远远看去,不仅雄伟壮观,而且给人以神秘感。关于碉房的来历,玉树流传着这样一个神话传说:在很早以前,被格萨尔王打败了的大小妖魔集结在一起,变成了风暴,夹着砂石,横扫高原,牧人的牛羊、庄稼和帐房常被卷走。格萨尔王召来七星兄弟,挖土刨石,为牧人盖起了一幢三层碉房,一楼养牲畜,二楼住人,三楼供佛。在格萨尔王的要求下,七星兄弟奔赴前藏和后藏,先后建起了这种碉房。根据传说,我们认为,玉树碉房产生的时间为11世纪的格萨尔王统治时代。

玉树称多县拉布乡还有雄奇壮观的古堡建筑。在郭吾村的后山上,有个像布达拉宫一样的建筑群叫"郭吾古堡"。郭吾古堡距今有千年的历史,堪称康巴古老建筑艺术的杰出代表。相传格萨尔王的大将噶·曲令白纳在此放置了两块大岩石,当地人用大石上散落的小石砌成房屋居住,久而久之,便形成了藏族古堡建筑群落。郭吾村依山而建,错落有致,穿过村庄,就来到了古堡脚下。高大的墙体有三四米高,旁边是通向古堡顶部的石板路,虽然依稀可辨,但已经废弃。顺着山体往上爬,就来到了古堡的中层。这里有一座保存完好又非常古老的碉房。碉房右首是木头做成的大门,门内左首是石头砌成的羊圈,右首是木石结构的几间没有外墙的房子,数根木柱顶着一道粗梁,横梁上面是一根又一根椽子,椽子的一头担在横梁上,一头搭在后面的墙上,椽子上面压着石板。再往里进,就是一栋两层的碉房。从一楼的一间屋子顺着木梯往上爬,经过一个长方形洞口可直达二楼。二楼是三间木头做成的房子,相对低矮。第一间屋子是相对封闭的起居室,中间的屋子是客厅,最里面的屋子有灶台,三间屋子都有窗户。走出这座院子,再往上爬一段距离,就来到了山顶。山顶上的房子已经被毁,墙体仍在,四处散落着许多石片。五彩的经幡覆盖在墙体上。郭吾古堡体现了康巴藏族高超的石砌建筑艺术。从远处看,古堡就像一座城,占据了整个山头,雄奇壮观;从近处看,每一座院落又相对独立,功能布局完整,一楼有羊圈、狗圈,有柴房(放牛粪的地方);二楼屋子采光性能良好,视野开阔,对面的高山和山下的拉布河尽收眼底。

二、玉树民居文化的变迁

玉树地区的民居建筑,随着社会的发展和经济的富裕,也在不断地变化中。

(一) 牛毛帐房逐渐被新式棉帐房代替

棉帐房的样式,与汉地的两面坡房屋相似,有门有窗,保暖防寒,舒适方便,用合金材料做支架,经久耐用,便于拆迁。

(二) 石宅建筑逐渐变成了藏式阁楼

如拉布乡的兰达村,自古以来就是唐蕃古道必经之地,汉藏两种文化在此交汇,附近拉斯通的藏式阁楼是藏族传统文化与现代文明融合发展的建筑代表。拉布乡拉斯通村是玉树地区最先走向现代文明的村落之一。大约 100 年前,在拉布寺坚贡江永洛松嘉措的带领下,人们把拉斯通村建设成了一座石板铺路、别具特色的"卍"字形村落,村子依山傍水,绿树成荫,景色宜人,是玉树有名的"小北京""小江南"。在党的领导下,如今的拉斯通村兴建了多种多样的藏式阁楼。这里的民宅墙体、房屋大部分是用石板垒起来的。房屋有一层的,也有两层和三层的。墙体砌石保留了传统特色,一般砌石一层,上面再叠压一层碎薄石,用泥或水泥合缝;墙体下宽上窄,为了保持墙体的稳定性,在墙体上半部分还加上了圆木棍,上面再用片石砌墙。房屋建筑结构上,梁和柱不直接相连,柱头上平搁斗,短斗上搁长斗,两大梁的一段在长斗上相接。檩条是木头做成的,窗棂也是木头的,上面有雕刻和彩绘,体现了浓郁的康巴藏式建筑艺术。而明亮的玻璃窗、瓷砖铺成的过道和豪华的客厅装饰,又融入了汉族现代建筑元素。进入 21 世纪以来,玉树拉布以其独特的建筑艺术吸引了世人的眼球,2004 年被文化部评为"中国民间艺术之乡";2009 年入选上海外语频道"发现中国美丽小城"并获人文魅力奖,同年被评为国家 AAAA 级旅游景区;2015 年拉布乡政府所在地拉斯通村再次被评为"中国魅力名村"。

第三节　玉树民间节日文化

一、玉树民间主要节日

玉树民间有丰富的节日文化活动,藏族节日的比重较大,非宗教类的民俗节日也呈现出生机与活力。每个传统节日都有着深刻的历史渊源和文化内涵。

(一)嘉那嘛呢节

在玉树,过新年的气氛早在节日前一个月就已形成,各大寺院都会有大型法会,感谢平安度过的一年,更为即将到来的新年祈祷。拉开迎接新年序幕的是嘉那嘛呢节。

嘉那嘛呢节是新寨嘉那嘛呢石经城落成的庆典节日,藏语称"嘉那帮群"。据说,200多年前嘉那嘛呢石经城落成时,虽正值隆冬时节,却雷声隆隆、花雨纷纷,彩虹当空、瑞祥纷呈。周围百姓不分男女老幼,身着节日盛装,喜气洋洋地欢聚在新寨村,举行嘛呢石经城的落成典礼。嘉那嘛呢石经城创建者、著名的藏传佛教高僧嘉那道丁桑秋帕旺创编了节日庆典舞蹈,这便是现在闻名遐迩的新寨卓舞。这天是藏历十二月八日,以后每年的这一天便成了嘉那嘛呢石经城的民间传统节日。

如今,嘉那嘛呢节的活动时间为藏历十二月八日到十五日。节日期间,除了举行宗教活动和歌舞表演外,还要开展民间物资交流。现在,随着嘉那嘛呢节的声名远播,参加节日的不仅有来自玉树各地的信教群众,还有玉树周边地区的群众,数万人游览、朝拜,盛况空前。在这期间,长江上游通天河两岸的人们还要做一件非常有意义的事情,那就是在河中架起"色桑"。所谓色桑,就是用石块或沙土在冰面上描出经文,连接起两岸。在通天河上,大大小小的各种"色桑"有几十条。在如此宽阔的河面上架桥,得需要多少人付出热情和劳动!青海知名作家梅卓目击了制作色桑的全过程:人们在一个宽阔平整的河面上,先用铁锹在冰上划出六字真言的空心纹,然后从远处沙堆里取沙,一袋袋背来,填在空心纹里。以后的几天里太阳温暖的热量会使有沙子的冰面首先融化,洁白的冰面上会出现完全镂空的经文,黑白分明,仿佛上天的杰作。从高岸上望去,这座巨大的文字桥非常壮观,劳作的人们是一个个行动着的小黑点,有上百人之多,全是附近自愿来的村民,也有汽车一趟趟拉来沙子,但妇女们执着地坚持着步行。这是一座具有象征意义的"桥",架色桑的目的不是方便人们通过,而是为了人类的心灵通过这座桥到达彼岸的极乐世界,也有一说是为了河底的鱼类的解脱。藏人的观念中,所有的生命都是平等的,人类有责任维系生命圈内所有生命的平等。这样的桥是玉树人积德行善的方式。

(二) 女神节

新年的前一天,是结古镇当卡寺的女性护法神阿斯秋吉卓玛的节日。当卡寺女神节的标志之一,是这天寺院的僧人要跳女神羌姆舞。这是结古人不会错过的一天。

羌姆舞在阿斯秋吉卓玛神殿前举行。殿前的广场上用白灰绘莲花、宝瓶等供养物,并用白线勾勒出一方神舞的圈地。阿斯殿前用红毯铺就观礼台,廊下设活佛宝座,供奉食品。

阿斯羌姆的序曲开始后,经号吹响,香烟弥漫。僧人们从大经堂鱼贯而出,乐手拿着各种法器,锣鼓之声大作。在活佛的法幢引领下,他们走向广场,形成一个半圆。第一场舞称作加尕那。三个人上场,代表汉地的武术、尼泊尔的法术、藏地的僧侣。廊下高座上的喇嘛为他们一一祝福。在震耳欲聋的鼓钹声中,雪狮头披蓝色鬃毛,全身雪白,舞步欢快,跳跃而出,尽情地表演雪山雄狮威武的王者风范。接着,身穿长袍马褂的乐队上场,他们先是对着天空吹出悠悠长音,而后对着大地奏响漫漫长鸣。身着红色僧装、头戴黄色鸡冠帽的乐队奏出轻快的音乐,伴随着号鼓声,八位穿着清朝服装的小僧手执长长的香束,舞蹈着上场。他们穿着白色的宽松长裤,各式各样的彩绸系在肩上,飘动在风中,飘动在音乐里,舞完一圈后,便轻松地打着车轮下场。早上的舞蹈就此结束。

舞僧们中午休息后,便开始下午的羌姆神舞蹈。实际上,一早上轰轰烈烈、如痴如醉的表演,主角阿斯女神还没有上场呢。这是当卡寺长年来的习惯,阿斯女神不是一般的神灵,她是当卡寺地位最高的护法,理应受到人们更多的期待。下午两点整,是阿斯女神将降之时。大家重新聚拢到广场四周,听到号鼓一声声越来越紧密,越来越夺人心魄,知道女神就要降临了。在一种神秘的气氛中,听到长号深沉地响起在广场的上空,人们期望的目光投向西方,西侧的庭院里锣鼓声声,不一会儿,阿斯秋吉卓玛出现了。她有着淡黄色的脸庞,面如满月,细眉明眸,红唇丰满,皓齿微启,完美的阿斯秋吉卓玛头戴五莲冠,身着彩衣,炫耀登临。只见她右手握明镜,左手持火焰宝,胸前佩宝镜,缓慢地舞动着威严的脚步。她的长袍上绣着怒相金刚,大鹏式的宽袖展开在已经放晴的蓝天下。在她身后,相随而出的是十几位她的化身神,以各种各样的颜色来区分,从粉色、黄色、绿色、蓝色、白色、肉色、红色到橙色,五官都是一模一样的阿斯秋吉卓玛,但是法衣颜色与法器大有不同,有的手执"蛇""心脏",有的持着颅骨碗、剑、箭、斧、钺或者金刚。众位化身神簇拥着主神,跳着持重平稳的舞步,在广场中央形成一个圆。此后,又有阿斯秋吉卓玛的四位护法上场,他们的脸呈现出黑色、藏蓝、墨绿、赭红等浓重的深色,怒相的头顶戴着颅骨冠,舞步明显与前者不同,略微夸张地表现出愤怒、暴躁的威慑力量。这时,乐队静静地退场,诵经声响起,喇嘛们的诵经声变得深沉、低郁。阿斯秋吉卓玛女神的宝幢迎风飞舞,喇嘛高举着的宝瓶中,七彩的孔雀翎仿佛已经开放,散发出神秘的香气,四位喇嘛抬着两只大香炉缓缓进场。受到感染的信徒们纷纷上前,为女神献上纯净的哈达。

根据止贡派姜贡澈赞法王撰写的《阿斯秋吉卓玛略传》记载,阿斯秋吉卓玛是止贡噶举派的不共护法,"阿斯"是曾祖母之意,阿斯秋吉卓玛是金刚瑜伽女的化身,而金刚瑜伽女来自佛教圣地乌仗那,为利益轮回中的众生,她在不同时空无数次地展露化身,立下保护佛法的誓言,并令五方佛部的智能空行们持守此誓。同样出生于乌仗那的莲花生大师在8世纪来到西藏弘法,加持了西藏许多地方,并在许多洞穴中修行,其中有一处位于止贡地区的洞穴名叫德卓,莲花生大师曾在那里禅修七年,是他在西藏期间待得最久的地方。在这段时间里,金刚瑜伽女以事业空行之首的化身示现,并保证为莲花生大师的事业成就守护金刚乘教法。因此,金刚瑜伽女利益了珍贵的教法与一切有情众生。依据《胜乐金刚本续》的授记,事业空行之首将会降临止贡的德卓洞窟,而这就是金刚瑜伽女的化身示现,也就是止贡噶举不共护法阿斯秋吉卓玛的由来。大约在11世纪,她化现为一位不凡的女孩,身体散发着极为纯白的光芒。这位女婴奇迹般地从小就一直持诵着度母咒,三岁时就会教人咒语。她很快长大并且貌美非凡。后来嫁给一位大瑜伽士,相继生育的四个儿子都成为佛教的博学大师。其中幼子即是龙树菩萨的转世再来人——伟大的止贡巴吉天颂恭拉那师利的父亲。一次,吉天颂恭在止贡梯的强秋林寺,听到了一阵伴随着美好天乐的手鼓声。他的一位大瑜伽士弟子竹托康巴格嘎瓦也在场,并请示吉天颂恭此美妙天乐的因缘。吉天颂恭说:"这无与伦比的声音来自我的曾祖母阿斯秋吉卓玛,她是一位智能空行母。"于是,竹托康巴立刻请求吉天颂恭传授一个如何修持阿斯秋吉卓玛的方法。吉天颂恭因此写下了一份10页的成就仪轨,此法后来被收录在《阿斯法集》中。姜贡澈赞法王热情地歌颂了阿斯秋吉卓玛的种种美德,并将她的前生后世讲述得清清楚楚,他认为她是位无比慈悲的护法,誓愿护持佛法并利益一切有情众生。她向伟大的止贡巴吉天颂恭拉那师利保证,守护由他所发扬光大并由止贡噶举传承的佛陀心要教法。以此誓愿之力,凡是以完全虔信之心来修持阿斯秋吉卓玛成就法的行者,必将离于此生与法道上一切违缘与障碍。凡是以完全的信心与虔敬无间修持此法的行者,必终得臻于圆满正觉的佛果境地。阿斯秋吉卓玛有如此之大的法力,可见止贡巴供养这么一位女神，是可以获得无与伦比的加持的。

(三) 藏历新年

在玉树，从藏历十二月中旬开始，人们就开始置办年货、缝制新衣、准备供佛的酥油灯"切玛"、酿造青稞酒等。除夕前几天，人们开始清扫房屋、院落，布置室内。二十九日前清扫灶房，并在墙壁上用干面粉点画吉祥图，以祝吉祥如意、人寿年丰。用灶房墙上及烟囱里清除的烟灰在自家门口路边上画出九个黑圆点或万字图案，表示辞旧迎新、禳灾保平安。晚上要吃大米、人参果等九种原料熬成的九宝粥，藏语叫"古突"。腊月二十九和三十，结古的人们都要赶到结古寺和当卡寺去看神舞。腊月三十下午，各家各户将自家的烟尘扫到离家最近的三岔路口，然后堆成九堆，意思是驱除不净，保持家庭的纯洁。

三十日晚上，大家穿上节日的盛装，扶老携幼，走向篝火晚会的现场。据说过去都是由男子点燃火把，走街串巷，热闹非凡。现在改为晚会，附近几个村庄的年轻人组成舞队，围着篝火跳舞唱歌。篝火照亮了人们欢乐的脸庞，象征着光明和兴旺。三十晚上基本是个不眠之夜，篝火晚会结束后，各家各户门前聚满了孩子，穿着新装，提着装满了鞭炮的袋子，走来走去等待午夜钟声的响起。男子们吃着美食，喝着酸甜可口的青稞酒；妇女们则照顾着一家人的饮食，还要不时用目光圈点一番兴奋得到处乱跑的孩子们。一家之主要带领全家在佛龛前敬水、献灯，要供奉新年的"其玛"，答谢神佛一年来的关照，祈祷新年的平安和吉祥。

大年初一清晨，妇女们在四五点时就起床了，背起已经涂上酥油、系上哈达的水桶，披着满天星光，争相出门，抢先到河边去背晨星水（藏语"嘎曲"）。勤劳的玉树女子在河边燃起柏香，答谢了上天赐予的晨星水，然后背回家，先在佛龛前敬献给神佛，然后在水盆里掺入牛奶,请全家老少洗漱,祝愿全家安康、吉祥。传说晨星水是人间最吉祥的水,水里注入了来自天界的甘露,也溶入了爱神丹玛洒向人间的杨枝水。晨星水,可以荐佛,可以荐神,可以洁身,可以净化人间,可以洗涤一切污垢和不祥,可以冲尽人间的忧伤和烦恼,带来光明和幸福。哪个家庭的妇女如果"抢"到了新年第一桶水,意味着这家人在新的一年将会得到好运。早餐以后,结古人要到结古寺朝拜,放布施,还要到普松达则神山上挂经幡、抛撒风马旗。这一天,全家人欢聚在家里,要向父母长辈拜年,互致祝福,不说不吉利的话,不做不吉利的事,除看望父母及长辈外,亲戚朋友互不拜年串门。有些家庭会让家中的读书人读一段《格萨尔》,全家老少其乐融融。

初二开始互相拜年,彼此见面道一声"洛萨松""扎西德勒"。在过年期间男女老少都穿戴一新,男女青年聚在一起围着篝火唱歌、跳舞,通宵不眠,尽情娱乐。节日里还要开展拔河、玩"提该"、摔跤、野游、转圣山和撒风马等一系列活动,时间一般要延续到正月十五。

"提该"是一种羊踝骨游戏,种类有十几种,比较普遍的有三种:一是"提并古"。玩家各为阵营,先将羊踝骨放在墙根,划一个圆圈住,退至一定距离后,朝墙上扔石子,石子反弹回来时,跑去接到手中,就可以近距离击打骨节堆,打出圈外者即归己有,如果接不到石子,就失去击打骨节堆的权利。或者直接从远处用石子击打骨节,打出圈外者归己。二是"窝里乃"。玩家各为阵营,在地上画一圈,置羊踝骨于其中,远距离用薄片石子击打,击出者归己所有。如果玩家较少,就挖一小坑,从远处扔一把骨头,骨头进入坑里的则赢走,留在坑外的,再继续用薄石击打。要打的骨节由对方指定,如果打进坑,则赢走,如果没有打进,则对方翻倍赢取坑内骨节。另外还要注意不能让薄石进坑,进坑的话坑外的骨节不仅要全赔,还要翻倍赔偿。三是"提海捷"。这种游戏为羊踝骨的六面分别起了名字,较大的两面称作"热玛"(山羊)和"勒"(羊),较小的两面称作"哇龙"(犏牛)和"达"(马),而较难立住的两面称作"居赞巴拉"(十全财神)和"苟散庆勒木章"(大无畏之九)。"提海捷"有三种玩法:第一种称作"当央",玩家分作两个阵营,围成一个圈,双方握一把骨节往地上抛,上家要看站立的什么面最多,就要什么面,而对方扔出的骨节达到那个面以及那个数,则赢那个面的所有数量,如果达不到,则要赔偿。但上家站立的骨节中要了"居",则下家要赔十倍;如果是"苟",则要赔九倍,因为这两面站立的概率非常低。第二种玩法称作"捷提",多人一起玩,大家一起抛骨节,然后相同的一面相弹,用马弹马,用羊弹羊,弹中则赢两只,可以继续弹其他骨节,如果碰到其他面的骨节,不仅要赔偿,还会失去一次轮流的机会。第三种玩法称作"达沙龙吉",这是个"马吃牛"的游戏,大家一起玩。首先要赢先后顺序,然后按照顺序依次进行,扔两只骨节,所有立在"马"那一面的全赢,而立在"牛"那一面的则全赔。除了玩法多样的骨节游戏外,还有"加波棋""嘎卡棋"等棋类。

  初三以后,结古的许多家庭带着柏香和食品,到巴塘天葬台去祭祀已经去世的亲人们。在天葬台煨起柏香,为逝去的亲人,为所有三界的有情生命,也为自己必定要去的将来,投入巨大的热情。这天煨的桑中有糌粑、酥油、茶叶、水果,还有干净的"嘎、色、玛、君、俄"的五色布。天葬理念还包含有丰富的佛教思想,体现了佛祖释迦牟尼舍身饲虎、利乐众生的精神。佛教生命轮回的思想认为人生短暂,并且生生死死,运转不息。而人死后的尸体则是灵魂所抛弃的躯壳,把无用的血肉躯壳施舍给饥饿的鹰群被视为一种具有很大功德的善举,也是消除罪孽的最后一次机会。

(四) 赛马节

每年 7 月,在玉树是个黄金季节,整个玉树地区从村到乡、从乡到县都会开展规模不等的赛马活动。规模最大的是州政府每年 7 月 25 日举办的全州传统赛马会,上千顶帐篷组成的五彩缤纷的帐篷城、康巴藏族潇洒漂亮的民族传统服饰和驰名中外的玉树歌舞,构成了玉树赛马会的三大奇观。

玉树赛马文化早在吐蕃时期就形成了,一直沿续至今。玉树位于青海西南部,地处青藏高原腹地,是历史上著名的唐蕃古道和茶马古道。其草原辽阔,牧草肥美,也是青海主要畜牧业基地之一。它还是青海和西藏、四川三省商业贸易的重要集散地。在这样的地理环境下,玉树人民在自己广袤的草原上创造自己的文化,创造自己的文化品牌,马就是其中的一个文化源泉。《青海志略》云:"青海人民行必乘马,故幼时即习骑。六岁即能不备鞍辔,跃乘挽鬃而驰驱,不能者家人引以为耻,故乘马遂成青海人之惯技。"[①]在游牧文化的背景下,早在原始的游牧狩猎经济活动和残酷的民族部落战争中,藏族先民离不开马,马背上的纵横与驰骋,使他们得到了更广泛的文化交流,骏马造就英雄,英雄依赖骏马。久而久之,这种崇拜马文化的现象在藏族人中根深蒂固,并渐渐开始有了赛马活动,也因此形成了长期在草原上过游牧生活的藏族人的勇敢、剽悍的性格特征。

玉树的赛马活动相传也是从江孜地方流传下来的。相传在 500 多年前,据说江孜法王饶丹更桑的祖父帕巴白桑布在担任萨迦王朝的内务大臣和江孜法王时,在群众中颇有威望,帕巴白桑布去世以后,他的弟子每年都要举行大型的祭祀活动,来表示纪念,

---

[①] 丁世良、赵放主编:《中国地方志民俗资料汇编(西北卷)》,北京图书馆出版社 1989 年版,第 267 页。

祭祀活动也慢慢变得更加丰富多彩，从此江孜赛马节开始了。17世纪中叶，五世达赖进一步加强了藏区政教合一的统治制度，统辖全藏后，由西藏地方政府统一委派僧俗官员管理各地域，同时江孜赛马节也由这些僧俗官员统一管理和主持，在江孜赛马会上所有的骑手和马匹的挑选都是由本地区最大的三家贵族主持。但是在这一赛马会上宗教性的因素很少，只是稍微象征性地搞一下，主要节目还是大型的跑马比赛。随着时间的推移，比赛时间也由一天改成三天。从此这样的赛马活动就开始在藏地延续和传承，从江孜到拉萨到姜塘，最后由那曲传至玉树。

赛马活动是玉树人民非常喜欢的民间盛会，凝聚着一代又一代雪域居民所创造的文化。赛马，首先以煨桑揭开帷幕，这种燃柏烧香敬神祭祀的古老习俗源于苯教。苯教崇拜自然，从具体事物中抽象出一种无所不能的"神灵"来敬奉。苯教兴盛时期，吐蕃初民身处悾侗，每当出战，都要以煨桑形式祭祀本族"神灵"，祈求保佑。今天这一形式既是古老习俗的沿袭，又是民间赛马竞技的开场仪式。对于严阵以待的骑手们来说，煨桑如同古战场上的烽火，他们一见狼烟起，便飞身跃上马背，从四面八方涌向中央赛场，举行隆重的集体煨桑仪式。当几百名骑手，有的挎弓佩剑，有的背负叉子火枪，有的模仿吐蕃骁骑，有的扮装成近代藏兵，按着宗教仪轨围着冲天祭烟绕圈时，那威风凛凛、不容侵犯的英气，令人联想起雄狮格萨尔王当年率兵出征的情景，也给赛场披上了古老而神秘的色彩。

煨桑后，接着便是马术比赛。比赛由跑马射箭、跑马耍枪、跑马拾哈达、跑马倒立、跑马悬体等民间传统项目组成。跑马射箭，是一项模仿古代骁骑的竞赛项目。参赛者身着吐蕃时期的戎装，腰挎箭筒，手执硬弓，在奔驰的骏马上弯弓射靶，以命中率决出名次。跑马耍枪，是一项饶有趣味的传统竞赛项目，颇具观赏价值。

它有整套规定动作,要求骑手在有限的赛程内完成,并讲究套路,动作要连贯,姿势要协调。骑手首先从背后取下叉子火枪,用左手举至头顶,顺时针方向转圈。接着将其从身后递至左手举到头顶,然后逆时针方向转圈,从马脖子下将其传至右手射靶。骑技高超的骑手,不仅能出色地完成规定动作,还能不落俗套、匠心独运地从坐骑脖子处精确射靶。如果骑手动作迟钝、姿势笨拙,或者骑手跑出了射程,无法射靶,甚至出现哑火等现象,他们的身后便是一片喝倒彩的声浪。在众多的马上竞技项目中,跑马拾哈达的角逐场面最为激烈。竞赛规定参赛骑手要在疾驰的马背上把横放在跑道两旁的数条哈达捡回,依据所得数量决出名次。为了使此项比赛有更多精彩场面,过去的组织者还别出心裁地在赛道旁掘出数眼小洞,洞内放进银元,让骑手从洞中拾取银元,拾多拾少均归己有。这种直接以现金奖赏骑手的原始方法,颇具诱惑力,角逐场面因而愈加激烈。跑马倒立和跑马悬体是两项既精彩又惊险的民间传统马术表演项目,有时被纳入竞赛项目。跑马倒立,动作并不复杂,但难度很大。它要求骑手身穿轻装,脚系彩带,在驰骋的马背上稳稳倒立。具体做法为骑手紧握马具肚带,肩靠马脖,下肢朝天。裁判将视其倒立时间长短、立姿曲直评判分数。跑马悬体堪称民间马术绝技,它要求骑手在奔驰的骏马上,用脚尖紧勾马镫,全身仰面悬挂于坐骑侧面。此时骑手头部几乎接近地面,场面极为惊险好看。参加跑马悬体的选手,通常脚蹬长筒藏靴,身着白色长藏衫,外披一件用绸料编织的五色绊胸索。当骏马拖着骑手飞驰时,迎风的长袖和绊胸索就像五彩飞霞,令人赏心悦目。

除上述竞赛内容外,还有许多非马上竞技项目,给观众增添了不少乐趣。其中赛牦牛最引人捧腹。赛牦牛,一般都是用鼻穿木制牛鼻圈的牡牛,康巴方言称其为"娜络"(即牦牛坐骑)。平时驯熟的"娜络",无论骑手如何驱策仍若无其事,趑趄不前,有的跑至中途掉转脑袋,背道而驰,有的干脆冲向观众。最后优胜者不一定是良牛,但对骑手却是极大的幸运。

伴随着惊心动魄激烈竞技的是藏族粗犷豪放、欢快热情的民间歌舞。玉树民间歌舞是康区歌舞的精华,主要由"伊""卓""热巴""热伊""锅哇"组成。玉树歌舞种类繁多,既有纯表演性的歌舞,也有自娱性较强的节目。

玉树赛马文化的特点:一是娱乐性。这种娱乐性饱含了玉树人的生活情趣和对传统文化的发扬。这样的文化盛会在让玉树人的身心得到享受的同时将自己民族的一种传统竞技文化继承了下来。二是健身性。骑马、赛马不仅能够锻炼身体素质,增强体力与耐力,还可以锻炼人的反应力、柔韧性等。三是传统性。赛马文化在玉树的发展经过了一段漫长而曲折的过程,在这个发展过程中人们吸取了传统文化中的精髓。四是艺术性。玉树赛马会不止于"赛马",系列活动集中展示了浓郁的民族风情,具有较高的艺术欣赏价值,在国内外享有非凡的声誉。

二、玉树民间节日文化的变迁

节日具有约定俗成的特点,往往被确定在某一特定的时间段或时间点上进行。藏族传统节日的形成有着深刻的历史文化渊源,几乎都有着深刻的宗教信仰背景。为感谢神灵的赐福免灾,民众用丰厚的祭品供奉神灵,并采取各种方式祭祀。兴盛的宗教文化,为节日形成创造了文化的土壤和条件。玉树的每个节日都有自己的传统仪式,有相应的节日服装、节日仪式、节日活动、节日禁忌等,也具备一定的文化规约性,约束着民众的行为方式,并逐步内化为一种节日习惯。同时,节日强大的娱乐功能与感染力对民众产生了巨大的吸引力,逐步成为一种习惯性的节日期待。节日特有的文化规约性和自由狂欢性,也成为汇聚民众开展活动的文化心理基础。

(一) 有些节日逐渐消失

20世纪50年代以前,玉树还有叫"卓卓"和"卓德"的两个节日。在每年5月,江源大地万物复苏的时候,半农半牧的藏人相约到野外聚会,有讲故事的、歌舞的、摔跤的、骑马的,这种野游的习俗,当地藏家称"卓卓"。此外,与此节相同的节日还有"卓德",意即"大家凑吃的在一起聚会"。该节日通常在冬季,牧人们进入"冬窝子"以后,在休闲时间,或三家五家,或十家八家,选一家比较宽敞的人家,各自带上家里最好的食物,夜里同宿一处,白天一起动手做饭。男的与男的聚会,女的与女的聚会,各寻其乐,互不干扰,也伴有相应的文化活动,但主要是饮酒取乐。这两个节日现在已经看不到了。

(二) 节日随着时代的变迁而发生相应的演变

玉树高原大部分地区的藏人注重过春节,而不注重过藏历年。据说这是当年文成公主进藏带来的汉俗。春节前夕,当地藏家也有"扫尘"的习俗,去尘秽,净门庭,祈求新的一年吉祥平安;同时各家也忙着酿造青稞酒、炸油饼等,里里外外洋溢着节日的气氛;除夕夜,也有"守岁"习俗,午夜放鞭炮,煨柏桑,男女老少聚在一起,热闹非凡。

(三) 一些节日的宗教文化色彩逐步淡化,娱乐商业氛围趋浓

赛马节就是其中的代表。自2001年以来,玉树州政府举办每年一度的集经贸合作、文化交流为一体的"赛马节"活动,通过媒体的宣传产生了良好的社会效应,提升了玉树旅游资源的知名度,为玉树旅游业注入了"兴奋剂",并产生了以点带面的"激活"效应,使

这一传统民间活动得到继承和发展。每当赛马节来临,各县赛马场附近特别是州府所在地结古镇的近郊,一夜之间便会出现一座宛如万朵盛开的雪莲组成的帐篷城,前来参加盛会的藏族群众身佩贵重饰品,盛装打扮,喜气洋洋。商店、饭馆、酒馆等令人目不暇接,科技知识的宣传活动形式多样,不少文艺团体也会前来演出助兴,为赛马节增添了许多喜庆气氛,使其成为玉树地区民俗文化大汇展。玉树的赛马会具有显著的市场性特征,是一种强大的集资手段,并成为玉树经济发展的一项支柱产业,对经济、社会发展和繁荣体育事业作用巨大。

当然,在软件建设方面,政府部门还要做大量的创新工作,其中包括如何提高现代马术比赛与国内外马术比赛的接轨、如何将民间文化整合到城市化建设和发展中、如何建设具有地域特色的赛马节,凡此种种都是需要重点研究的对象,有利于节日文化的传承与保护。

第五章
玉树歌舞文化的变迁

玉树素有藏族"歌舞之乡"的美誉,江源大地是歌和舞的海洋,无论你走到哪里,都能听到藏胞嘹亮的歌声,都能看到他们优美的舞姿。他们用歌舞抒发内心的情怀,歌舞也成了他们生活中不可或缺的伴侣。在玉树藏家,素有"西歌东舞"之说。西部高原大多是游牧区,地广人稀,牧人迁徙不定,聚会机会较少,常以歌抒怀,故民歌为胜;东部地区,大多是半农半牧,牧人居住相对集中,聚会机会较多,常以舞联欢,故舞蹈为佳。

第一节 玉树民歌

千百年来,玉树流传并沉淀下了许多古老而动人的民歌。这些民歌不仅歌词优美,而且内容丰富,有山歌、劳动歌、情卦曲、敬酒歌等。

一、玉树民歌的主要类型

(一) 山歌

玉树的山歌,当地藏语叫"勒",是典型的短歌,许多作品只有两句,大多每句八字。如:"松塔拉热锅拉松屑切,松拉热丹巴呀当热。"这首山歌的意思是:正月初三山顶上放桑,新的一年中鸿运当头。此山歌看似精短,却包含了藏族人的民间习俗和民间信仰。再如:"哦帕伊赛休龙把热,赛赛保热多帕游正。"这首山歌的意思是:我的故乡是黄金的山谷,我看见金黄色就像看见了故乡。此山歌抒发了藏族人对家乡的热爱和眷恋之情。玉树的山歌不仅内容丰富,而且随意性很大。在其他场合及用其他方式无法表达的情感,皆可以通过山歌表达出来。如高兴时可以唱"赞颂歌""炫耀歌""英雄歌";痛苦时可以唱"悲歌""哭歌";对某人某事不满时可以唱"咒骂歌""贬损歌"等。山歌唱得最多、最广泛的则是"情歌"。按照当地的风俗,青年男女是禁忌在村镇、亲人、长辈面前唱情歌的。在山间牧野,歌者不受任何约束,通过自己的歌喉,把心底的爱情表达出来。"情歌"除单相思者独吟外,通常是以对歌的形式表现出来的。对歌又分为"询问歌""相配歌""相谈歌""相合歌"等,几乎贯穿于情人之间从初次见面到互定终身的全部过程。而这个过程或三年或五载,其间的酸甜苦辣都会在歌声中得到体现。历史上,藏族的婚姻由父母包办,要有媒妁之言,通过情歌传递心声,实现婚姻的自主,无疑是对传统的挑战。玉树山歌的结构多种多样,一般为三段体,前两段一般是比喻,后一段是直陈。每段为四句,每句多为七至八个音节。就以称多县拉布乡为例,滔滔不绝的通天河,高大的峡谷,茂密的林卡,美丽的花海,孕育了拉布多情而缠绵的情歌。每年6月,在花海草原,在通天河畔,青年男女以歌传情,表达爱慕与思念之情。如:"薄毛确拉结过?当拉得过作校;囊卡尕玛言永,价给早尼蓝永。"这是男子唱给心爱的姑娘的情歌,歌词大意是:姑娘你要什么?给我尽管说出;纵是天庭之星,百梯相接摘来。有些情歌翻译成白话也是有趣的,如:"你在大山那边,我在大山这边;只要心心相印,书信频频递传。"这是一首女子唱给男子的情歌。这两首情歌,展现了藏族人民直白、浪漫、豪爽的爱情观念。

(二) 劳动歌

劳动歌,当地藏语为"月拉"。在玉树流传着许多与劳动有关的歌曲。秋收时,人们唱和庄稼收割有关的民歌;打墙时,人们唱和打墙有关的民歌;挤奶时,人们唱和挤奶有关的民歌。人们一边劳动,一边唱歌,表达了对美好生活的向往和喜悦之情。"月拉"有专门的歌词和曲调,大多是历史上沿袭下来的,世世代代很少有变动。"月拉"最初是与"打碾歌"相关的,后来逐步演变成了农事劳动歌的代称,继而又成了各种劳动歌的代称。玉树"月拉"歌词大多是赞颂神佛功德,祈佛保佑平安,歌唱丰收景象之类的颂词。玉树的筑墙歌非常优美,歌声非常悦耳。其中拉布的"打墙歌"共九句,结构较为齐整,内容也非常有趣。如:"哎,萨格格教萨格诺,赛赛波克屑造来迈,江拉呀毛江江啦呀;哎,当格啊哦哎,当当扎当里毛迈哪屑屑些,江拉呀毛江江啦呀;哎,尼造教啊哎,巴当扎巴巴么迈哪屑屑些,江拉呀毛江江啦呀。"这首歌的大意是:哎,把土赶紧挖过来,打出一堵黄土墙,打呀打呀打呀打;哎,打墙的人像老虎,龙虎山上没他物,打呀打呀打呀打;哎,我们的墙像黄牛,没草料干不了活,打呀打呀打呀打。藏族的庄窠墙,有些是用土夯筑而成的,如今虽然看不到这些土墙了,但这首快乐而古老的民歌却保留了下来。打墙歌虽然也在汉族等多个民族中存在,但用"老虎"来比喻打墙的人,用"黄牛"来比喻墙,却显示了藏族人民独特而有趣的审美理念。此外,玉树的"打碾曲"优美悦耳,人们用连枷打青稞时,一边上下拍打,一边唱着曲儿。打青稞时,通常数人站成一排或围成一圈,边打边唱,一则协调动作,二则借歌助兴。

(三) 情卦曲

情卦曲,当地藏语为"勾毛"。主要内容虽然和爱情有关,却并非情歌,而是用算卦的形式猜算爱情结局的一种民歌。如:"把树栽上栽上,栽在两河中间,没有好运的树儿,枯在两河之间。"又如:"把树栽上栽上,栽在悬崖壁上,有缘分的树儿,长在悬崖壁上。""情卦曲"发源于西藏,在玉树也颇为流行,除了少数两句一首者外,通常每首四句,每句六字,节奏整齐,音步相同。看上情人后,不知可否如愿,他(她)们往往数十人聚集在一起,每人唱一首"情卦曲",以歌测算结局,以多数的猜算为准。该曲如同抽签算卦一样,其内容是好是坏,只能让自己的命运去决定了。

(四) 敬酒歌

敬酒歌,即酒曲,是一种在饮宴时唱的歌。在玉树,饮酒伴歌的现象十分普遍。吟唱时,通常先由一方以吉祥歌开头,然后对方以歌回答。中间有互祝幸福之辞,有赞美友谊之语,也有互相劝饮、逗乐、诘难方面的内容,边歌边饮,热闹非凡。玉树的敬酒歌,多为一曲三段,每段三句,优美抒情富有旋律感。拉布乡还流传着一首非常古老的敬酒歌,这首敬酒歌为三句式结构,与今天在玉树地区广泛流行的敬酒歌,不仅内容不同,而且唱法有别。歌词是这样的:"索哦教撒拉毛亚桑拉乃,索哦教东包该叫索拉介;索哦教撒拉毛亚桑拉乃,索哦教呢巴得有本毛拉介;索哦教撒拉毛亚桑拉乃,索哦教嗓巴得有哲波拉介。"其中的"索哦教撒拉毛亚桑拉乃"是衬词。歌词大意是:第一杯酒献给教界的人士们;第二杯酒献给远来的官人们;第三杯酒献给在座的客人们。这首敬酒歌体现了藏族人民的豪爽之气和待客之道。

除了上述几种民歌外,还有儿童们玩游戏时颂唱的短小而活泼的"儿歌",牧人在婚礼的迎亲、送亲等一系列过程中唱的"婚礼曲",日常生活中诸如洗衣、背水、烧茶、梳妆打扮时唱的"生活用歌",以及一些传统舞蹈中的文学歌词部分。

玉树民歌就其内容来说,"情歌"最流行;以颂唱形式来说,"对歌"较普遍。玉树的对歌,大多有一定的程序,首先唱"序歌",然后才能转入正题,一比高下。通常情况下,"序歌"又包括"搭歌棚""开歌门""垒歌灶""拾歌柴""烧歌茶"几道歌序,内容联想丰富,意境开阔,充满浪漫色彩。

如今的玉树,人们仍然传承着传统歌曲。有些歌曲今昔的变化较大,如"打碾曲",该曲的曲调越来越欢快了,歌词也焕发出新的活力,人们添加了诗一般的歌词,使得古老的"打碾曲"变成了新时代的"打碾歌":"阿啦哟啦赛,阿哩啰呀哟啦赛!天龙走过的地方,洒下了吉祥的甘霖;金马欢歌的地方,铺满了香甜的青稞。阿啦哟啦赛,阿哩啰呀哟啦赛!"其中的"金马"是指脱粒机和手扶拖拉机。但是,在玉树民歌的传承过程中,既有可喜的一面,也面临许多挑战。

二、玉树民歌的文化变迁

(一) 推动国家非遗项目保护传承有了阶段性成果

首先,国家将治多县康巴拉伊和玉树民歌列入第二批国家级非物质文化遗产名录。其次,当地藏族,尤其是中年人和老年人,他们秉承民族传统文化,在赛马会上,在牧场深处,在田间劳作中,继承了先辈们遗留下来的文化遗产。再次,玉树州委、州政府也积极采取保护措施,于2013年9月21日,以玉树民歌为主体整理出版了"天堂印象·梦幻玉树"文化系列,正式发行《玉树经典歌曲》光碟。该光碟共9张套装,以原生态民间音乐为主,收录玉树民间迎宾曲、酒曲、山歌共115首。光碟采取民间艺人原生态录音的方式,保持原生态的唱腔、调式,并将以往凌乱的歌词通过民间考证予以充实完善。这是国家级非遗项目玉树民歌调查、搜集、挖掘、整理、出版成果的一次集中展示,标志着玉树灾后重建非物质文化遗产抢救保护工作取得阶段性成果。

(二)传承和发展面临巨大的挑战

玉树虽然深处藏区,但是现代文明无孔不入。首先,玉树大地震造成了严重的破坏,许多歌碟被埋。其次,传统的一些农耕、养殖方式正在发生巨变,对传统民歌的传承带来了挑战。再次,流行歌曲在年轻人中间普遍流行。这一点在小孩子、年轻人身上表现得尤为明显,手机、电视、广播等现代网络媒体,正在悄无声息地改变着年轻一代的生活方式乃至语言习惯。许多年轻人崇尚汉语流行歌曲,以藏语为载体的民歌需要扎实的民族语言基础,所以玉树民歌的传承开始出现断层现象。

第二节 玉树舞蹈

一、玉树舞蹈的主要类型

玉树民间舞蹈主要由"卓""伊""热巴""锅哇""拉仓"等几大类组成,风格迥然,异彩纷呈。

(一)卓

玉树的民间舞蹈中,"卓"舞最负盛名。据《敦煌吐蕃文书》记载,"卓"的历史可上溯到 7 世纪之前,那时有称为"顾鲁""鲁""契"的三种歌。这三种歌的唱词中常提到"唱起歌儿跳起舞"。据藏学学者研究表明,远在公元前 1 世纪左右,即吐蕃早期第十代肖勒赞普时期,"卓"和"噜"就已经发展起来了。"卓"泛指舞,"噜"泛指歌。

卓舞是藏族最古老的舞种之一。《新唐书》记载了吐蕃赞普和大臣之间有"一年举行一次小盟誓,三年举行一次大盟誓"的盟誓活动。通过盟誓,部落的个人、群体之间形成一种在义务和权利上较为稳固的关系,致使盟誓成为部落社会联系各种力量、维护社会稳定的重要手段。在盟誓仪式上除了宣读誓词誓言及举行一些宗教仪式活动外,盟誓中的舞蹈活动是最鼓舞人心的场面。在藏文文献中,常把"誓词"写为"卓次"("卓"意为舞蹈,"次"意为词),很可能是一种边唱誓词边舞蹈的形式。

独特的地理环境酝酿出独特而又丰富多彩的玉树卓舞类型。玉树民间素有"东三县的舞,西三县的歌"的说法,其中东三县的卓舞历史悠久,最为典型。玉树卓舞主要分布在新寨村和察来村;囊谦县"卓格玛"主要分布在香达镇、白扎乡和吉曲乡;称多县卓舞主要分布在白龙镇、上庄村、下庄村和代达,其风格粗犷豪放,造型形象传神,韵律优美生动,内涵含蓄隽永。在这不同的类型分布中,有几种卓舞较为典型。

一是"嘉那曲卓"。该舞蹈的表演形式是人围着圆圈跳,边唱边舞,由经验丰富的善舞者("卓班")来领队。该舞蹈节奏由慢到快,音调缓慢,无乐器伴奏,舞姿矫健,神态高傲。舞蹈的步调缓慢,往往使不明其内涵的人感到过于冗长;快板起舞时,则欢快有力,步伐特点以点踏、踩动作为主。上身动作以胸前绕手、体后仰为主,动作路线以弧线为主,起伏不太大,以点为中心。

二是"卓格玛"。该舞蹈兴起于囊谦县的香达镇。表演形式是：男女舞者均可参加，人数没有限制，有鼓和笛子伴奏，节奏是慢—快—慢的形式。一般先煨桑敬供，唱开场卓舞的颂词，歌颂神山神水、皇帝大臣、家乡等。舞者边唱边跳围成圆圈，然后又慢慢散开。起初慢板起舞时，男女两队徐徐牵手而至，舞蹈动作轻慢相兼。慢如宗教中的羌姆一样，抬腿时轻如布谷鸟，舞步舒缓、轻盈，具有一种委婉柔顺之气。快板时动作轻松愉快，但其中又有稳重而保守的舞姿，反映了卓舞的严肃性。快板部分男女合唱，动作中可窥视出不少原始耕作动作和模拟动物的动作，曲调欢快，属大众化的"卓舞"之一。舞者的舞步矫健，音乐进行平稳舒缓，节奏朴实，旋律流畅，婉转动听，突出了柔和之美和抒情之美。男子舞蹈甩袖幅度大，动作优美潇洒，手臂旋转自如，运动路线变化多样，将男性舞蹈阳刚、帅气之美充分展现了出来。女子舞蹈动作柔美流畅，甩袖和脚下动作基本与男子舞蹈相近，但幅度较小，展现出女性柔美秀丽、温柔端庄的品质。"卓格玛"的内容有：卓舞的降临，卓舞的祈愿，卓舞的赞颂，卓舞的膜拜，卓舞的祝福等。"卓格玛"的舞蹈形式对藏族聚居区周边地区影响很大，它不仅在囊谦有，而且在西宁、昌都等地流传甚广。以前"卓格玛"的歌词有 40 首，而现在能正常进行演唱的只有 34 首。"卓格玛"的祈愿成了当地的一种习俗，不管是娱乐活动，还是噶举派的高僧大德举行重大法会，当地的人们都要奉上"卓格玛"的祈愿，以表达对"卓格玛"的功德与智慧的赞美。

　　三是"白龙卓"。该舞蹈兴起于称多县的白龙村。称多县"白龙卓"的表演形式一般分慢板和快板。首先，煨桑祭祀，在浓烟袅袅之时，表演者排好队行，在煨桑周围转三圈，向空中撒风马，嘴里叫喊着"拉加咯"，以示祈愿祝福。其后，舞者分两半圈，围成一个不闭合的圆，左搭肩顺次站立，由"卓班"带领，先重复对唱、合唱一段较长的无伴奏散板式唱腔，舞者渐渐拉开队形，变成圆圈，起舞，进入慢板。慢板最讲究端腿和抬脚动作,迈步时先移重心,再端腿起脚,经过较长时间才下落。膝盖放松,微屈带颤,略含胸低头。换脚动作有沉缓、粘连的感觉。步伐有平步走、后退、前上、后踏、前撩、左右撩腿等。手臂由手带动袖子,一般做单臂前举、搭肩、上撩、双臂向下后分等,通常抬臂都不超过头部。虽然长袖翻飞,但手臂与头呈山字形,古朴自然,颇具岩画古风。转身时臂微展,似雄鹰展翅。

卓舞就是用人的最美的自身表现塑造美。卓舞最初与祭祀活动相关,而祭祀活动的核心即为驱邪除恶。驱邪除恶是对善良和正义的感召。卓舞表演在人与神之间创造出了一种完美的、特殊的、高水平的舞蹈艺术形象。它受宗教意念的启迪与驱使而产生灵感,全身心地投入,无条件地传达和再现佛教教义。玉树卓舞以粗犷、质朴的舞蹈和其独特的地方民族风格,有力、准确、协调、灵活的节奏以及华丽的服饰,集中反映了玉树藏族的性格和审美意识。

玉树地区的"卓"不同于其他以鼓为道具的"卓",是以袖子为主要道具来进行表演的一种舞蹈,动作也主要围绕甩袖来进行。表演时气氛热烈,节奏多变,常常同时有几十人、上百人表演。每个舞蹈基本上是从慢到快渐进发展,慢时如鸿毛落地,悄无声息,舞姿持重平稳,舒展大方;快时则威风凛凛,气势澎湃,动作粗犷奔放,雄健剽悍,直至极度狂热而结束。玉树"卓"的舞蹈服装袖子很长,全都拖在地上,男子舞蹈甩袖幅度大,动作优美潇洒,手臂的运动路线变化多样,旋转自如。腿部的动作幅度也很大,配合着手臂的甩袖做抬腿、撩腿、转身等大幅度的跳跃、移动动作,动作由慢到快,动作路线以弧线为主,周身协调配合,整个舞蹈节奏鲜明,气势磅礴,将男性舞蹈阳刚、帅气之美充分地展现出来;而女性舞蹈动作柔美、流畅,甩袖和脚下动作基本与男子舞蹈相近,但幅度较小,整个舞蹈展现出女性柔美秀丽的特点,体现出女性温柔端庄的真我本色。

(二) 伊

在玉树民间舞蹈中,除了人们耳熟能详的"卓"外,还流传着风格更为奔放豪迈的"伊"。玉树"伊"因具有浓郁的地方特色,也叫"康伊"。"伊"是康巴藏语方言,有些地方译成汉语叫"弦子",因在表演伊舞过程中常有牛角胡、竹笛伴奏而得名。

"伊"是一种载歌载舞、男女合跳的表演形式,主要流行于玉树的囊谦县、称多县和玉树市。在玉树民众眼里,"伊"是一种非常古老,可以与"卓"媲美的民间歌舞。最初的伊舞是人们在婚嫁庆典和生产劳动之余的一种自娱自乐的艺术表演,青年男女围着篝火,以舞传情,以歌达意。后来,伊舞因其热烈欢快的特性逐渐发展成为一种群众聚会时的大型演出。跳舞时,男女各半圈,围成圆圈,队形由圆圈和半圈交替进行,男女队各有一名领舞者(藏语称之为"伊班")作为排头,起到领舞领唱的作用,而其中又以男"伊班"为主。"伊"通常从慢板跳起,逐渐加快速度,最后以欢快的高潮结束。在跳最后的快板时,由于男子比女子舞步大,最后男子小圈在内好像太阳,女子半圈在外好像月亮,这叫"日月同辉",具有深层的文化寓意。"伊"演唱时,一般为轮唱形式,男队唱一遍,女队再重复唱一遍,反复多次后,待全部歌词唱完,男女共唱最后一段,舞蹈中止[①]。

在玉树纷繁的民间歌舞中,"伊"是参与性、娱乐性最强的一种民间歌舞。它较少受宗教影响,也不受时空的限制,在农闲之时,在茶余饭后,在田间地头,在街头巷尾,在亲朋相聚、迎送宾客、乔

---

① 邰鹏:《玉树藏族民间歌舞艺术初探》,《西北成人教育学报》2012年第1期。

迁之喜、祝福庆贺之时，人们都可以"兴致而舞，兴落而收"，正如"伊"中所唱：

> 悦耳动听的歌儿，出自手中的牛角胡；
> 婉转多情的歌儿，唱自吉祥舞者的心。
> 手中的琴弦不断，我的歌声不休；
> 脚下的靴底不烂，我的舞步不止。

除了自娱性的"伊"，还有重在表达情感功能的"伊"。有叙述个人情感和相思之情的，也有讲述个人不幸遭遇的，这种"伊"情绪变化不大，过渡较为平稳，显得深情哀婉。

此外，伊舞中还有仪式性功能的"伊"。这种"伊"比较规范、严肃，一般是在传统的大型节日（多与宗教有关）和一些特殊节日时表演，如喇嘛坐床、寺院开光等。在这种场合表演伊舞时，其顺序、内容、礼仪要符合宗教和传统习俗上的规范要求，演员的衣饰穿着也颇为讲究。

现今的"伊"，形成了由序舞、正舞、大圆舞组成的程序，有些地方还加入了锣、鼓甚至手风琴，内容更加丰富，涉及生活的方方面面，有赞美家乡、歌颂劳动、祝愿吉祥幸福的，有赞颂活佛、寺院、圣山圣水的，还有歌颂民族大团结、社会主义建设成就等的。

（三）热巴

该舞广泛流行于康巴地区。据说最初是藏家民间艺人歌舞班子流动演出的一种舞蹈，因为深受牧区人的喜爱，在藏区逐步流传开来，并成为一种舞蹈形式流传了下来。"热巴"分为"热巴"和"热伊"两种。其舞蹈形式与藏家传统的"圆圈舞"有些相似，但自始至终没有歌来相伴。"热巴"一词译为汉语,意思是"流浪艺人"。这种舞蹈有不少似"卓"的动作,一些人也将其称为"流浪的'卓'"。"热巴"和"热伊"之所以作为独立的舞蹈形式而存在,主要是因为它们各自都有其独到之处。"热巴"是注重技巧的舞,其舞蹈动作比"卓"更精湛、更复杂,难度更大,如"仰转""腾翻""抬腿转""躺身蹦子"等。同时,有的节目别具一格,如"铃鼓舞",舞时男子手拿带有红缨的响铃,女的一手拿长柄扁鼓、一手拿弓勾鼓锤。开始,男队首先纵情挥舞红缨,摇动响铃,女队翩翩起舞,继而合队而舞。这种"铃鼓舞"也是"热巴"的代表节目。"热伊"除部分模仿农牧业劳动的动作外,有许多是模仿飞禽走兽的动作,如狐狸跳跃、雄鹰翱翔、小鸟啄食等。这种舞蹈显得生动活泼,富有情趣,深受牧人喜爱。

(四) 锅哇

锅哇,意为"武装者",是当地藏家传统的"武士舞"。在昔日的部落时代,部落间打仗厮杀,或反抗异族侵略,得胜归来后,人们常跳这种舞表示庆贺。在寺院的庙会以及千百户的重大礼仪性场合,有时也跳这种舞。前者大概是为了以此显示用武力消灭一切危害佛法的邪魔逆见,后者可能是为了显示其部落神圣不可侵犯的威严。"锅哇"舞都是由男子来表演的。舞者通常头戴红顶并垂有红色丝穗的圆形高筒帽,左手持弓,右手持剑,肩授红色绶带,一身戎装打扮。领舞者除了一手执剑外,另外一手通常握一圆形狮头盾牌。"锅哇"传统的队形,也是以圆圈为主。如今,除了转圈外,还常分数排相互交叉。其舞蹈动作,大多是模仿战场上的动作,如射箭、击剑、劈刺等。舞姿缓慢庄重,但比较程式化。在其他藏区,"锅哇"有时以歌相伴,间或还有道白。而玉树的"锅哇",很少看到这种现象,属"哑舞"一类。

(五) 拉仓

"拉仓"系藏语音译,意为"跳神"。而"拉仓"只是当地"跳神"一类舞蹈的总称,其种类很多,内容也很丰富。据说,玉树各寺院的"拉仓"舞多达三四十种,但常见的为十余种,如"法王舞""狮子舞""神鹿舞""神鸟舞""汉童舞""骷髅舞""魔女舞""清朝舞"等。凡有庙会的寺院,大都有几种历史上一直沿袭下来的传统舞蹈。其内容有的是为了纪念某位神,有的是表现佛经故事,有的是反映格萨尔的故事,有的意在驱魔消灾等。同时,这些舞蹈的表演形式也是多种多样的。有的类似藏戏,有的只是在乐器伴奏下进行舞蹈,有的则带有哑剧形式。演员多穿彩色长袍,看去颇似汉戏中的戏装。其道具除了弓、箭、盾、刀、斧、剑诸类武器外,有的还手拿手鼓、铜铃、豹尾、马尾等。但无论扮演何种角色的演员,皆戴假面具。除各种面目狰狞的护法神面具外,饰鹿者戴鹿头面具,饰牛者戴牛头面具,饰马者戴马头面具,饰骷髅者戴骷髅头面具,也就是人们常说的"牛头马面"。这不仅是"拉仓"舞的吸引人之处,同时也是这种舞蹈塑造人物的主要手段。在较大的寺院里,大都备有各类演出服饰和面具,以供庙会演出之用。按照当地藏俗,凡是俗民在庙会上演出的舞蹈,如"宗教卓""武士舞"等,只准俗民表演,不准僧人参加。而"拉仓"舞则相反,除只准在庙会上演出外,演员也只能由僧人担任,而不允许俗民参加。在寂寞的苦修生活中,僧侣们能有机会在庙会上舞蹈一番,不仅表示了对神佛的祭祀,同时也是一种难得的娱乐。

在玉树地区,传承传统舞蹈的同时,有些地方的舞蹈在传承中体现了创新性。以称多县拉布乡为例,这里是康巴歌舞传承最完整的地方,被誉为"藏族歌舞艺术之乡"。拉布乡不仅完整地保留了玉树藏区的各类舞蹈艺术,有些舞蹈在藏区都是独一无二的。

二、玉树舞蹈的文化变迁

(一) 努力推进国家非遗项目的保护与传承

玉树卓舞入选第一批国家级物质文化遗产名录,弦子舞(玉树依舞)、锅庄舞(称多白龙沟卓舞和囊谦卓干玛)入选第二批国家级非物质文化遗产名录,传统舞蹈类的锅哇(玉树武士舞)入选第四批国家级非物质文化遗产名录。这些项目有明确的国家级传承人,当地政府部门也拿出专项资金进行抢救性保护,并成立文艺队、订制服装、刻录光盘等。一系列保护措施已见成效。白龙卓的舞种有80种左右,如今搜集到了30种,也取得了积极进展。有些卓舞也在不断发掘、抢救、保护中,如称多县拉布乡的德达卓舞与白龙卓极为相近。德达卓舞,舞者衣着朴素,表情严肃,声音高亢,姿态威严,舞规极为严谨。慢舞时,若飞龙盘旋,祥云弥漫;快舞时,姿态舒展大方,张弛有度。此外,拉布卓舞在玉树地区久负盛名,此舞蹈只有每年十五晚上,在"拉布祈愿大法会"的篝火旁演出,保留着浓郁的藏族原始宗教祭祀的古朴与韵味,被誉为"藏区文化宝库中一颗璀璨夺目的明珠"。

(二) 创新并不断丰富藏区舞蹈体系

玉树的许多舞蹈也是在实践中不断创造、不断发展的,如嘻嘻舞。该舞最初是用来祭祀山神的一种舞蹈。随着时代的变革,每年8月初,拉布乡群众在河边草滩上或林地间自发搭起帐篷开展自娱活动,后逐步演变成了当地一年一度的喜庆节日。节日期间,男女老少盛装打扮,载歌载舞,欢庆一年当中丰收季节的到来。人们把这个节日叫"嘻嘻节"(即欢乐节),所跳的舞蹈叫"欢乐嘻嘻舞"。一周后,人们便开始准备秋收。再如金刚舞,该舞是玉树地区最有名的古典舞蹈之一。《静观黑帽》云:掘藏师在一个夜晚的梦境中前往铜色吉祥山,见到了莲花生大师,听到了证道歌,看到了金刚舞及其仪式。莲花生大师对他说明了礼赞的时间和方式,告诉他只有这样才能平息浊世的衰相。掘藏师便依梦创制了歌舞和礼仪。在噶·白塔的会供过程中,土登寺秋英多杰仁波切法系的诸弟子在洪亮的锣鼓声中跳金刚道舞,唱诵金刚证道歌。藏族信众用身体动作和演唱歌词,表达对噶·白塔的无限向往和敬仰之情。又如巴吾巴姆。该舞有"康巴歌舞活化石"之称,是全藏区绝无仅有的一种古朴、壮美的舞蹈。巴吾巴姆是 20 世纪 60 年代拉布寺十二世坚贡旺钦杰绕多杰活佛在马头明王窟修行时所创作的歌舞杰作。巴吾巴姆为密舞,不外传,是活佛坐床及迎佛舞。表演者均为 15 岁以下的金童玉女,男女各 24 名,男童属虎,女童属龙,男童舞蹈,女童颂唱。巴吾巴姆以独特的舞蹈语言,表现圣洁的雪山湖水、婀娜多姿的树林、翱翔的雄鹰和奔驰的骏马,传递出藏族人民与自然和谐共生的审美理想。此舞风格洒脱,展现了古老民族的文化艺术精髓,享誉整个雪域高原。

  新玉树建设也为玉树的舞蹈文化搭建了平台,促使玉树舞蹈文化展现出新活力,舞蹈文化的性质也发生了巨大的变化。遭受强震重创的玉树,重建后以崭新的面貌屹立于三江之源。随着城市基础设施的完善、文化活动的繁荣和思想观念的转变,玉树的舞蹈文化逐渐从原来的娱神向娱人转变。在城市化背景下,人们过上了幸福的现代城市生活。在城市生活中,藏族同胞用自己传统的舞蹈,消遣娱乐,强身健体。城市广场舞成为一种新的文化风景线,激发了市民的生活热情。

第六章
玉树藏族民间文化变迁分析

玉树藏族民间文化是藏族先民们适应所生息繁衍的自然生态环境的产物，为大多数成员所普遍接受，共同分享，深层认同，集体维护，世代相传。藏族民间文化有表层的和深层的两种存在形式。所谓表层文化是指可以直接观察到的藏族的服饰、饮食、建筑与居住格局、语言与文字、民族工艺与艺术、生产与生活方式等，是民族文化外在结构的主要组成部分。深层文化则蕴涵着民族的心理、民族的感情、民族的信念、民族的意志和民族的自尊心，在民族意识当中具有至高无上的地位，也最为尊贵和神圣。从大文化的角度看，任何一个民族的文化现象与经济现象都不是孤立存在的，而是有机的整体，当经济结构发生变化时，文化也会随之发生变化。随着现代生产生活方式及外来文化的传入，尤其是三江源移民工程和玉树地震等重大事件的发生，玉树藏族民间文化变迁也不可避免。

第一节　玉树藏族民间文化的变迁

一、物质文化层面的变迁

民间文化是物质文化、制度文化、精神文化的组合。当文化变迁发生时,往往首先伴随着物质文化的变化。物质文化,是指为了满足人类生存和发展需要所创造的物质产品及其所表现的文化,包括服饰、饮食、建筑、交通、生产工具等,是文化要素或者文化景观的物质表现方面,是一个特定群体关于衣、食、住、行等的综合性反映。

(一) 服饰的多元化、时尚化

通过调查和访谈,我们发现藏族服饰向多元化、时尚化方向发展。年轻人以西服、夹克、休闲服等代替了传统的藏服,很多被调查的年轻人说更喜欢那些能够彰显自己个性的打扮,因此身着时尚外套的年轻人正成为玉树大街上的一道风景;在校读书的小孩平时多以校服为主,只有在节日举行庆典时才着藏装;机关的工作人员在上班时间也都不穿藏服,只是在比较隆重的节日或重要场合(如婚礼、藏历年)才着藏装,以示隆重。如今,似乎只有年纪较长的才会在更多场合穿着藏服,传统藏服在飞速发展变化的今天逐渐成为非主流。为了适应这一发展变化,传统的藏服本身也发生了许多变化,朝着多元化、时尚化的方向发展,如大量吸收现代服饰的因子,在传统藏服服饰样式的基础上更加注重服装样式的变化;服饰的加工和生产更加注重规模和品牌,以适应现代社会人群和市场的需求。此外,不同藏区间的服饰亦在传承传统的基础上相互交流,互通有无,取长补短,逐渐形成了一些藏族服饰自有的、适应市场需求的服装品牌,如结古镇的达嘎牌藏服和玉树的藏靴都成了一种时尚品。随着经济社会的发展,藏族民族认同感的增强,这种吸收了现代服装因子的传统藏族服饰反而成了更多藏族同胞在节日期间盛装的首选。

(二)饮食结构的复杂化、多样化

伴随着外来文化和经济收入的影响,玉树地区的饮食结构也发生了显著变化。以前以酥油、糌粑、肉类、奶类为主要食物,饮食结构较单一。随着经济的发展和外来饮食的影响,玉树地区的饮食逐渐多样化、复杂化。很多藏族同胞家庭的餐桌上,不仅有藏族特色的牛羊肉、奶制品等,还多了许多绿色蔬菜。年轻人更倾向于多样化的饮食,如炒菜、米饭、面食、各色小吃等。很多被调查者说:"牛羊肉固然好吃,但是肉类不能吃得太多,现在提倡选用绿色食品,所以我们需要多吃蔬菜水果、多吃杂粮。"传统饮食在现代文化的冲击下,也发生了不少变化。如出于保护健康、预防糖尿病等疾病的需要,现在越来越多的藏族人把传统的糌粑作为早餐最主要的食物,既符合传统生活习惯,又适应了维护健康的需要。同时,传统的饮食禁忌也因观念的变化而发生了一些变化,如以前藏族是禁食鱼的,但是随着观念和认识的转变,现在很多藏族同胞开始吃鱼,当然,还有一些人仍然遵循着传统的饮食禁忌。随着经济的发展和社会生活方式的变化,经营各种各样食品的小商店在藏族生活的地区随处可见。这些小卖部、零售店的增加,既反映了人们购买力的不断增强,也从另外一个角度印证了藏族同胞饮食种类的大大丰富和多样化。

(三)居住空间的稳固化、规范化

由于三江源移民工程和玉树震后重建工作,玉树地区许多藏民的居住方式由原来的草原流动转变为城镇定居,居住空间由牛

图 6-1 玉树震后重建建筑

毛毡房转向砖混结构的房屋(图 6-1)。《玉树地震灾后恢复重建总体规划》提出:"把恢复重建城乡居民住房摆在突出和优先的位置,先行开展农牧民住房恢复重建,抓紧开展城镇居民住房恢复重建。要科学选址,集约节约用地,严格执行抗震设防标准和建设规范,建筑风格要突出地域和民族特色。"由于结古镇是玉树州政府驻地,曾是唐蕃古道上的历史重镇,也是重灾区,因而对结古镇进行了统一的规划和建设,要求将结古镇"在恢复重建的基础上发展成为高原生态型商贸旅游城市、三江源地区的中心城市、青海藏区城乡一体发展的先行地区"①。经过灾后重建,玉树藏族居民的住房条件得到根本改善,震前土木结构房屋全部改为框架砖混结构,抗震能力达到了7度半的设防标准,水电路暖等设施配套、服务功能完备,在新建建筑中大多采用节能建材。此外,通过重建,玉树的公共服务设施功能明显提升:94所中小学和幼儿园建成使用,学生人均校舍面积达到震前的1.5倍,教学设备的投入比震前翻了两番;63项医疗卫生重建项目投入运行;65个文化体育影视项目全部完成。这为藏族同胞的生活提供了完备的公共服务。但由于城镇空间有限,而集中安置三江源移民和灾民又使得城镇的人口密度大大提升,因而居住空间受到了一定的限制,再不能像草原上可以随意居住。如现在结古镇上每个家庭的居住面积基本上都是80平方米,如果是四口之家居住,就显得比较拥挤。因此在访谈中有很多人提到这个问题,他们说:"以前住得舒心,比较随意,但是现在的房子空间较小,信教的家中信物放置空间较小,达不到原有的规模,有诸多不方便。"玉树职校的一名学生在访谈时也特别提及:"相比较,还是家乡比较舒服,这边过来了什么都没有,而且家乡的气候比较好,冬天比这边暖和一些。还是比较想家的,每年都回老家几次。"实际上,藏族传统的居住习惯是分散而居,突然一下子被集中到一起居住,首先的体验一定是感觉不自由、不习惯。尤其是在较年长的藏族同胞中,这种体验会更强烈一些。在访谈中,一些老人提及:"搬迁之前,我们住的是帐篷,一家和另外

---

① 《玉树地震灾后恢复重建总体规划》,http://www.gov.cn/zwgk/2010-06/13/content_1626853.htm。

一家的距离很远,居住环境非常安静。现在到了镇上,住上了砖瓦房,但房子与房子的距离很近,周围车多、人多,很嘈杂,还是想回到草原上去。"不过年轻人似乎比较习惯城镇的居住环境,喜欢城镇的热闹,愿意体验现代都市的生活方式,享受现代居住提供的各种便利条件。随着时间的推移,这种因对外来文化的抗拒与对原来生活的怀念而产生的对目前文化状态的疏离感会进一步弱化,更多的藏族同胞会融入现代都市生活。

(四) 一些古建筑所蕴含的特有的文化意蕴受到破坏

建筑是人类文化的重要组成部分。在玉树地区,分布范围广且数量众多的古建筑,尤其是宗教古建筑中蕴含着玉树自身深厚的文化底蕴,是不可多得的财富。突如其来的地震灾害,打乱了玉树藏族传统文化存在的格局和前进的脚步。据青海文化部门核查,在玉树国家级重点文物保护单位中,贝勒沟大日如来佛石窟寺(文成公主庙)主佛殿墙体有裂缝,地基走形,金顶顶部金幢倾斜跌落,主佛殿上方有松动岩石,对主佛殿构成威胁,石刻文物表皮脱落,外围墙体局部有裂缝。勒巴沟口佛塔塔体有裂缝。子琼沟佛塔塔身有裂缝,顶部坍塌。受地震影响,山体岩石滚落,部分嘛呢石、嘛呢堆被损坏。新寨嘛呢佛塔全部受损,40%完全倒塌,60%濒临倒塌,转经堂墙体开裂倾斜,嘛呢石墙体整体坍塌,部分石刻断裂受损。省级重点文物保护单位中,禅古寺90%倒塌,新建的大经堂倒塌。结古寺受损相当严重,90%的房屋已成危房,大经堂整体下沉,墙体错位裂缝,回廊梁架倾斜,局部倒塌,壁画已经全部剥落,经幢等所附物已全部坠地;讲经院经堂的东南角、西南角已完全坍塌,北侧墙体全部开裂,濒临倒塌,经堂内唐卡已全部坠落,外面经幢等所附物已全部坠地;灵塔整体倒塌并已成废墟,佛像、舍利、经书、唐卡等全部被埋在塔下。当卡寺大经堂墙体全部开裂,壁画、彩绘剥落,梁架与墙体结合部全部松动,经柱全部倾斜,屋顶装饰如经幢、琉璃瓦等建筑所属物跌落;护法殿墙体开裂,裂缝宽度 20—30 厘米不等,与北墙连接的一座房屋全部倒塌;闭关院墙体开裂严重,基础严重走形,院内房屋坍塌;莲花生大殿屋顶开裂,墙体有 10 厘米裂缝,东侧墙体崩塌。嘎然寺墙体裂缝。原江南县政府旧址(在今玉树市隆宝镇境内)全部倒塌成为废墟。当旦石经墙已倒塌。另外,称多县赛巴寺和拉布寺墙体开裂[①]。玉树地区藏传佛教寺院都有确定的宗缘关系,在特定时期,它是一定地区的政治、经济和文化中心,与周边信教群众发生着经久的联系和互动,从而形成相互依存的关系。地震对这些宗教场所、古建筑的破坏,无疑使这些古建筑原来所蕴含的特有的文化意蕴受到了破坏,也使得宗教文化的传承受到了消极的影响。

当然,青海玉树大地震中受损的 87 座寺院及宗教活动场所在震后成了玉树重建的重要内容之一。为此,青海省民委会同有关部门编制了《文化遗产保护及寺院重建规划》,成立了青海玉树灾后文物抢救保护工程建设工作组,还聘请了中国文化遗产研究院、敦煌研究院等单位的专家,以保证修复和重建工作的质量,尽量保留原有古建筑的文化意蕴。

二、制度文化与现代社会的契合

制度文化是人类为了自身生存、社会发展的需要而主动创制出来的有组织的规范体系,是人类在物质生产过程中所结成的各种社会关系的总和,包括社会的法律制度、政治制度、经济制度、婚姻家庭制度、教育制度以及人与人之间的各种关系准则等[②]。它

[①] 青海省文化和新闻出版厅:《玉树抗震救灾及灾后重建工作总结(2010 年 4 月)》,内部资料。

[②] 司马云杰:《文化社会学》,中国社会科学出版社 2001 年版。

是物质文化和精神文化的中介,在协调个人与群体、群体与社会的关系,以及保证社会的凝聚力方面起着不可或缺的作用,深刻地影响着人们的物质生活和精神生活。玉树地区藏族的制度文化变迁也涉及诸多方面,如生产方式的变迁、社会组织制度的改变、婚姻礼俗嬗变以及教育方式和内容的变化等。

(一) 生活收入日趋多元化

三江源移民工程和地震后,部分牧民离开草原进入集中定居点或城镇,家庭的生产和收入方式随之发生变化。通过调查(表6-1)分析,目前玉树地区藏族家庭的收入来源以农牧业生产为主,同时兼具明显的地域性特点。藏族家庭的主要收入来源,农牧业生产占总体被调查者的57.2%。随着市场经济的发展,以打工和做生意为主要收入来源的人数不断增加,这两类人合起来的比例达到20.5%。随着虫草市场的活跃和虫草价格的上涨,依靠虫草生活的人也逐年攀升,占到被调查者的18.8%。收入来源有明显的多元化特征。

表6-1 玉树藏族家庭收入来源情况统计表

收入来源	频率(人次)	百分比(%)
农牧业生产	246	57.2
基本工资	15	3.5
打零工	32	7.4
做生意	56	13.1
虫草	81	18.8
总计	430	100

表6-2 地震前后家庭收入方式变化情况统计表

居民收入方式变化情况	频率（人次）	百分比（%）
农牧业人员收入增加	120	27.9
务工人员收入增加	57	13.3
经商人员收入增加	135	31.4
其他类型的收入增加	44	10.2
农牧业人员收入减少	61	14.2
务工人员收入减少	13	3
经商人员收入减少	0	0
其他类型的收入增加	0	0
合计	430	100

对地震前后家庭收入方式变化的调查（表6-2）则显示，42.1%的调查者认为农牧民收入方式发生了变化，经商人员明显增加，占比达31.4%，农牧业人员也有所增加，占比达27.9%。这些变化说明震后玉树地区许多家庭的生产方式发生了明显变化。这种变化与地震后的建设以及国家政策有关。《玉树地震灾后恢复重建总体规划》明确指出："以生态环境保护为前提，依托资源优势，适应市场需求，促进特色产业、服务业恢复和发展，夯实产业发展基础，扩大就业，提高群众收入水平，促进经济、社会、生态环境的持续协调发展。……发挥结古镇的区位优势，继承历史商贸传统，建设区域商贸流通中心。优先恢复重建保障灾区群众基本生活的商贸流通服务网点，建设农畜产品、消费品批发市场、农贸市场及生产、生活资料配送中心等流通基础设施。"还提出："加强旅游市场培育和宣传，建立和完善旅游市场营销体系，开发历史文化、民俗风情、高原自然风光等特色旅游产品，发展藏家乐旅游。"

如今，新建设了结古百货商城、三江源商贸中心、新玉树商贸广场等独立商业区，餐饮、民族手工艺品、民族服饰加工、土特产品、文化用品、机动车展销、粮油、藏式家具、装潢建材、食品批发零售等大类产业，体现出结古镇一种买卖一个市场、一个街区一个特色的独特商贸，从事商业活动的人员大幅增加。2015年，州县财政落实1亿元支农资金，支持生态畜牧业和振兴小块农业区的特色种植业。在农牧区，一批节能暖棚、畜用暖棚和规模养殖小区相继建成，每个行政村都组建了生态畜牧业合作社，村民们积极经营砂石料场和砖厂，发展大棚蔬菜种植，藏猪、藏鸡和奶牛养殖、客运、宾馆经营等产业。旅游业发展方面，2017年玉树州出台相关政策，积极做优三江源文化旅游品牌，扶持少数民族特色商品定点生产企业和民族手工艺品生产企业发展，开发特色乡村旅游品牌。2015年全年接待国内外游客50.68万人（次），实现旅游综合收入2.53亿元，分别比2014年增长67.8%和58%，使居民收入方式进一步朝着多元化方向发展。2015年，玉树全州全年实现国民生产总值60.55亿元，增长10.4%；完成全社会固定资产投资49.6亿元，增长24%；完成地方公共财政预算收入5.24亿元，增长66.8%；城镇常住居民人均可支配收入25 655元，增长9.6%；农牧区常住居民人均可支配收入5 565元，增长8.3%；全社会消费品零售总额10.17亿元，增长11.5%[1]。2016年，玉树市生产总值13.5亿元，完成固定资产投资11.83亿元，完成社会消费品零售总额3.36亿元，城镇居民人均可支配收入30 483元，农村居民人均可支配收入6 965元，市级公共财政预算收入1.01亿元[2]。

---

[1] 2016年玉树州政府工作报告，http://www.libaiwu.com/17748.htm。
[2] 玉树市2016年度工作回顾，http://www.yushunews.com/system/2017/01/10/012222087.shtml。

(二) 组织制度及社会活动日趋丰富多样

社会组织(social organization)也叫社会团体(social group), 广义的社会组织是指一切通过持续的社会互动或社会关系结合起来进行共同活动,并有着共同利益的人类集合体;狭义的指由持续的直接的交往联系起来的具有共同利益的人群。玉树地震后,新的聚落形式使得很多居民在新的区域重新整合为一种新的群体形式,这种群体形式更具有次级组织的特点,也使得当地居民的社会活动内容发生了一些变化。调查显示,结古镇的社区生活形式和社区活动更加丰富,以往的活动主要是宗教活动,而地震后农牧民聚居加强了社区生活建设,社区生活进一步丰富。在访谈中,被调查者就谈道:"一般社区活动,地震以前也有,但是现在类似活动多起来了,以前中断的现在慢慢恢复正常了。因为大家住得比较集中了,这些活动组织起来更容易了。"还有一些自发组织的文化活动团体,如嘎嘎老人组织的老年歌舞团,通过整理、收集和传播传统的玉树民间舞蹈、民间音乐,积极传承和发扬玉树藏族的民间文化。

此外,玉树震后公共文化设施的重建,也丰富了当地居民的文化生活。据统计,在玉树公共文化服务设施灾后重建工作中,文化遗产抢救保护和重建项目累计投入资金5亿元,4个国家级文物保护项目和56个省级文物保护修缮项目全部通过验收。93处受损宗教活动场所、僧舍和寺院公共用房全部得到重建或维修。如今,行走在结古镇,州博物馆、康巴艺术中心、州八一孤儿学校、州藏医院、州民族中学,数十座文化个性和地域特点鲜明的建筑,大大提升了城市品格,也为群众开展文化活动提供了场所,丰富了群众的文化生活。利用这些公共文化服务设施,玉树重建后开展了丰富多彩的群众文体活动,如新年文艺演出、露天电影放映、玉树赛马节暨首届雪域格萨尔文化艺术节和三江源水文化艺术节等。

这些活动突出格萨尔文化特色，凸显水生态文化理念，糅合玉树传统赛马节元素，全方位展示玉树特色民族文化，有着原汁原味的民族音乐、鲜艳动人的民族服饰①。各县市也组织文艺演出队伍，分赴乡镇开展文化下乡活动。这些文化活动的开展，有助于玉树藏族传统民间文化的保护和传承。

（三）传统婚俗习惯变化明显

玉树地区藏族的婚姻制度及惯俗随着现代生活方式和外来文化的影响，也发生了一些变化。随着居住格局的改变，人们的交往日益便利，社会活动也逐渐增多，为男女的结识创造了更多的便利条件。由于现代社会存在的大量法律规范和相关制度也影响着藏族同胞的婚俗习惯，大家开始重视结婚的程序，一般都会按程序先去婚姻管理机构办理登记、领取结婚证，然后才举办婚礼。婚俗也发生了一定变化，往往是兼顾传统与时尚，既带有藏族传统婚俗的色彩，如着藏服和藏饰、行藏礼，也吸收了很多现代婚礼的元素，如举办酒宴、燃放烟花、着婚纱或汉族服饰等，朝着多元化的方向发展。

（四）教育方式和内容发生变化

教育是培养新生一代准备从事社会生活的整个过程，也是人类社会生产经验得以继承发扬的关键环节，是一个民族生存、发展的重要手段和途径。在某一段时间，由于与外界接触的急剧增多，外来文化的影响以及本地年轻人走出玉树到外面发展的需求，玉树地区学习汉语的积极性比较强。许多藏族年轻人对藏族本身的文化认识有限，有的只是会说藏语，但不会书写藏文；但随着经济的发展，尤其是对文化传承和发展重要性的认识逐渐增强，也开始

---

① http://qh.people.com.cn/n/2014/0304/c182772-20695633.html。

意识到学习藏语的重要性。在访谈中元旦活佛就指出:"尤其是在工作的机会上,比如,一个单位需要双语的,例如藏医院、机关如果懂得藏语,机会就大了。在这种情况下,大家就开始重视藏语的学习了。"这种需求必然影响到玉树地区的教育方式和教育内容,并成为影响双语教学和藏族文化传承和发展的重要因素。实际上,人们根据实际生活和社会、经济、文化事业的发展与交流的需要,特别是经济的发展,从实用性的角度来学习和使用一种最通用的语言作为公共性交流语言,这也是一个自然的选择和没有政治考虑的发展过程。2010年地震的发生更加引起了当地政府及老百姓对语言和文化的关注:一方面是地震期间语言交流的障碍让人们进一步看到了双语人才的重要性;另一方面地震对当地藏族民间文化的破坏,让人们意识到了藏语言及文化保护的迫切性和重要性。正因为如此,双语教育问题和藏文化知识的传授在震后日益得到高度的重视。《玉树地震灾后恢复重建总体规划》明确指出:"加强双语教学,建立健全适合藏区的教材、师资和教学模式相结合的双语教学体系,依托省内高校实施双语教师培训。"玉树州政府也采取了相应措施,如学校积极开展双语教学,开设藏文化课程,积极推荐双语皆懂的优秀学生参加藏汉双语大赛,与内地教育机构联合培养藏汉双语师资,政府要求街道门牌使用双语等,大大调动了人们学习藏汉双语的积极性。

在经济社会发展、政府政策推动等多种因素的影响下,新一代藏族青年学习藏汉双语的意识进一步加强,他们的藏汉双语水平也得到了提升。这种情况在以下的访谈中可以得到佐证。

访谈时间:2013年8月4日
访谈地点:玉树州职校
访谈对象:玉树州职校学生

笔者：你会说藏语、汉语，会写藏文、汉文吗？什么时候开始学习藏文、汉文的？你们学习的专业未来方向如何？未来如何打算？

　　学生：都会写藏文、汉文。汉文是一年级开始学习的，小学、中学以前汉文比较好学，到了中专以后，汉文学习起来有点难度了。中专学的是藏医，大专学的也是藏医。这个专业工作不是太好找，一个班有23人，要好好找工作，把藏医继续下去。已经学习了很长时间了，未来想把助理医师资格证书和医师资格证书考下来，助理医师资格证书考下来后可以当护士，医师资格证书考下来可以当医生。争取把这两个证书考下来。考试的时候有藏文和汉文，比较难。

　　藏族传统文化对藏族个体文化人格心理的模塑作用十分深刻，它使藏族人的生活方式、习俗、价值取向、情感特征等都有其自在的规定性。玉树藏族民间文化的传承和保护要求开展双语教育，这同时能够推动玉树地区教育内容和教育体制的变革。

三、精神文化层面的变迁

　　精神文化是指属于精神、思想、观念范畴的文化，是代表一定民族的特点，反映其理论思维水平的思维方式、价值取向、伦理观念、心理状态、理想人格、审美情趣等精神成果的总和[①]。从文化变迁角度来看，精神文化的变迁一般没有物质文化的变迁那么明显，那么一目了然，但它却是存在的，是不可避免的，会随着物质文化的变迁而发生许多变化，玉树藏族民间文化中的精神文化亦然。

---

　　① 曾丽雅：《关于建构中华民族当代精神文化的思考》，《江西社会科学》2002年第10期。

(一) 传统价值观与现代价值观的冲突、碰撞激烈

帕森斯认为:"人类后天习得的个性因素中最稳定和持久的即是价值倾向模式。这些模式在儿童时代就是定型的,而且到了成年时代也不会有很大的变化。"①藏族的传统观念基本是"重视宗教、重牧轻商、重义轻财、轻商贱利,同时又有着宗教消费较大的伦理"。面对市场经济的大潮,传统的价值观念受到一定的冲击,出现了价值判断上的冲突与混乱。例如,玉树许多藏族家庭的收入主要来源于挖虫草,但这种行为方式在某种程度上是和他们传统的敬山、敬水的信仰相冲突的。一些主要靠口头和行为传承的民间文化如《格萨尔》的说唱,玉树民间舞蹈、民间音乐的收集、整理等趋于削弱;由于传承人的逝世,后继乏人,大量有历史、文化价值的珍贵资料遭到毁弃,一些传统艺术濒于消亡。但通过调查我们发现这种状况在震后有所转变,正如我们在对地震重建后人们对藏族文化的了解变化情况的调查结果所显示的那样:39.8%的人觉得自己对藏族文化的了解更深了。当然,随着现代生活方式影响的扩大,尤其是对年轻人的影响的逐步加深,越来越多的年轻人成为时尚文化品的消费者。关于震后业余活动情况的调查数据表明,在430个样本中有261个样本选择了"看电视看电影",120个样本选择了"歌厅卡拉OK",两者所占比例为88.6%;选择"跳锅庄"的为158个样本,选择"唱拉伊"的为154个样本,两者所占比例为72.56%。受访者最喜欢的业余活动是看电视看电影,其他依次是跳锅庄、唱拉伊、歌厅卡拉OK、打牌聊天等,整体上和地震前的状况基本相似,但是参与业余活动的频率明显增加。这种变化在某种程度上说明年轻人对本民族的优秀传统文化知之不多,缺乏对本民族传统文化的保护和传承意识。其实,现代文化对老年

---

① 陈红:《人格与文化》,安徽教育出版社2009年版,第240页。

人的业余活动影响也非常大,我们在扎西老师家里与75岁的扎西妈妈交谈时,她谈到自己的业余活动时就说,虽然自己是"老年人艺术歌舞团"的成员,但业余生活除了跳锅庄、参加老年艺术歌舞团的训练、活动、表演之外,在家里也与年轻人一样喜欢看电视、看连续剧,热情一点也不亚于年轻人。以下是我们访谈时的内容摘录。

> 访谈时间:2013年8月3日18:00
> 访谈地点:结古镇扎西老师家中
> 访谈对象:扎西75岁的妈妈
> 笔者:阿妈晚上睡得早吧?
> 扎西妈妈:睡得晚,晚上会看韩剧,有时候会到凌晨一两点。
> 笔者:喜欢看什么韩剧呢?《回家的诱惑》看过吗?
> 扎西妈妈:看过,不过都是老片子,还有《天国的阶梯》。不过最爱看的片子是蒙古片《胡杨女人》,是中国拍的,一般用VCD看,因为受不了广告。

在现代文化观念的影响下,在经济发展需求的推动下,年轻一代虽然也在传承本民族的民间文化,但是其中掺入了诸多的随心所欲的改编和再创作,使民族民间传统文化的原初风格、传统特色、原创形式受到一定的破坏和肢解,导致其完整性、原创性甚至是传统性都不复存在。正如元旦活佛在介绍老年人艺术歌舞与年轻人所跳的歌舞之间的区别时所说的那样:"老年人艺术歌舞团跳的锅庄与年轻人跳的锅庄动作的那种力度不一样,标准性不一样。他们这个是传统的,尤其是原生态的,真正的舞蹈就是他们跳的这个。年轻人只知道构造怎么构,构造的那种柔软性没有,真正的难度没有;年轻人能蹦能跳,动作是夸张性的,就是不规范,美感不一样。……年轻人对舞蹈的内容就不明白,有乐曲后就跳一下动作,只能是知道动作而已。这些人(老年艺术歌舞团的)动作表现什么样的思想感情,表现什么样的生活细节,表现什么样的历史背景,都能表达出来。"

(二) 心理归属感受到挑战

玉树震后,由于城镇的扩张发展,突破了原有的格局,将更多周边居民纳入了城镇的运行轨迹中,如一定数量的三江源移民、结古镇附近的牧民,这些人在经济地位上明显处于弱势状态。如一名学生介绍,他们家中有六个孩子,自己是老大,下面有两个妹妹,大妹妹做了尼姑,二妹妹在家玩,都读过初中;父母一般在家,没有什么正式工作,爸爸在过节的时候卖卖经幡,收入不是太好,家中主要收入靠挖虫草;以前的家在囊谦县,后来因为孩子上学的需要,就搬到结古镇了,老家的草山还在,到了挖虫草的时候就回去。这些由牧区转到城镇来的"牧民",往往处于一种"特殊公民"的尴尬境地,就业、福利、社会保障等方面由于受原有政策的限制,得不到与城镇居民同等的待遇,生活比较困难,难以真正融入所处城镇的社会生活中,而引发一些问题。我们在访谈时遇到了一些类似的问题。

笔者:看很多资料,现在的牧民都很富裕吧?

老师甲:也不是,还是要区分农业区和牧业区的。有的牧民很富裕,家里面有几百头牛。但是现在存在一个问题,随着国家政策,三江源区域实行退耕还林、退牧还草,牧区集中起来就比较困难。牧区大队所有的牧户集中起来居住,但集中起来的牛羊没有足够的草场,养殖规模上不去,经济效益就会受到影响。此外,很多牧民对生态移民安置还不习惯,再加上如果完全依靠国家的补助,还是无法维持原有的生活。一些牧民定居点在玉树地震中有的震塌了,有的成了危房,对这些人的生活产生了较大的影响。而城镇区域则恢复得不错,人们的生活质量要高于牧区。

学生甲:我们家我挖得最多,今年挖了 300 根左右,但家里整个下来不到半斤,挖的虫草都给爸爸了。一般最好的一根卖到 70 元,最不好的 10 元。挖虫草很辛苦,而且一般孩子眼睛好,挖得比较多。现在挖的人多了,一年的家庭主要收入靠挖虫草。退耕还草、退牧还草后,家里面基本不放牧的,自从家从囊谦县搬过来后,家里面的牛羊就没有了。

从以上访谈的内容中我们可以了解到,生产方式的突然转变使得一些藏族群体在短时间内很难适应,容易使这些群体产生自卑心理和失落感,甚至是被剥夺感。加之原有的城镇居民对他们也缺乏实际的认同感,使得他们在适应城镇文化生活方面显得被动而无奈,表现出对未来生活的犹豫、迷茫,缺乏归属感。

(三)在多元文化交汇面前充满迷茫与惶恐

玉树地震前,该地区的民间文化形态基本上属于单一的藏文化,但是在地震后,由于重建的需要,大量的外来人口进入玉树,原有的文化环境一下子从比较单一、均质跳跃到多元与异质。在城镇社区不仅有藏族文化,还有汉族文化、回族文化、蒙古族文化等,呈现出多元性特征。这种急剧的变迁,使原有的居民来不及转换社会角色,心理归属感和安全感大大降低。在来不及消化的多元文化面前,会觉得惶恐、失落与疏离。如一些受访者就反映,随着玉树重建,很多外地大老板来玉树做生意,建了很多宾馆、商场,本地居民反而因为资金、信息、技术力量等的不足而无法涉足其中,因而对这种现象很排斥。一些老年人对地震的看法与宗教信仰紧密相连,对现代生活方式比较排斥,因而将更多的精力投入到宗教信仰活动当中,对现实生活的变化感觉无能为力和沮丧、失落。年轻人面对变化的新环境,在适应能力上显然比老年人强,对新的生活方式充满好奇并愿意尝试,但是如果在语言、知识储备、交际能力、生活常识和经验方面准备不足,也会因挫败而产生一些问题,可能会在日常生活、职场打拼、人际交往中感觉力不从心,内心充满迷茫。不断扩张的现代城镇生活改变着藏族原有的生产、生活方式以及思想观念,多元文化、现代观念的冲击使他们面临着诸多新的挑战,为适应新的生产、生活场域,藏族同胞需要立足自身的需求不断地进行调适,并在此基础上逐渐构建起新的文化关系,定位自己的文化位置,适应新的文化生活。

(四)宗教信仰在某种程度上有所强化

人类区别于其他生物种的一个重要特征便是有宗教信仰的文化属性[①]。人类历史至今的历程表明,灾难和宗教一直与人类社会相伴随,特别是在人类陷入灾难时期,宗教的社会功能尤为明显。在某种意义上甚至可以说,灾难必然导致宗教信仰的产生,处于苦难中的人们需要宗教信仰的心灵慰藉与精神寄托。这种情况在玉树表现得尤为突出。一直以来,在藏族人的思想观念中宗教具有举足轻重的作用,从世界观、人生观到价值观以及教育观都贯穿着佛教的内容,致使人们不仅在寺院中学习佛教思想,而且这些佛教思想内容在社会生活中也成为人们的精神支柱,对藏族人民的物质生活有着非常深刻的影响。"'宗教'作为客观存在的事实,

---

① 曹辉林、于飞:《宗教对灾难的回应——以玉树"4·14"和日本"3·11"地震为例》,《青海社会科学》2011年第3期。

无论就时间的绵延或空间的广袤来看,都是人类现象的首要特征。我们可以毫不夸张地说:人群聚居之处,必有宗教痕迹。然而,宗教不只是外显的迹象,它其实是人类生活的核心本质。要了解一个民族,不能不认识其信仰。"①地处青藏高原腹地的玉树是青海五个藏族自治州中土地面积最大、藏族人口最为集中的。据统计,2015 年末玉树全州总人口为 391 853 人,其中藏族 385 683 人,占总人口的 98.4%②。玉树属藏族聚居的全民信教区,藏传佛教在此地的传承已有 800 多年的时间,历史上地处中原通往西藏的唐蕃古道上,因此以藏传佛教为中心的寺院颇多,宗教色彩十分浓厚。在结古镇我们能看到大量的宗教信仰反映在日常生活中的象征符号,宗教信仰渗透在生活的每个细节之中。如玉树藏族同胞的人生礼仪,无论出生、成年还是婚丧仪式,按照习俗都要请求寺院活佛僧人给予命名、指导"占卜择吉"、诵经祈福乃至亡灵超度。尤其是临终关怀与天葬仪式,则更需要佛教灵魂轮回信仰的指引和寺院僧人的参与。据新华网讯,2010 年 4 月 17 日,玉树地震灾区近千名遇难者的遗体在寺院安放三天后集体火葬(因灾情特别,而改以往天葬习俗为火葬),上千名家属来到现场含泪送别亲人,数百位僧侣在活佛带领下为亡灵诵经超度,给逝者以尊严,给生者以安慰。玉树藏族对宗教的信仰还可以通过作为众多寺院代表的结古寺、文成公主庙以及天葬台、风马旗(经幡)、转经筒、嘛呢石等广泛存在的宗教现象得到充分体现。特别值得一提的是,玉树依然保存有被誉为世界第一大嘛呢石堆的新寨嘉那嘛呢石堆,这种在玉树等藏区普遍可见且刻有佛教六字真言或经文佛像等符号的嘛呢

---

① 傅佩莱:《宗教的最佳面貌》,[美]休斯顿·史密斯:《人的宗教》,刘安云译,海南出版社 2001 年版,第 1 页。
② 《玉树州 2015 年国民经济和社会发展统计公报》,http://www.qhtjj.gov.cn/tjData/cityBulletin/201605/t20160525_42292.html。

石堆,不仅是一种外在的宗教圣物,更是玉树藏族民众心里的一座信仰丰碑。

  在玉树地震中,灾区民众大量物产遭毁,无数生命丧失,这给在地震中遭遇不幸的人们的心理和情感造成了猛烈的冲击与伤害。在突如其来的劫难降临之时,不幸的灾民内心顿生难抑的悲情,整个社会与个体急需情绪的安定和心灵的抚慰。在这场危机中,宗教信仰与情怀受到了极大的激发。玉树震后,几乎每天都能看到亡者亲属给亡灵做的各种超度仪式。玉树地震发生 49 天后,按照佛教理论关于"中阴"的解释,6 月 1 日这天,结古寺僧人在扎西大通火葬场举行法会,僧俗共同为亡灵诵经超度,高僧还给普通信徒讲述中阴的过程,用佛教经典抚慰亡者亲属。到了晚上,在扎西大通火葬场,结古寺僧人煨桑并点酥油灯数千盏,为亡灵超度和轮回祈福。从上述玉树民众的宗教信仰对灾难与死亡的回应中,我们看到传统的宗教世界观的价值之一就是对身处宇宙之内的人类作为物种的存在以及生命之偶然性的关心。事实表明,在共克人类社会危机与灾难的各种力量之中,宗教信仰的心理支持与精神慰藉作用绝不是无足轻重的,反而是十分必要而且相当重要的。因此从这次调查情况来看,地震后牧民的宗教信仰比例反而比地震前有所增加:在地震前对宗教信仰的态度的调查中,有宗教信仰的占到总体的 70%,没有宗教信仰的占到 15.6%,无所谓的占到 14.4%。而在地震后对宗教信仰的态度的调查中,有宗教信仰的占到总体的 77.2%,没有宗教信仰的占到 17.9%,对宗教信仰持无所谓态度的只占4.9%。此外,国家对玉树地区文化设施的巨大投入(截至 2013 年上半年,国家累计向玉树全国重点文物保护单位拨付修复经费 2.148 6 亿元,对玉树灾后文博设施修复投入 9 664 万元,对省级及以下文物保护单位投入 1.885 亿元,对少数民族非物质文化遗产抢救保护投入948万元[①]),使得玉树地区寺院等宗教建筑、宗教活动场所得到重建、扩建或增加,再加上人们居住相对集中,玉树藏族宗教信仰和文化生活进一步得到强化。但是,在现代文明的冲击下,不容否认的是,藏传佛教无论是从观念到思想,还是从行为到仪式,正在从传统的世俗化向适应现代社会的现代化转换。

四、城镇文化变迁与牧区文化变迁不同步

从本次的调研中,我们看到玉树藏族民间文化的变迁在城镇变化较显著,而乡村的变化则较缓慢。从大文化的角度看,任何一个民族的文化现象与经济现象都不是孤立存在的,而是有机的整体。当经济结构变异时,这一趋向必然反映在文化形态上。以结古镇为例,由于结古镇是州、市、镇政府所在地,又是玉树重建的重点区域,镇内居民中有相当高比例的机关干部和事业、企业单位的从业人员,他们是与现代生产、生活方式和文化接触最为频繁的群体,是当地文化消费的引领者。此外在玉树震后重建的过程中,现代生产、生活方式以及文化影响的范围和深度日趋扩大和加深,因此,结古镇在服饰、饮食、居住、交通等方面的变化都比较大。结古镇在文化变迁中既有对传统藏族民间文化的传承,呈现一定的传统藏族文化的特点,又受现代文化的影响,呈现出传统与现代、传统与时尚交融的特征,成为城镇在藏区传统文化传承和发展中的典型代表。如所有的建筑融入现代文化元素的同时,也保护和传承了藏族传统文化,集时代特征、民族特色、地域风貌之大成。地震重建后,充满浓郁藏族特色的新玉树呈现在世人的面前,具有民族特色和时尚元素的服装店、奶茶店、网吧、美容院在结古镇随处

---

① 蔡萌:《走出灾难 重获新生——震后玉树迎来文化新发展》,《中国文化报》2013年4月12日。

可见,一辆辆崭新的公交车穿行于街头巷尾、结古镇的商业中心,这些都给人一种身在现代都市的感觉(图6-2)。

图6-2　震后重建情况鸟瞰

现代文明正在润物细无声地改变着玉树藏族传统社会和文化的面貌。就地处结古镇的年轻人来说,他们的视野越来越开阔,文化观越来越包容,也越来越会享受现代化带来的便利。如网购已经不知不觉间在玉树成了新时尚。结古镇邮局的大厅里站满了来办业务的人,其中最多的就是取包裹的。在邮局的分拣室里,工作人员说,每天收到的包裹大约有300个,其中绝大部分都是当地居民从网上买来的各种东西,小到鞋帽衣物,大到数码产品。藏族的传统服饰逐渐成为节日盛装或舞台上的表演服装,民间歌谣也渐渐远离人们的日常生活,取而代之的是流行歌曲,电视、网络、书籍代替了生动的民间故事讲述。而随着农牧业生产方式的改变,一些传统的生产习俗、信仰观念和仪式在城镇也逐渐消失。地震后现代文化在玉树地区的传播更为广泛、影响更为深刻,使得结古镇藏族的服饰、饮食、歌舞艺术、生产和生活方式被同化,而且行进的速度明显快于牧区、农村,趋同化的现代生活成为当地民间文化的主流。

　　与城镇文化变迁特点相对应的牧区,由于经济发展相对滞后,在文化变迁方面则显得相对迟缓。如宗教信仰比例相对比城镇高,文化生活多围绕着宗教信仰进行;饮食还比较传统,变化较少;服饰还倾向于传统藏族服饰,尤其是老年人。一位来自囊谦农村的学生说:"在牧区,每个孩子都有自己的藏服,一般过节的时候才穿,平时上学就穿校服,但是自己的爸爸妈妈平时都穿藏族服饰。另外,家里还会给孩子们准备藏饰,如给过了20岁的男孩佩戴藏刀,给10岁的女孩佩戴装饰性的藏刀或佩饰。"相对于城镇,玉树地区的农牧区对传统民间文化的固守较执着。图6-3为地震四周年时禅古村一社村民站在三年前拍摄合影的地方的再度合影①。从

图6-3　禅古村一社村民合影

---

①　http://news.zynews.com/2014-04/14/content_9323402_3.htm。

图中可以看出,大部分村民仍然穿着自己喜爱的藏服。

五、多元民族文化元素的互相整合

文化整合,即指不同文化相互影响、吸收、融化、调和而趋于一体化的过程①。青海本来就是典型的多民族地区,不同的民族文化在这里被欣赏、体悟,并被不同的民族文化载体所共享。从图6-4中可以看出,山顶上是修葺一新的结古寺,山脚下左面是我国电器龙头企业海尔专卖店,右边是川菜火锅店"蜀香打渔火锅店",电器店与火锅店门牌名称均为汉藏双语。两店之间是现代交通标志红绿灯,整个街景呈现出一派多元文化和谐共荣的气象。

图6-4 震后重建的结古镇街景

在现代社会中,民族间的交往比以前更频繁。随着玉树的重建,尤其是玉树对旅游资源的开发,大量的不同民族、不同区域的重建者、支援者和旅游者纷纷进入玉树。这些来自不同地方的人

---

① 林耀华:《民族学通论》,中央民族大学出版社1997年版,第395页。

群携带着不同的文化元素与文化符号,有着不同的价值观和行为模式,他们在参与玉树重建或在玉树旅游的过程中必然与玉树原有居民的个体和群体发生交流、接触,使得各民族的文化交流更加频繁。这样,多元文化便与玉树原有的藏族文化发生接触、传播或借用、涵化甚至对抗,文化整合现象日趋增多,从而引起文化的变迁。马林诺夫斯基在《文化变迁的动力》中指出,文化变迁的因素与动力来自两个方面:一方面是文化内部自生的力量,即自主性的创新(independent invention),另一方面是来自不同文化的文化传播(diffusion)。传播是互相的、双向进行的不同文化的接触,重建和旅游作为流动的活动,是一种文化与多种文化的接触与交流过程。重建和旅游开发改变了人们的聚落方式,改变了人们的生产和生活方式、行为方式,改变了人们的交往模式、思想观念、风俗习惯等,导致文化变迁,也使得其他民族文化元素在玉树不断熏染,形成了多元文化并存、相互交融的态势。如结古镇的饮食文化,就集中了青海本地的汉族传统饮食、藏式餐饮食,会聚了西餐、川菜、粤菜、湘菜等餐饮的文化要素。

六、文化设施与队伍建设的变迁

玉树是青海藏族文化保存最完整也是最丰富的地区之一,藏文化底蕴弥足深厚;玉树这片美丽富饶的草原,其独特的生存环境、历史悠久的民族文化造就了高原藏族灿烂而神秘的传统文化。博物馆、文化馆、图书馆、纪念馆等文化场馆是非常重要的民族文化载体,也是非常重要的民族文化教育基地,在民族文化的保护中具有举足轻重的地位[①]。因此,地震后玉树投入了大量的精力重建玉

---

① 喇明英:《汶川地震后对羌族文化的发展性保护研究》,《西南民族大学学报(人文社科版)》2008年第7期。

树公共文化服务设施。经过重建,65个文化项目全部完成,州图书馆、格萨尔文化中心、州博物馆、抗震救灾纪念馆、文成公主纪念馆的展陈工作顺利完成,部分场馆实现对外开放。此后还陆续建成农牧民健身、体育健身进寺院等一批公共文化基础设施项目,实施了文化"进村入户"、农(牧)家书屋、"两馆一站"免费开放、"红色公益电影"放映、康巴语电视剧译制等一系列文化惠民工程。如今玉树基本公共服务设施硬件水平跃居藏区前列,文化队伍不断发展壮大。2017年1月,文化部批准设立藏族文化(玉树)生态保护实验区,通过实施文化生态保护实验区建设,将建立起科学有效的藏族文化遗产保护体系,使相关非物质文化遗产项目得到整体性保护,这为玉树文化的发展、文化遗产保护以及队伍建设带来了新的发展机遇。

2013年在玉树震后重建时,当时的玉树文物保护局索局长曾就玉树文化队伍建设方面做过如下介绍:"通过这次灾后重建,也培养了我们地方上一些以后真正能顶事的队伍。现在,最让我们感受到的是这一点,就是所有的精英集中到我们这里进行修缮,有了好的成绩,同时培养了一些基层的懂文物的,将来真正能顶事的一些文物骨干。原先我们这边科班出身的一个都没有,全部都是半路出家。像我是本科生,我学的是藏语言文学专业,我这个的话,在我们这个行当里算是可以找到一些与文物有切入点的一个专业。为什么呢?我们大部分文物都是民族宗教方面的,因为这片地区全部是民族信教区,所以说,我们这里的所有的文物大部分属于宗教文物。比如说古建筑类,就是宗教古建佛殿、佛堂、护法殿、修行洞,类似的这样的不可移动文物;移动文物有佛像、唐卡,还有各种法器,这些为主;当然民俗的也有,但不是主要的。我的专业还好一些,其他的都是半路出家,但也没有文物方面的扎实的基础。通过这次灾后重建,和这些行内的专家接触、实践培养了一些这方面的人才。"公共文化服务设施的增多和文化人才队伍的不断发展壮大有助于各类文化活动的开展,也有助于藏族民间文化的传承和发展。

第二节　玉树藏族民间文化变迁原因分析

一、现代文化的影响

文化是受多种因素影响而形成的,玉树藏族民间文化的形成和持久存在,离不开特定的自然环境、历史民族变迁和多元文化碰撞交融。藏族民间文化是与其相对应的特定历史时期经济、政治和意识形态息息相关、紧密联系在一起的。一个民族的文化传统由人们在其所处的自然与社会人文环境中创造的文化要素凝聚而成。由于人与环境交互作用的多样性,便形成了文化传统的原初模式的差异。玉树独特的地理环境是藏族传统文化产生、传承的基础,它给在这里生活、生产的民众提供最初的生存空间、创造文化的场所和物质可能。在时间、空间与文化内容构成的三维坐标中,时间与空间的变化必然导致文化内容的重要变化。"变迁一般是由社会文化环境或自然环境的改变引起的。这两方面的变迁经常是同时或先后发生的。这里所称的社会文化环境指人、文化和社会,而自然环境指的是某一特征的生态环境,包括天然的(如山脉、平原)和人造的(如建筑物、道路)两种。……无论如何,当环境的改变有利于新的思想模式和行为模式时,社会文化变迁的先决条件就具备了。"[①]在经济全球化和信息高速发展的背景下,现代文化对传统文化的冲击必然要求传统文化做出适应新的社会经济形势与社会生活的有效回应。随着现代文化的传入,经济发展与

[①] [美]克莱德·M.伍兹:《文化变迁》,何瑞福译,河北人民出版社1989年版,第22页。

城镇化步伐的加快,物质生活的逐渐丰富,现代化的、新的生产方式和生活方式不断对玉树藏族传统的生产和生活方式产生巨大影响,进而推动其文化内容发生相应的变化,由此产生文化变迁。玉树地区传统的游牧生活方式决定牧民过着逐水草而居的生活,但随着现代生活方式的影响、三江源生态保护工程的展开以及玉树地震后大规模的重建,许多地区的传统民居——帐篷已经被楼房所代替,导致生活空间发生重大转换。原来居住地比较分散,生活环境安静,在集中到城镇以后必然引起生活方式的转变,继而影响到一些传统文化内容的变化。如婚俗加入了更多的现代文明的因素,饮食和服饰趋于现代化、时尚化和多元化。民众过去用以丰富生活的民间艺术形式,随着电视、网络的普及,多数受到冲击,不再受到年轻人的钟爱而处于日益边缘化的境地。一位在玉树州职业学校就读的学生说:"很多同学现在喜欢唱流行歌曲,比较喜欢同年龄阶段的歌手,藏歌也听。听艺人说唱过《格萨尔》,但是对其了解不深,好多内容听不懂。"

在宗教文化方面,由于现代文明的迅速发展和传播,藏传佛教文化传统的信仰实践模式受到新的影响和冲击。"现代社会文明的冲击给藏传佛教文化带来的影响力是超乎寻常的,藏传佛教世俗化的速度也会越来越快;它所带来的必将是一系列的藏区传统社会生活理念和生活方式的转变。"[①]藏传佛教在其组织形式、宗教人员、活动程序和仪式模式等方面都发生了新的变化。为迎合旅游经济的发展模式,一些寺院成为观光景点;藏传佛教僧人的生活现代化,僧舍装饰、用具,通信与交通工具的现代化和时尚化,体现了僧众对现代社会发展成果的向往;民族宗教艺术呈现品牌化、

---

① 李姝睿:《藏传佛教文化的世俗化》,《青海师范大学学报(哲学社会科学版)》2010年第6期。

市场化的发展,开始更多地服务于社会性收藏和商品销售需求;现代信息和交通的发展带动了僧人和群众活动半径的扩大,视野和观念的更新改变了僧众居寺化缘受施、信徒时时膜拜和供奉佛寺的传统习俗。当然寺院在玉树社区中仍然发挥着重要的作用,这种功能甚至在地震后得到了进一步强化。宗教所关怀的对象与领域多侧重于精神和灵性世界,对人类生死问题的探究更是各种宗教传统的核心所在。由于长期浸润在苯教与藏传佛教的信仰氛围里,玉树民众深信灵魂观念和生死轮回思想,这使他们在灾难与死亡面前表现出的更多的是安定、坦然与深沉。玉树地震后,几乎每天都能看到亡者亲属给亡灵做的各种超度仪式。佛教、基督教或者伊斯兰教在许多不同的社会中存续了千年以上的事实,证明这些宗教对于人类苦难,如疾病、肢体残废、悲伤、衰老和死亡等,具有持久且强大的回应能力。

二、文化模式多样化的影响

青海各民族和各族群在不同的生态环境和社会环境中,从自身的生存、发展出发,创造自己的生存空间,创造出自己必需的物质、精神财富。同时,杂居共处,共同开发、建设家园,始终有着频繁的民间交往。在长期的交往中,彼此学习,相互交流,互通有无,产生了相互依存、共同发展的密切关系。随着现代信息技术和交通的发展,尤其是玉树地震后的重建,更多青海境内其他地区的人群进入玉树,民族间的交往比之以前要更加便利、更加频繁,这些人群带来的不同的生产方式、生活方式和文化因子,在与藏族传统文化的接触、交流、碰撞过程中,必然引起玉树藏族某些传统文化的变迁。如饮食民俗是反映民族文化发展和变迁的一种直观表现,玉树藏族饮食文化呈现多元化的态势,不仅受到青海境内其他地区或民族饮食文化的影响,如回族、撒拉族的油香、馓子、麻花、牛肉拉面、炒面、粉汤等清真小食为藏族同胞所喜爱;汉族的面片、擀面条、焜锅馍等也为藏族同胞所普遍接受。他们还借鉴湘菜、川菜、粤菜等饮食文化模式,对原有的传统藏族饮食进行创新和再加工,如在经营藏餐时兼营川菜、粤菜等,注意就餐环境的清洁、舒适等,从而形成新的适应多种需求的又不失传统特色的饮食模式。再比如锅庄舞——藏族三大民间传统舞蹈之一,这种舞蹈被推广到城镇里,如今已经成为青海各大城市都市文化活动的重要组成部分。如果你在西宁清晨或傍晚的街头走一走,会发现很多街道或广场上都有跳锅庄舞的人群,与其他地区明显不同。藏族歌曲的演唱也更多地加入了现代音乐的伴奏形式,传播的方式也呈现出多样化趋势,更多地通过电视、网络等现代媒体进行传播。玉树藏族文化中的宗教文化是其重要的构成部分,多样性和多元化的宗教文化呈现了玉树藏族民间文化丰富多彩的一面,其中蕴含了广大群众的道德价值判断(如善有善报,人要行善)、生活逻辑(生活节奏、与自然的和谐关系、许愿与还愿)、解释体系(风水判断、神判)以及人们对幸福生活的追求,对社会秩序的期待,对宇宙的最初的认识,尤其是面对藏族居住地区脆弱而供给能力有限的自然环境,通过不断地认识自然、改造自然、适应自然、总结自然和经验的世代相传,藏族人民形成了统一完整的生态文化系统。在现代社会,这种传统意识对于保护自然环境,尤其是在三江源生态保护建设工作中,可以起到积极的作用。在玉树重建过程中,从党中央到地方政府都高度重视玉树的生态环境保护,在《玉树地震灾后恢复重建总体规划》中单列生态环境一章,明确指出"加强生态环境保护是恢复重建的重要内容。坚持尊重自然、尊重科学,加强三江源、隆宝自然保护区等建设,加大环境整治和土地整理力度,提高防灾减灾能力,努力实现高原生态系统良性循环"。之后,玉树在重建中始终秉承"生态保护优先"的理念,使生态保护的传统意识与现代环境保护需求相契合,实现了生态保护与灾后重建同行。《玉树地震灾后恢复重建总体规划》中实施93项生态修复、环境整治和防灾减灾工程,投资6.14亿元,占总投资的89%[①]。玉树重建收官后,又进一步确定了"改善三江源生态环境质量,提升农牧民生产生活水平,努力构建生态文明体系"的生态保护与建设发展方向,并且在实践中加以落实,取得了显著成效。2015年,玉树三江源地区的草原植被覆盖度平均提高3.08个百分点;黑土滩治理区植被覆盖度由治理前的20%增加到80%以上;境内湖泊面积逐年增加,卓乃湖高出地平线,形成了面积约1平方千米的新生湖;治理水土流失面积90 000亩,封育三江源区湿地11 250亩,荒漠化较为严重的治多县净减少沙化面积670 600亩;玉树三江源生态保护和建设一期工程累计完成投资37.71亿元,占全省三江源投资的50%。一期22个规划项目中玉树就实施了16项[②]。经过三江源生态保护工程的实施,玉树生态系统宏观结构局部改善,取得了显著的生态和社会效益,呈现出了"增水、增草、增鸟、增收入、增和谐"的"五增"现象。玉树的生态环境恶化现象得到遏制,农牧民生产、生活条件不断改善,当地广大干部群众的环保意识明显增强。玉树还不断巩固扩大保护和建设成果,全力以赴打造生态文明建设升级版,全力推进三江源国家公园体制试点工作,认真组织实施生态保护和建设项目,2016年完成造林绿化1.2万亩,发展林下经济2 000亩;筹资1.1亿元,打造歇武到结古百里生态绿色长廊,全面推进生态环境网格化监管工作,实现环境监管境域内"全覆盖"[③]。"玉树最大的价值在生态,最大的潜力在生态,最大的责

[①] 《中国在玉树重建中实现"生态保护优先"》,http://news.xinhuanet.com/politics/2013-04/15/c_115394662.htm。
[②] 《玉树生态保护与建设纪实》,《青海日报》2015年5月8日。
[③] 2017年玉树州政府工作报告,http://www.qhys.gov.cn/xxgk.html。

任也在生态。要积极担当生态保护的政治责任,争取成为全省生态文明建设先行区中的示范区,在全省生态建设大格局中争取更大的地位和分量。"这成为玉树生态保护与建设的鲜明立场和玉树人民的普遍共识,环境治理常态化工作机制和全民参与的氛围正在形成,藏族同胞传统的生态文化系统与现代社会完美契合,焕发出勃勃生机。

再比如藏传佛教经历了千年的发展,成为一种制度性的宗教,青海多个民族都信仰藏传佛教,玉树地区的藏族更是如此,因而藏传佛教在社会、心理、生活、价值观等方面都对他们产生了极大的影响。除了藏传佛教职业宗教者之外,民众对藏传佛教的体悟与信仰都表现在民俗生活层面上,最明显的是"嘛呢"信仰。玉树拥有世界上最大规模的新寨嘛呢石堆。地震后,新寨嘛呢石堆不仅得到了恢复重建,还在原有的基础上进行了扩建,从而成为众多慕名而来的藏传佛教信徒的朝圣地,散发着浓郁的文化气息,成为各民族文化交融的重要平台。加之现代技术的传入,篆刻嘛呢石的技术和方法也发生了变革,现在可以用现代机械篆刻嘛呢石,不仅速度快、样式多,而且方便、省时、省力,如今在玉树许多地区出现了以在石板上篆刻嘛呢的专业匠人和经营买卖嘛呢石的商人。由此可见,藏族传统文化在多种文化模式的影响下,逐渐浸染现代气息,由此产生了从形式到内容,然后到思想观念的变迁。

三、地震引发的反思

玉树地震是一个特殊事件,但这个特殊事件对玉树地区藏族民间文化的变迁产生了深远的影响,它在一定程度上加速了玉树地区藏族民间文化变迁的步伐,增强了政府和普通民众对藏族民间文化传承与保护的意识,强化了对藏族民间文化的保护行为,并在对藏族民间文化的保护和传承方面有所作为,收到了明显的效果。

地震对玉树藏族民间文化遗产尤其是物质文化遗产造成了严重的破坏,在调查中,大多数被调查者认为物质文化遗存,包括寺院、宗教场所、古墓葬、石窟、石刻、古遗址等,遭受了重创。此外,地震中一些非物质文化遗产的传承人也受到伤害,因此对某些非物质文化遗产也产生了消极的影响。惨重的损失唤起了人们对藏族民间文化的关注,唤起了人们传承和保护藏族民间文化的意识。《玉树地震灾后恢复重建总体规划》中明确提出:"要特别注重保护民族宗教文化遗产,充分体现当地民族特色和地域风貌。"还专列章节就文物保护、非物质文化遗产保护、地震纪念设施建设等文化遗产保护的具体内容进行了详细的规定。因此,在重建过程中,对于物质文化遗产的修复、重建成为玉树重建的重要任务之一。据时任玉树文物保护局索局长介绍:"到 2013 年 7 月,35 个文物加固修复项目已经竣工、验收,而且大部分已经在交付使用。"索局长还谈道:"经过这次修复加固,解决了好多文物年久失修的问题,很好地保护了玉树地区的物质文化遗产。这次灾后重建,受益最大的就是很多年久失修的文物重放光彩,这点是有目共睹的。第二个就是培养了一些基层文物方面的骨干,将为更好地传承和发展玉树藏族民间文化发挥积极的作用。"不仅政府重视对藏族文化遗产的保护,普通民众也在经历了这次地震灾害之后,对文化遗产有了新的认识。如表 6-3 所示,大多数受访者认为藏族文化的传承是重要的,占比达 74.4%。

表 6-3　传承藏族文化重要程度认知情况调查

重要程度	频率(人次)	百分比(%)
重　要	292	67.9
比较重要	28	6.5

续 表

重要程度	频率(人次)	百分比(%)
一 般	81	18.8
不重要	19	4.4
不清楚	10	2.4
总 计	430	100

地震虽然对玉树藏族文化遗产造成了严重的破坏,但恰恰是地震后从政府到民间对物质文化遗产的着力修复和保护,反而增强了大家对藏族民间文化传承和保护的决心、信心。这种情况在表6-4中有明显的体现。受访者中认为藏族民间文化有了进一步发展的占比达44.7%,认为藏族民间文化的传承和保护退后了和停滞不前的占比17.9%。从调查结果来看,受访者对藏族文化的传承、保护和发展持乐观态度,经过地震这个特殊事件,大家对保护和传承藏族传统文化有了新的认识和体悟,加之国家政策的扶持和资金、人员的大力投入,玉树藏族民间文化的传承和保护得到了高度重视和进一步加强。同时,随着现代文明在地震后更加迅速而普遍地传入玉树地区,进一步加速了玉树藏族民间文化的变迁。

表6-4 玉树重建后群众对藏族民间文化保护发展情况的认识情况调查

变化情况	频率(人次)	百分比(%)
退后了	35	8.1
停滞不前	42	9.8
有了进一步发展	192	44.7
不清楚	161	37.4
总 计	430	100

以玉树地区藏族传统节日的变迁为例，我们能看到文化变迁节奏的加快。节日是人们周期性参与的活动或事件，它与人们的日常生活不同，但又与人们的日常生活密不可分，它更为集中地反映了社会历史、经济生产、宗教道德和文化艺术等方方面面，节日习俗是人们物质的、精神的、行为的文化综合体的集中体现，是历史积淀的结果①。玉树藏族同胞的传统节日，从内容到形式都具有佛教信仰的显著特色，这些节日体系中传承和保留了许多宗教性的活动，宗教色彩浓厚。如藏历新年开展的大旧法会和小旧法会，赛马节上跳的宗教色彩极其浓厚的金刚舞等。地震后，随着外来建设者的增多，玉树地区的节日更加多元化，不仅有藏族传统节日，如糌粑节、沐浴节、藏历新年等，还有汉族的元宵、端午、中秋等传统节日，年轻人还过西方的圣诞节、情人节、母亲节、父亲节等节日，呈现出较快的多元化的变迁态势。

　　地震进一步强化了人们对玉树地区非物质文化遗产的关注、传承和保护。例如，宗教文化是玉树藏族精神文化的重要组成部分，对玉树藏族同胞的价值取向、思想意识、伦理道德、行为规范、风俗习惯等都有巨大的影响。玉树地震进一步强化了人们对宗教信仰的虔诚度。马林诺夫斯基曾指出："无论有多少知识和科学能帮助人满足他的需要，他们总是有限度的。人事中有一片广大的领域，非科学所能用武之地。它不能消除疾病和腐朽，它不能抵抗死亡，它不能有效地增加人和环境的和谐，它更不能确立人和人之间的良好关系……不论已经昌明的或尚属原始的科学，它并不能完全支配机遇，消灭意外，及预测自然事变中偶然的遭遇。它亦不能使人类的工作都适合于实际的需要及得到可靠的成效。"②所以

---

① 赵宗福：《青海多元民俗文化圈研究》，中国社会科学出版社2012年版。
② ［英］马林诺夫斯基：《文化论》，费孝通等译，中国民间文艺出版社1987年版，第48页。

我们看到在地震之后,玉树信仰宗教的人数反而增加了,宗教活动进一步活跃,人们对宗教的信仰更加虔诚了。

　　无论是政府还是普通群众,对于一些非物质文化遗产如玉树的歌舞、音乐、《格萨尔》等的关注度较之地震前都有所提高。在民间,地震后结古镇成立了民间老年人艺术歌舞团,希望通过自己的力量传承原生态的玉树舞蹈。它的组织者嘎嘎老人介绍说:"我们成立的这个舞蹈队跳的主要是原生态的舞,现在我们有110个人参与到这个活动中来,以前没有这样的组织,也没有这样的政策,现在党中央、国务院有这样的政策的情况下,我们大家就集合起来了。以前有这种说法,玉树人能走路就能跳舞,能说话就能唱歌,我们想把这个传统一代一代传下去,我们现在学生也教着,年轻人也教着,我们的目的就是这样。"在国家和政府层面,更是投入了大量的人力、物力、财力致力于发掘、传承和保护玉树藏族的非物质文化遗产。如今,玉树的非物质文化遗产保护工作取得了重大进展,获得了丰硕的成果。2013年,玉树30个文化项目申报青海第四批非物质文化遗产名录。2016年,玉树"非遗文化周"活动开幕,全面展现玉树非物质文化遗产保护工作的阶段性成果。据统计,玉树有全国重点文物保护单位7处,省级文物保护单位29处,国家级传统村落3个,中国历史文化名村2个,已被列入联合国教科文组织"人类口头和非物质遗产代表作"名录1项,国家级非物质文化遗产代表作名录11项,国家级非物质文化遗产项目代表性传承人24位,省级非物质文化遗产项目代表性传承人16位,列入省、州、市(县)级非物质文化遗产代表作名录达190项[①]。2017年,国家级藏族文化(玉树)生态保护试验区获得文化部批准,为康巴藏族文化全面、系统、完整保护和传承带来了难得的机遇。文

[①] 《"三问"流光溢彩的玉树藏族文化》,《青海日报》2017年2月10日。

生态保护区建设是实现非物质文化遗产活态传承、整体性保护、可持续性保护的重要方式，是当前中国非物质文化遗产保护工作的重要内容。国家级藏族文化（玉树）生态保护试验区的设立，有助于推进玉树地区藏族文化生态整体性保护，提高非物质文化遗产保护传承水准，弘扬中华优秀传统文化。

玉树藏族民间文化变迁由于受到国家力量的影响，整个文化变迁的速度和力度都有所加快和增强，呈现出新的文化现象。玉树灾后重建，国家的力量始终是玉树区域发展、繁荣的重要推动力。同时国家又是玉树灾后重建在区域社会的解构与再构进程中的主导者。玉树社会文化的重建，国家不仅"在场"，而且利用自身的优势，加强了对玉树社会的整合与建构。"玉树灾后文化重建，是玉树基层民间社会与国家相对疏离的场景中主动用文化符号把国家接纳进来，而国家在场的扶持重建过程中也将国家色彩充分体现在区域重建的每一个角落。"[1]灾后重建的玉树州博物馆与牦牛广场、康巴艺术中心、格萨尔广场、地震遗址博物馆、游客服务中心、玉树州行政中心、文成公主博物馆、嘛呢石经城、玉树结古镇两河景观、湿地公园为主的十大标志性建筑，既是新玉树建设的点睛之笔、压轴之作，同时也是国家与乡土文化重建互动下"新玉树、新家园"的形象代表[2]。玉树灾后文化重建蕴涵着传统观念与价值的转化，灾后玉树文化是所处地域文化的集中体现。例如，玉树在长期的历史发展中形成了极为丰富的环境保护理念和独特的生态观，并在生产、生活实践中形成了许多保护自然、珍惜生命的禁忌习俗，体现着人与自然和谐相处的精神。当下，这些理念和国家倡导的生态环境保护、三江源保护区建设的精神完全吻合，经过积

---

[1] 骆桂花、白世俊：《民族文化的传承与再造——以玉树灾后文化建设为例》，《青海民族研究》2013年第3期。
[2] 《新玉树十大标志性工程设计方案》，《青海日报》2010年10月30日。

极、有效的引导,势必在未来青海的环境保护中起到积极作用,并形成新的生态文明理念。

四、旅游经济的发展

从大文化的角度看,一个民族的文化现象与经济现象都不是孤立存在的,而是有机的整体。一个民族的文化传统是由人们在其所处的自然与社会人文环境中创造的文化要素凝聚而成的[1]。当经济结构变异时,这一趋向必然反映在文化形态上。旅游作为一种流动的活动,是一种文化与另一种文化的接触与交流过程。旅游开发改变了人们的聚落方式,改变了人们的生产和生活方式、行为方式,改变了人们的交往模式、思想观念、风俗习惯等,导致文化变迁。玉树在发展旅游经济方面具有天然的优势和丰富的资源。"玉树的自然和文化资源在全国具有较强的独占性,藏文化的根、三江源头都是其他地区不可比拟的独占性资源。"[2]玉树是长江、黄河、澜沧江的发源地,水利资源富足;北有昆仑山,南有唐古拉山,东有巴颜喀拉山,西有可可西里山,高山大河造就了玉树壮美的高原风光。林地总面积39万公顷,有江西、东仲和白扎三大原始林区,拥有野牦牛、野驴、藏羚羊、藏獒、雪鸡等珍禽异兽,鸟类品种为全省之首,兽类品种居全省第二。河、山、草原、森林、动物乐园等自然景观呈现了玉树旅游资源的丰富多样。玉树又是唐蕃古道的主要途经地,沉淀着浓厚的藏传佛教历史文化,境内的藏传佛教宁玛派、萨迦派、噶举派、格鲁派四大教派齐全,和谐共存。玉树有245座寺院,并有国家级非物质文化遗产10项;拥有文成公主庙、桑周寺、创吉尼斯世界纪录的嘉那玛呢石堆、囊谦县达那寺、

---

[1] 赵宗福:《青海多元民俗文化圈研究》,中国社会科学出版社2012年版。
[2] 张荣刚:《灾后重建的文化要素与文化旅游业的发展——结合青海玉树建设》,《青海社会科学》2010年第3期。

格萨尔王三十古塔等全国重点文物保护单位7处,青海省级文物保护单位29处。灾后重建基本完成后,玉树州委、州政府提出了以旅游为载体、文化为内涵、商贸为支撑,深化和拓展文化、旅游、商贸深度融合,构建现代服务业发展新格局,最大限度地促进资源优势向经济优势的转化,把文化旅游产业培育成全州最具活力的支柱产业,成为新玉树跨越发展的重要推动力量的文化旅游发展思路;制定出台了《关于加快推进文化与旅游融合发展的若干意见》《关于促进旅游业改革发展的20条措施》《关于进一步加快文化事业发展的若干政策措施》等文件,为玉树文化旅游融合发展提供了政策保障。如今,玉树有隆宝滩、新寨嘉那嘛呢、勒巴沟—文成公主庙、当卡寺、贡萨寺、囊谦县尕尔寺大峡谷生态旅游景区等9个AAA级景区;玉树结古寺、称多拉布民俗村2个AAAA级旅游景区和称多赛巴寺1个AA级旅游景区[1]。为进一步推动旅游发展,打造旅游品牌,提升服务品质,2015年,玉树致力于创品牌项目,打造三江源文化旅游高地,先后开始建设结古、囊谦尕尔寺、尕丁寺、达那寺、称多通天河文化旅游长廊、杂多昂赛巴艾涌地质公园、治多、曲麻莱江河源重点景区公共服务保障项目;推出《音画玉树》《格萨尔王》系列精品剧目,提升传统赛马节、国际虫草节、雪域牦牛文化节的品位,精心打造一系列文化创意节庆品牌,充分展示玉树文化魅力;加大了玉树虫草、嘛呢石刻、康巴服饰、安冲藏刀、藏娘唐卡、囊谦陶艺、藏毯、帐篷等系列旅游商品研发力度,打造特色文化旅游商贸街区;大力发展乡村旅游,培育一批高品质农(牧)家乐、休闲农庄和特色旅游营地。如今,玉树藏式建筑、饮食、服饰、安冲藏刀、嘛呢石刻、民族工艺品等已初具规模,"藏家乐"

---

[1] 《玉树A级旅游景区名录》,http://www.yushunews.com/system/2017/05/03/012301176.shtml。

"牧家乐"等乡村游也在迅速发展中。藏族歌舞、草原赛马节为玉树旅游业发展带来勃勃生机。2015年,玉树旅游游客突破50万人次,全年共接待国内外游客50.68万人次,实现旅游综合收入2.53亿元,分别比去年同期增长67.8%和58%①。2016年,玉树举办了传统赛马节暨首届雪域格萨尔文化艺术节和三江源水文化节,系列活动突出了格萨尔文化特色,凸显出水生态文化理念,糅合了玉树传统赛马节元素,全方位展示了玉树特色民族文化,极大丰富和提升了"三江之源,源在玉树""格萨尔王,疆在玉树"的文化旅游品牌内涵。2016年,玉树投资5000余万元积极举办玉树赛马节、雪域牦牛节、国际虫草节、格萨尔文化艺术节、三江源水资源峰会等文化旅游节庆活动。通过精心打造,玉树已有类似的具有突出藏族特色的节庆54个。同时重视航线开辟,在现有航线的基础上,引进海航、藏航等参与玉树航空市场,形成多元化市场主体参与的航空市场格局,切实增强航空保障能力。策划和培育自驾游线路,打造国际自驾旅游目的地品牌。2016年,游客接待人数达到63.9万人次,旅游收入实现4.2亿元,同比增长26%和64%②。

对自然和人文旅游资源富集的玉树而言,着力发展生态旅游业,确立其更加突出的产业地位,可以实现开发与保护的双赢。在以旅游为载体、文化为内涵、商贸为支撑,深化和拓展文化、旅游、商贸深度融合,构建现代服务业发展新格局,最大限度地促进资源优势向经济优势的转化,把文化旅游产业培育成全州最具活力的支柱产业的文化旅游发展思路的引领下,玉树一切优秀的传统文化要素,都是可挖掘的资源。旅游开发作为一种兼具经济性质和

---

① 2016年玉树州政府工作报告,http://www.qhys.gov.cn/html/1387/176181.html。
② 2017年玉树州政府工作报告,http://www.qhys.gov.cn/html/1387/176181.html。

文化性质的行为,势必引起经济结构的变化,进而引起民族文化的变迁。旅游开发,大量的不同民族、种族,不同区域的旅游者纷纷进入旅游目的地。来自不同客源地的旅游者携带着不同的文化元素与文化符号,有着不同的价值观和行为模式,他们在旅游过程中必然与旅游目的地的个体和群体发生交流、接触。这样,客源地文化与目的地文化便发生接触、传播或借用、涵化甚至对抗,从而引起文化的变迁。正如章海荣指出的,旅游者的迁移,使旅游目的地与客源地发生物质的、信息的、文化的、经济关系上的相互作用。旅游,在旅游者本身得到身心满足的同时,既影响着旅游目的地东道主的生活与环境,也反作用于客源地的社会经济文化发展。文化人类学历史学派的主要代表格累培纳认为:"每种文化现象是整个文化的一部分,不能和整个文化相分离。当它传播时,经常成群移动,从某些特征开端,其他特征相继其后。"[1]由此我们可以说,旅游开发同样是诱发、促进、加速和推动藏族民间文化变迁的重要动力。

---

[1] 康玲、邓思胜:《浅议旅游开发与节日民俗文化变迁的关系》,丁世学主编:《襄樊学院教育教学研究与改革论文集》,武汉出版社 2007 年版,第 208 页。

第七章
玉树藏族民间文化的传承和发展

在明确文化的传承和发展之前,首先要对"文明""文化""制度""价值观"的关系做个了解。

如图7-1所示,文化的核心是价值取向。对于个人来讲,价值取向体现在行为方式中;对于社会群体而言,社会上占主导地位的价值取向体现在社会成员普遍接受的行为方式中,这种行为方式受到特定的制度规范的保护和约束。所以,制度与价值观是文化在不同层次上的表现,价值观指导着制度设计与实施,制度反映特定的价值观,是价值观的文明化和权威化,对价值观具有强化或削弱的作用。在一个社会中,内在的价值观和外在的制度共同规范着人们的行为,形成良好的社会秩序,维持着人类社会的延续和发展。可以看出,有怎样的价值观就形成怎样的文明(社会),而后者又影响着价值观的演变。正确的文化价值观是研究文化传承与发展的基石,在涉及少数民族民间文化研究的问题上,因为语言、宗教信仰等问题,不容易站在对方的立场上看问题,研究的盲点很多,故而我们要努力避免种族中心主义(ethnocentrism,关于某人自己文化的方法是唯一合适的方法的信念)并采用人类学家的"文化相对主义"的研究方式,即在每一种文化自己的范围内按照其自己的准则来考察它。对于玉树藏族民间文化传承研究更应该建立在上述的研究范式之下,尤其是站在震后文化的传承和发展这个角度上对其进行研究。

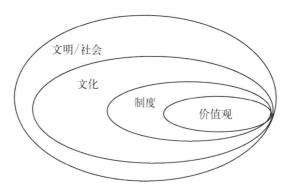

图 7-1　文明、文化、制度和价值观关系图示

玉树地处青藏高原腹地,拥有象征藏汉民族团结的文成公主庙、展示藏民族古老文化遗迹的勒巴沟、恢宏博大的格萨尔史诗、神奇独特的藏传佛教文化、无与伦比的土风歌舞等丰富的民间文化资源。但在地震中,用于记载、记录这些民间文化的录音录像资料、图片、文字资料、实体都遭到了严重的损毁。在玉树重建工作中,当务之急是保护和恢复损毁的相关资料,保证藏族民间文化的传承和发展。在未来发展过程中,玉树民间文化的变迁还会继续,我们必须选择创新的、适宜的传承方式来使其发扬光大,使全州民族文化事业得以大发展、大繁荣。

第一节 玉树藏族民间文化的传承

任何一种文化都存在一个能否持续生存和发展的问题,用达尔文的观点来讲就是"优胜劣汰"。文化通过调适自身来适应环境是其最主要的存续手段之一。因此,每一种文化在存续的过程中都必须学会学习新的行为模式以便更好地推进自身的可持续发展。它不是一种生物行为,而是一个复杂的过程。在哈维兰的《文化人类学》中,就对文化的传承界定了三种模式:语言传承、重新学习自身文化和因时因地为其成员提供保护的能力[①]。我们在调查中也发现了玉树藏族民间文化的传承同样需要延续这样的模式。

一、语言传承,双管齐下

文化传承和存续的第一个基本前提就是为成员之间提供交流的手段。人们的交流方式多种多样,但语言是其中最独特的交流方式,是文化存续和传承中最宝贵的一笔财富。它是人与人之间分享文化和个人经验的手段,并把这些东西传给下一代。作为信息的传递手段,语言也是与他人分享个人经验的手段,且经过语言这个系统,人们可以很简单地把想法表达出来。早在20世纪40年代就有"人们的语言是否实际上决定人们如何思维,因而塑造其文化本身"的讨论,美国人类学家本杰明·李·沃尔夫通过对霍皮印第安人语言进行研究的经验得出了"语言相关性"(linguistic relativity)的理论,指出语言并不只是把我们的观念和需求转化为声音的编码过程,确切地说,它是一种塑造力量,反映并展现社会

---

① [美]威廉·A.哈维兰:《文化人类学》,瞿铁鹏、张钰译,上海社会科学院出版社2006年版,第97页。

结构、共同观念和群体及人民关心的事情①。然而在研究藏语的时候,我们不能忽略一个问题,就是群体间的语音和词汇差异是促使语言变化的重要力量,其中一种变异形式就是方言(dialects)。方言虽然只在一定的地域中通行,本身却是一个完整的系统,它具备了语音结构系统、词汇结构系统和语法结构系统,这些要件足够满足本地区社会交际的需要。同一个民族的各种方言是这个民族的共同语,一般总是表现出"同中有异,异中有同"的语言特点。藏区共存在三种藏语方言(Tibetan dialects),分别为卫藏、安多和康方言。方言的分界可能在心理、地理、社会或经济等方面,但是这些界限不是很清楚,比如玉树属于青海的康区,地理位置上临近四川,讲的是康方言,而青海的其他地区多属于安多地区,多讲安多语,两者虽同享一种藏文,但当讲两种方言的人在一起的时候,交流却是非常困难的②。另外玉树虽然作为一个以藏族为主体的民族地区,其中仍然夹杂汉族以及其他的少数民族,这些民族的语言或者方言对藏语的影响也是不容小觑的。

玉树的语言环境:玉树是全国少数民族自治地区(包括省、地区、县、乡所有区划单位)中主体民族比例最高的,也是青海省内唯一的康方言地区。玉树居住的其他民族主要有汉族、回族、土族、撒拉族和蒙古族等,除了回族、汉族两个民族通用汉语之外,其他的世居民族都有自己的语言,夹杂了青海方言,各种语言之间交互影响,使得玉树的语言环境变得相当复杂。其中,藏语与汉语之间的相互影响更是源远流长。在调查的过程中我们发现,藏、汉语言的交互影响在玉树城镇和周边的牧区表现出不太一样的状态:在

---

① [美]威廉·A.哈维兰:《文化人类学》,瞿铁鹏、张钰译,上海社会科学院出版社2006年版,第115页。
② 王联英:《震后玉树藏族民间文化的传承渠道分析》,《科技资讯》2014年第26期。

牧区藏语明显占有主导地位,而在玉树城镇这种现象则恰恰相反;小学和初中阶段,汉语还是比藏语要好。尽管《玉树藏族自治州藏语言文字工作条例》第十八条规定:"自治州加强藏汉两种语言文字教学,民族中、小学以藏语文教学为主,加设汉语文课;普通中、小学以汉语文教学为主,根据实际情况开设藏语文课;幼儿园和学前班均实施藏汉双语教学,开设藏语文课程。"第十九条则规定:"自治州各类职业学校、职业班、专业班推行藏汉两种语言文字教学,培养兼通藏汉两种语言文字的各类专业人才和实用技术人才。"但是玉树的双语教育仍面临很多问题。原玉树县教育局局长玛拉介绍说:"虽然玉树大力推广双语教育,仍然存在很多困难,少数民族教师汉语文水平差,汉族教师又大都不懂民族语言文字。普遍存在的是'一缺二低'的问题,即专业汉语教师人数缺少,教师素质低、教学质量低。"

根据对玉树地区文化背景的分析,我们认为玉树地区双语教学与社区因素、学校因素、家庭因素之间构成一定的变量关系,并导致当下双语教育的现状。学校因素主要包括双语教育模式和语言环境,根据《玉树藏族自治州义务教育条例》的"普通中、小学校以汉语文教学为主,根据实际情况在适当年级加设藏语文课;民族中、小学校以藏语文教学为主,在适当年级加设汉语文课"相关规定,全州一直采取单设藏文课的"二类模式"。除了城镇的学校,其他牧区学校的双语教育吸引力不强,效果不佳,群众满意度很低,有的乡村学龄儿童入学率只有40%左右,教学质量也长期偏低,2007—2009年的高考上线率徘徊在30%左右,其中二本上线率仅为10%。在玉树普通高考达历史最高水平的2014年,二本上线率为26.7%。同时,玉树双语教育中还存在师资数量不足、水平不高、教师的专业和双语能力差等问题。教育,关键在教师,不少地区的学校建得宽敞明亮,却缺乏数量足够、质量过硬的师资。据统计,杂多县师生比为 1∶44,其他地方有些小学的师生比甚至高达 1∶60。教师不足,导致许多学校普遍存在大班现象(玉树人数最多的班有 127 名学生)。即使在现有的双语教师队伍中,也仍存在结构不均衡、教师的专业和双语能力差等问题,直接影响了双语教育的质量。究其原因,一是青海目前无一所高校设少数民族汉语教学专业,牧区学校缺乏汉语教学环境和汉语教学方法,教师也几乎没有接受过汉语教学培训,基本上不掌握少数民族汉语教学的特殊性、规律性,导致专业汉语教师缺少。各学校"懂汉语教汉语""汉语好教汉语"或"汉族教汉语,藏族带双语"的现象司空见惯[①],这导致牧区学生不论接受哪种模式的双语教育,汉语水平都很差。二是自 2000 年,各州民族师范统一撤销(玉树保留有大专部),有的甚至改为中学,之后中小学师资来源"去专业化"而趋于多样化。于是,有的人把教师当成求职谋生之道,考教师资格上岗聘用,却连师范专业基础知识都不具备,甚至不会备课;一大部分教师没有"双语"能力,一部分汉族教师根本不懂藏语,而另一部分藏族教师汉语水平差,在教学实践中难以应用双语(不管是教学语言还是辅助教学语言)开发学生智力,影响学生便捷、有效地接受知识。三是玉树地区缺少在年终考核以及晋升等方面鼓励老师成为双语教师的相关配套政策。由于政策缺失,导致很多老师不愿意花更多的时间和精力再多学一门语言和文字,造成双语教师数量的严重不足。另外,对于在职的双语教师也缺少在待遇、晋升职称、培训等方面的优惠政策,导致双语教师队伍没有动力积极提升自己的水平,造成总体师资水平不高的现状。

此外,玉树地区的学校普遍缺少学习双语的语言环境。语言

---

① 完玛冷智:《青海牧区双语教育发展问题研究报告》,《西北民族研究》2012 年第 1 期。

环境,指说话时人所处的状况和状态①。语言既是一种社会现象,又是一种社会活动。运用一种语言总是离不开一定的语言环境,双语教育中的师生需要良好的语言环境。玉树州政府所在地学校的语言环境还比较好,有一定数量的汉语教师,但是在牧区的学校没有足够数量的汉语教师,学生缺少必要的学习汉语的语言环境,造成教育效果不佳的状态。鉴于此,需要派大量的汉语老师到玉树牧区的学校去,以调整当地教师的结构,改善学生汉语学习的环境。这就需要各种鼓励性的政策措施来引导毕业的大学生和研究生到玉树牧区学校去从事教师工作,给双语教师的发展营造良好的语言文化环境。

社区因素包括农区、牧区、农牧混杂区、城镇,主要反映不同社区里人们提供给孩子的社会文化资本,也就是说不同社区对孩子受教育的期望不同,因而对他们接触主流文化的认可也不一样②。在城镇生活的学生,生活和学习习惯、兴趣爱好等方面大都认可主流文化,接近主流文化。牧区学生由于在学校受到主流文化的影响,因而在家庭和社区中会不由自主地表现出一些主流文化所认可的行为或言语,但这些行为却往往不会得到自己的家庭或所处地区的环境的认同和赞许,使得这些学生对自己所受的文化教育产生一种迷惑和彷徨心态,既不利于学业成绩的提高,也不利于对主流文化的接受和认可。

另外在汉语的学习上,没有良好的渠道和方法也成为阻碍教学的重要因素。玉树地区藏语、汉语的状况是:小学和初中阶段,汉语比藏语要好。当然,地域差异性是存在的:在镇上,汉语水平

---

① 李楚翘:《法语与英语外来语对汉语语言环境的影响》,《边疆经济与文化》2012 年第 4 期。

② 万明钢:《少数民族学生心理发展与教育研究》,甘肃教育出版社 2002 年版。

比藏语水平要高一些;在牧区或者其他地方,藏语比汉语要好。除了学校之外,家庭的语言环境对孩子的学习影响也很大。另外还存在一种情况,玉树地区的很多藏民只会说藏语,但是不识藏文,很多藏族学者也意识到了这一点,在单单注重一种(藏语或汉语)语言学习的情况下,自身文化的保护和传承上都不具备任何优势,尤其是忽略了文字的学习,这在民族文化延续上造成的消极影响是致命的。因此重塑藏文重要地位的思想慢慢增长,尤其是在震后,这种交互影响更加频繁。很多有识之士意识到藏语的重要性,特别是在工作的机会上,双语人才占有明显的优势。

如何在震后高速融合的情况下保证藏语的突出地位成了目前文化传承过程中需要面临的重要课题,尤其是双语教育的重要性已经被提到战略高度,特别是在地震后援建过程中以及对当地民众的心理疏导中,双语的优势是毋庸置疑的。语言传承是整个藏族民间文化得以延续发展的最重要的因素,这需要相关法律、政策、法规的支持,政府在这方面已经做了很多有益的尝试和探索。从 1987 年开始,青海的六个自治州先后制定了民族自治条例,2004 年起又相继进行了修改和完善,其中六州都对藏汉双语的使用从三个方面进行了规定:一是自治州自主设立藏语文管理、翻译机构,加强对藏语文的研究和使用工作,促进藏语言文字的健康发展[1];二是关于自治州自治机关制定的单行条例、规范性文件和宣传材料,根据实际情况使用藏汉两种文字;三是自治州地方国家机关和企事业单位的印章、门牌、证件、标语、会标、信封、广告等应当同时使用藏汉两种文字。除了政策、法规的支持外,我们也看到家庭因素在语言传承中不可忽视的作用,这也是最直接、最有效的

---

[1] 青海省人大常委会法制工作委员会编:《青海省地方性法规汇编》,青海人民出版社 2003—2007 年版。

传承手段。目前这种方式也受到了极大的挑战,尤其是父母都是双职工,对于孩子的教育就更加偏向汉语的运用,而忽略了藏语的教育。所以整体来看,对于语言传承,汉语、藏语均不可忽视,社会、家庭和学校都必须负起责来,多管齐下才是应有之道。

二、强化自身文化的再学习

任何的文化都是习得的,人类学家拉尔夫·林顿把这称为"社会遗传",也就是"濡化",即人们与文化一起成长,学会自己的文化,文化借以从一代人传递到下一代人的过程①。可见在文化的传承和变化过程中,形式丰富而多样。濡化的过程是每一个社会成员从一出生就开始的,它是从自我意识(self-awareness)的发展开始的,即作为个体把自己识别为客体,对自己做出反应、评估或评价自己的能力并以此来对他人做出反应,承担各种社会角色。这是个体、家庭、社会共同作用的一个过程,对个体来讲这个过程就是学习的过程。个体学习的过程对于文化的传承来说是非常重要的,通过自身、家庭和社会三个媒介,个体学会其共同体成员期望他们应做的行为。在个体生存的环境中,那些具有文化意义的环境属性被挑选出来加以重视并加上称号,而那些不具有文化意义的属性可能被忽视或被归并到一个更加宽泛的范畴之内。即个体怎么样解释这个世界,他的观点是由文化构建的,因为当个体面对歧义和不确定时,他总是试图通过主观的方式找到解释,以使自己的内心达到平衡。群体是由若干这样的个体所构成,我们虽然可以通过抽象的方式谈论一个社会普遍的"文化人格",但是我们想要跳开"刻板印象"去描述一个群体,还是有很大的难度。群体

---

① [美]威廉·A.哈维兰:《文化人类学》,瞿铁鹏、张钰译,上海社会科学院出版社 2006 年版,第 42 页。

人格决定了他们将会采用什么样的方式和方法去认识自己的文化,通过什么样的渠道去重新学习自己的文化。当然在研究的过程中,我们不应该忽略他们的价值观,他们所从事的职业以及他们的社会地位等因素在分析过程中所承担的重要作用。

在调查中我们并未发现因为地震而造成明显的文化断裂现象。在地震中受到损毁的大部分集中在物质文化方面,尤其是大量的国家级以及省级重点保护的寺院受损情况比较严重,玉树震区文化设施大部分遭受损毁,需要重新建设。据青海文化部门核查①,地震造成国家级非物质文化遗产损毁的情况是:国家级非物质文化遗产代表作名录中,玉树卓舞、依舞、民歌的录音录像资料全部受损。手工锻造技艺加工点10户、服饰加工点4户房屋全部倒塌,工具被毁。赛马场受损,马匹死亡数匹。省级非物质文化遗产代表作名录中,玉树天葬台损毁。州级非物质文化遗产代表作名录中,玉树民间说辞录音、录像、文字资料等受损,民间竞技体育器材、文字资料、图片、录像等受损,藏娘唐卡绘画受损。所幸的是文化传承人(除《格萨尔》的传承人有一位不幸遇难)在此次地震中幸免于难②。所以从总体上来看,玉树地震前后出现民间文化断裂是不可能的,只是在延续和传承上需要花费更多的人力和物力,需要获得更多的支持和帮助。这就回到了我们探讨的重心,即怎么样进行自身文化的再学习。这涉及一个问题,就是学习的过程一定会受到灾后重建工作的影响,其中包括政策法律环境变化的影响、社会文化环境变化的影响,还包括经济环境以及技术环境对学习过程的影响。

就政策法律环境(politic)方面来讲,中央和青海省政府及玉树州政府都采取了相应的行动,文化部从国家非物质文化遗产专

---

① 青海省文化和新闻出版厅:《玉树抗震救灾及灾后重建工作总结》,2010年。
② 陈玮、鲁顺元:《玉树灾后重建与藏族传统文化保护》,《中国藏学》2010年第3期。

项资金中紧急划拨 300 万元,用于玉树地区非物质文化遗产抢救保护工作,充分注意到在整个重建过程中要充分尊重藏族文化习俗,符合玉树实际,既要超前考虑,又要具有可操作性。

就社会文化环境(social)来讲,文化的传承会受到两方面因素的影响,一是现代文化观念即经济全球化和社会现代化的影响,二是地震后重建过程中藏族对本民族文化的认同和传承的影响。这方面主要是指,由于青少年更多迷恋外来的主流文化,对本民族的优秀传统文化知之较少,缺乏对藏族传统文化的保护和传承意识,导致藏文化传承后继乏人。此外,藏族民间传统文化中那些主要靠口头和行为传承的民间文化的传承与发展趋于削弱,藏族传统文化的传承还因缺乏足够的双语人才而在文化资源的开发和保护的过程中遇到重重障碍。

就经济环境(economy)来讲,它和政策法律环境是互相影响的。地震后大幅度的政策倾斜,对于整个玉树来说,是进行经济发展的最好时机。特别是政策中大力提倡发展旅游业,还确定了以旅游促发展,以旅游促进文化发掘、保护和发展的基调,为玉树地区创造了很多的就业机会。但是由于玉树生态环境的脆弱性、生态保护的特殊性以及传统生产、生活方式等的影响,玉树经济社会的发展和进步面对的更多是挑战。

就技术环境(technology)来讲,是各种因素中最具挑战性的。就玉树地震后的抢救措施来看,因为不及时或者是没有相应有效的措施造成的损失,以及缺乏专业技术人才对损毁的文字和文化音像材料等进行及时有效的修补而造成的损失还是比较大的。玉树在重建的过程中,硬件设施得到了大大提升,如博物馆、文化馆、地震纪念馆以及各级各类学校的硬件设施和技术都是最先进的,这些设施无疑为玉树日后的经济社会发展提供了良好的支撑条件。但是,这些设施及先进技术需要专业的技术人员来操作和使用,才能发挥它们最大的作用,专业技术人员队伍的培养是玉树建设中不可忽视的十分重要的课题之一。

从上述因素来看,在重新学习自身文化这个范畴里,玉树藏族民间文化在传承和发展中面临的"SWOT 环境式"(图 7-2):P、E 两个领域是我们发展的最大动力,这里有国家的政策扶持,有宽松的经济发展环境,并且有大量的就业机会。S 领域则是优势和挑战并存,因为重建的过程中有大量的非藏族文化背景的人员涌入,除了带来先进的技术和理念,肯定也会出现文化与观念之间的碰撞冲突,怎么样进行调适是我们要考虑的最重要的问题。在 T 这个领域,正如前文分析的,是整个发展过程中最薄弱的一个环节,这不是一个单单只靠资金就能解决的问题,也注定将是一项耗时又耗力的工程。E 则是一个喜忧参半的领域,既有优越的发展环境,同时又不具备高速稳定发展的土壤,所以是一个采取扭转型战略的领域。通过分析可以看出,玉树藏族民间文化的传承和发展是一个机遇与挑战并存的课题,是一项长期的任务。

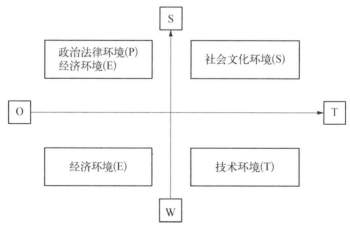

图 7-2　SWOT 环境式

三、因时因地为其成员提供保护

这里要探讨的是文化能否为其成员提供长久的保护,也就是说通过文化媒介的调适,人们形成的各种做事的方式,他们拥有的可用的资源在多大程度上可以维持生计并能形成一整套有利于成员发展的模式。调适是有机体在其环境方面造成的变化,环境在有机体内造成的变化之间的互动过程,它确立了人口的需求与其环境潜能的动态平衡。尤其是在社会结构的调整和转型的情况下,如何形成一套可持续发展的生计模式就成了首当其冲的研究课题。

调适是一个双向的过程,也就是说环境和群体之间是一个相互适应的过程。从生物学的角度来说,个体之间存在遗传资质的差异;从文化的角度来说,个体之间存在后天人力资本投入(知识、技能)的差异。在和环境的互动过程中,个体所呈现出来的能力是参差不齐的,因为大部分的个体在这个过程中会受到人类不合理互动等因素的影响。调适的单位包括有机体(人类)和环境,也就是人类学家早已提出的生态系统(ecosystem)。他们强调,必须考察人类文化的各个方面,而不只是最明显的技术方面。例如,青海三江源地区 61% 的可利用草场退化,中度以上水土流失面积达到了总面积的 26.5%,河流的源头来水不断地减少,冰川消融,雪线上升,同时很多生物也面临灭绝的威胁。自 2003 年起,中国政府开始在三江源地区实施生态保护工程,其中包括退牧还草、生态移民等项目。经过三年多的时间,三江源地区搬迁移民 6 156 户,约 2.8 万人,建立了 14 个移民社区。因为传统的生计模式被改变,加之后续产业滞后,移民缺乏必要的劳动技能等因素,调适就变得非常困难。这些因素加剧了个体之间的差距,也造成了地区差距,这时会加剧个体/群体对曾经赖以生存的文化存续方式的怀念,在玉树的城市化和现代化进程中产生抵触心理。正因为如此,地震后玉树在调适方面面临更加巨大的挑战。

从玉树的环境来看,它在调适上的最大问题有两个:

第一,玉树地广人稀,民族结构单一,农牧业人口比重大。我们通常意义上讲到的融合,在玉树显得比较特别,会讲藏语的其他民族的比例较高,这种情况同样在青海安多藏区存在,比如黄南藏族自治州和果洛藏族自治州。玉树震后的重建工作中,双语人才的稀缺也造成了铺展工作的障碍。尤其是当观念、行为方式、生活方式明显不同的情况下,当地群众很难一下子接受援建人员的涌入。这种调适过程同样存在于援建人员当中,除了观念、信仰、生活方式之外,援建人员同样要调适自己的身体,包括克服高原反应。所以从以上情况来看,这种调适行为是双向的。为了避免落入双方只考虑自身而造成的恶性循环,当地政府应该从政策、法律法规等方面入手,给双方营造一个良性的工作和生活氛围,包括平时对援建人员进行宗教信仰、藏民族传统文化和习俗等方面的教育,对当地群众进行心理疏导。当然,这些工作都不是一蹴而就的,而是一个长期的过程,其间甚至可能会伴随有矛盾和冲突。

第二,玉树经济结构单一,经济总量小。第一产业仍处于靠天养畜、靠天种地的被动局面;第二产业受环境、资金、技术和人才的影响,基本上不存在工业基础;第三产业正如大家看到的,地处偏远,交通不便,通信设施也无法全面覆盖,只有旅游业颇具特色,但仍然处在起步阶段。三大产业的比重是 62∶16∶22,结构不合理,地区总产值在全省和全国 10 个藏族自治州中均排名末位。从三江源移民开始,这种调适的难度就凸显了出来,移民完全改变了自己的生计模式,从逐水而居到生存方式完全现代化,我们能看到的是移民住进了楼房,通上了暖气,但是我们无法从这些外在的改变来研究移民的信仰、价值观的变化情况。地震后的玉树同样存在这样的调适困难,尤其是旅游业兴起以来,在本土文化和外来文化的接触中,不相容的因素更为凸显。因为玉树旅游产业是在脆弱的生态环境下伴随着旅游设施落后、制度不健全、旅游人才匮乏等不足的条件下诞生的,外来文化与本土文化直接接触,不具备相互理解的土壤,矛盾与冲突是必然的。从 2010 年的数据来看,全州游客人数为 9.65 万人,同比下降 29.53%,旅游总收入 5 019.4 万元,同比下降 29.47%,旅游业仍然面临相当大的挑战。地震后,玉树以其得天独厚的条件成为开发旅游生态城市的最大特色等各方面入手,以打造高原生态旅游城市为契机,大力推动玉树旅游业的发展,开拓玉树的旅游资源,将文化与旅游相结合。玉树地震后恢复重建的目标是:力争用三年时间基本完成恢复重建主要任务,使灾区基本生产、生活条件和经济社会发展全面恢复并超过灾前水平,生态环境得到切实保护和改善,又好又快地重建新校园、新家园,为建设生态美好、特色鲜明、经济发展、安全和谐的社会主义新玉树奠定坚实基础。随着灾后恢复重建交通项目建设的全面完成,玉树对外通道基本通畅,内部通道基本形成,客货运输加快发展,运输能力大大提升。另据青海新闻网讯,为加快旅游重建项目进度,完善玉树旅游发展设施,实现玉树旅游腾飞,已有多个旅游项目被提上议事日程,这些都是比较具有本地特色且能体现藏族文化特色的旅游项目,如新寨嘉那嘛呢石经城景区整治项目、勒巴沟—文成公主庙景区建设项目、巴塘温泉旅游景区建设项目等。此外,又争取了玉树自驾车营地及康巴民俗体验区项目,已展开前期工作。除了旅游业的兴起可以称之为一种机遇大于挑战的因素外,基本上玉树的重建工作都是弱势强于优势,挑战大于机遇,所以在重建的过程中战略的选择显得尤为重要。玉树要建成高原生态城市,要满足以下几个要件:绿色节能建筑占主体(≥90%),绿色交通优先(≥60%),绿色施工与建筑垃圾回收利用(≥90%),绿色能源自给(≥60%),绿色照明为主角(≥80%),低冲击生态水系为基础(≥70%),绿色产业为主业(≥80%),清洁燃料占主导地位(≥50%),高效污水和垃圾处理(≥90%),无线城市[①]。这些都是满足高原生态旅游城市的基本要件,只有生态的基本要件达到了,才能探讨到旅游这个要素。在地震后要以上述指标为基准进行工作,玉树的压力还是很大的。从藏族民间文化的传承和发展的角度来看,旅游无疑是进行宣传和强化的最简单、最有效的方式。

除了满足以上生态城市的要件之外,我们从以下几个方面来看玉树要建成一个高原生态旅游城市,还要面临哪些挑战,还有哪些机遇可寻。

首先在软件上,我们要建立一个专业的生态建设和维护团队,这个团队的建设,资金、人才、技术缺一不可。要建立一支素质过硬的旅游人才队伍,现状是专业人才奇缺,尤其是管理人员匮乏,旅游人员综合素质不硬,接待服务跟不上,旅游人才的需求和培养严重脱节,加之玉树高寒缺氧、自然条件恶劣,很难招徕旅游人才。在建设高原生态旅游城市上软件落后一大截,这是玉树发展成高原生态旅游城市的最大软肋。在软件方面,除了缺乏专业人才之外,就是缺乏打造一流旅游城市的品牌意识,观念落后,做一锤子买卖,没有长线经营的理念,旅游产品与拉萨和四川这些康区别无二致,没有当地特色,缺乏吸引游客的能力。

其次在硬件上,如前文所述,地震后国家和省政府大力投资玉树旅游产业,受损景区已经修复,并且在此基础上新开发了具有当地特色的旅游景区,尤其是推出的自驾游项目很能吸引国内外游客的眼球。这里存在的问题是,景区的后续维护要跟进,这又得谈

---

① 仇保兴:《生态城规划原则在玉树灾后重建中的应用》,《城市规划》2010年第10期。

到人才队伍的建设问题。只有资金和人才都到位,加之良好制度的运行,才能保证高原生态旅游城市这块牌子打得响。

另外就是旅游与文化相结合的问题,玉树是青海省内唯一的康藏区,具有鲜明的特色。虽然各个藏区同享一种文字,共同信仰藏传佛教,但是从服饰、饮食、民间文化上,玉树都与安多藏区有着很多的不同,要大力挖掘玉树特色,让更多的人认识玉树、了解玉树,让玉树走出青海,走到更广阔的天地中去展现自己的瑰丽。

第二节　玉树藏族民间文化的保护性发展策略

一个民族的民间文化是该民族与其他民族相区别的本质特点,它是一个民族在漫长历史进程中智慧、理想、创造力的高度凝聚物。保护民族民间文化,事关国家和民族文化遗产的继承和发展。玉树藏族民间文化是藏族文化遗产中的一朵奇葩,具有珍贵而独特的价值。随着现代化进程的不断推进,玉树灾后重建的收官,随着玉树县改县建市的完成,加强对玉树藏族民间文化的研究,制定切实可行的保护和开发措施,对于玉树藏族民间文化的繁荣发展,建设生态美好、特色鲜明、经济发展、安全和谐的社会主义新玉树,具有重大的现实意义。

一、以保护为基础,在保护基础上发展

玉树藏族民间文化的保护发展要以保护为基础,充分尊重藏族文化习俗,保护好玉树藏族民间的原初风格、传统特色,在保护的基础上进行发展。在国家和省政府层面上,对于如何进行玉树灾后重建有着明确的指导思想。2010年5月1日,温家宝总理在玉树考察抗震救灾工作时指出:"在建设中要特别注重保护和传承

藏族文化,对于损毁寺院的修复和重点文物的保护,政府要予以支持。"①2010年5月19日召开的国务院研究部署玉树地震灾后恢复重建工作的常务会议指出:"必须坚持以人为本,把保障民生放在优先位置,尊重民族文化习俗和宗教信仰,注重生态环境保护,以灾区各级政府为主导、广大干部群众为主体、中央大力支持、各方积极援助,科学依法统筹、有力有序有效推进恢复重建各项工作。"②青海省也提出要把玉树州首府建成高原生态型商贸旅游城市、三江源地区的中心城市和青藏高原城乡一体发展的先行地区。

但是从调研的情况来看,当地对文化的保护力度明显不够,如关于歌舞文化资料的收藏还仅仅停留在民间爱好者的收藏阶段,相关文化部门并未有意识地进行整理保存。关于传统文化的保护还没有形成体系,对文化资源摸查不仔细、不清楚,对文化资源缺乏系统的梳理,许多珍贵的文化和技艺掌握在少数人手中,没有形成有效的传承保护系统。当前在经济全球化和社会现代化以及三江源移民、震后重建工作的影响下,玉树地区的生产和生活方式发生了根本性变化,对许多传统民间文化的传承与发展产生了深刻而广泛的影响,这对民间文化的保护提出了更为严峻的挑战。如玉树地区存在的大量的主要靠口头和行为传承的民间文化由于传承人的逝世,年轻人又深受现代文化消费品的影响,对本民族的优秀传统文化知之较少,缺乏对本民族传统文化的保护和传承意识,导致这些艺术后继乏人而趋于削弱。玉树素有"歌舞之乡"的美名,但是在现代文化观念的影响下,对传统民间歌舞进行的随心所欲的改编和再创作,使民族民间传统文化的原初风格、传统特色、

---

① 《温家宝:有力有序有效做好玉树地震灾区恢复重建各项工作(3)》,http://politics.people.com.cn/GB/11669498.html。
② 《国务院常务会研究部署玉树地震灾后恢复重建工作》,http://www.gov.cn/ldhd/2010-05/19/content_1609377.htm。

原创形式遭到破坏和肢解,其完整性不复存在。重建绝不仅仅是恢复以往的状态,也不仅仅是以物的建设为中心,而是将发展的理念嵌入到重建中去,更加关注人的发展、文化的发展、社会的发展和生态的和谐[①]。在重建过程中,由于国家力量的参与,玉树在物质文化方面的恢复和发展速度很快,如十大重点工程,无疑是新玉树的点睛之笔,但与之相对的非物质文化方面,尤其是人们的价值观念、文化观念等的发展和变化却相对缓慢,且与现代化的要求、新的物质环境有着某种冲突和不协调。因此对玉树藏族民间文化的保护,要做好以下几方面的工作:

第一,系统、全面地对现有文化资源进行普查,对各类文化资源进行归类整理,对重要的文化遗产要利用影像、照片等现代科技形式加以保护,建设一套系统、全面、科学的玉树藏族传统文化数据库。同时利用网络、微信、微博、移动终端等新媒体加强对玉树藏族传统文化的宣传,加强与主流文化、其他外来文化的交流互动。通过多元化、现代化的传播方式,唤醒藏族自己对传统文化的认知理解和保护发展意识,进而引起主流文化对藏族传统文化的关注,在与其交流互动的过程中取长补短、相互借鉴,形成多元文化发展的良好态势。唯有如此,才能真正将少数民族传统文化的传播提高到创建和谐社会,促进多元文化发展的高度上。在进行玉树藏族传统文化数据库建设,利用现代媒体对其进行保护和传播的时候,应注意避免将对其的理解和传播仅仅停留在对受众的感官刺激上,摈除"猎奇"心理,正确阐述玉树藏族传统文化的真正内涵,突出其特色,合理利用传播工具,以受众喜闻乐见又尊重玉树藏族传统文化的方式,促进玉树藏族传统文化的宣传、传承与保

[①] 骆桂花、白世俊:《民族文化的传承与再造——以玉树灾后文化建设为例》,《青海民族研究》2013年第3期。

护,使其在推动玉树藏族传统文化融入现代化的进程中,又不失其自身的特色。在传播的过程中应该注意将玉树藏族传统文化寓于各种不同的语言环境之中进行多语言传播,扩大受众面,加强与其他文化的交流和互动,尤其是要通过这种方式加强与主流文化的交流与互动,使玉树藏族传统文化的传播覆盖面更广,更有助于自身文化的传播和保护。

  第二,对已经遭到破坏的文化资源进行及时、有效的修复。玉树是中国藏传佛教文化最深厚的地区之一,寺院拥有量也很大。青海著名藏学家谢佐说:"每一次大的自然灾难对一个地区的文明或者是一个民族传统文化的传承都是一次严峻考验。"在修复的过程中,要尽可能保护文化遗迹的原貌、原创性,尊重藏族群众的文化感情和文化价值取向。党中央、国务院专门拨出巨资用于玉树寺院重建和文物修复,寺院和文物修复工作被列入灾后重建的重要内容。在重建过程中,为了修复文物,青海成立了专门的文物保护工程领导小组,聘请中国文化遗产研究院、敦煌研究院等国内一流的团队,为玉树震后文物修复进行全面规划。例如《禅古寺地震遗址保护工程实施方案》就经过8次修改,征求了国内外多名顶尖专家的意见后通过评审才开工建设。2012年6月形成的《青海玉树新寨嘉那嘛呢文物保护规划》最终文本,也是经过了多次与相关部门的反复商量、磨合、评审、修订后才完成的。青海省级文物保护单位灾后重建项目之一的龙喜寺维修工程、全国重点文物保护单位格萨尔三十大将军灵塔及达那寺工程前后共进行了10多次修改,高标准、高要求确保了这些修复、重建项目的高质量。在整个重建中,用于震区新寨嘉那嘛呢堆、贝大日如来佛石窟寺、藏娘佛塔及桑周寺、格萨尔三十大将军灵塔及达那寺等各类藏族传统文物的修复、保护费用,达到5亿元之多。这些费用严格按照编制的《玉树灾后文化遗产恢复抢救保护规划》拨付实施。根据规划,玉树所有文物单位,均按一级标准重建。在玉树灾后重建项目实施过程中,国家文物局、中国文化遗产研究院、青海省文物局、玉树州文物局都给予了极大的重视和支持。截至 2013 年 10 月,玉树灾后恢复重建主要任务全面完成,一个崭新的玉树已傲然屹立在雪域高原。

　　第三,在对旅游文化资源进行积极主动的发掘过程中,要加强对一些文物古迹、传统文化遗址的保护,确保在旅游业发展中不会对原有的一些文化资源造成破坏。地处卡诺文化辐射区的玉树,境内历史文化遗迹和文物点达 237 处。新寨嘉那嘛呢石堆、勒巴沟摩崖石刻、玉树古墓葬群等文化遗迹已列入国家级文物保护单位。同时,多教派的宗教文化、古民居、古岩画、古塔等众多稀世文物,使玉树享誉中外,成为青海名副其实的文物大州。这些都是玉树发展旅游的优势所在。文物古迹和传统文化遗址是具有历史价值、科学价值和艺术价值、遗存在社会上或埋藏在地下的历史文化遗物和遗迹。文物古迹和传统文化遗址从不同侧面反映着各个历史时期人类的生产、生活和环境状况。文物古迹和传统文化遗址不仅反映民族性格与民族精神,同样也是一个国家、民族传承、发展、创造先进文化之能力的重要标志之一。《国民经济和社会发展第十三个五年规划》指出要"构建中华优秀传统文化传承体系,加强文化遗产保护,振兴传统工艺,实施中华典籍整理工程"。文物古迹和传统文化遗址具有的美学价值、使用价值和旅游开发价值,会随着历史的延续而不断增大,但是如果不加以适当的保护或过度开发使用,文物古迹和传统文化遗址的价值会很快遗失。因此,玉树在对其文物古迹和传统文化遗址进行开发的时候,应将保护放在第一位,注意保持文物古迹和传统文化的原真性;对历史文化遗产的利用要以不损坏遗产为前提,以维系原有使用方式为最佳。玉树灾后重建标志性项目康巴艺术中心、地震遗址纪念馆、玉树州博物馆、文成公主纪念馆、格萨尔文化中心等文化项目建设顺利竣工。这些文化遗产保护项目作为旅游景点应慎重,要确保在旅游业发展中不会对其造成破坏。

第四,充分考虑玉树特殊的生态环境和脆弱的环境承载力,适度开发民间文化资源,防止在发展文化产业的过程中造成对生态环境的破坏。玉树享有"江河之源、名山之宗、中华水塔、牦牛之地、歌舞之乡"的美誉,不但拥有大山、大江、大河、大雪山、大森林、大草原、大湿地、大峡谷、大动物乐园等地理、水域、气候、生物原生态的自然景观资源,还汇集了藏传佛教、唐蕃古道等宗教、遗址等文化生态旅游资源,更有歌舞、赛马会等多姿多彩的民俗生态旅游资源,旅游资源丰富多样。但是玉树所在的三江源地区在中国和整个亚洲承担着巨大而特殊的生态任务,在39.5万平方千米广袤的土地上,分布着众多的高原湖泊、河流、沼泽和冰川等,它们是长江、黄河、澜沧江的发源地和我国淡水资源的重要补给地。作为世界高海拔地区生物多样性最为集中的地区之一,作为中国与东南亚的江河之源、数亿人口的生命之源、整个流域经济社会发展的动力之源,三江源是我国生态安全屏障极为重要的组成部分,关系到我国生态安全和中华民族的长远发展[1]。同时该地区又因为高、寒、旱的自然环境特征和长期的低强度人类活动,造成地区生态系统封闭性强,呈现出对自然和人为干扰的承受能力和恢复性弱等特质。《全国生态功能区划》提出,玉树属于"三江源水源涵养重要区",禁止开发,地区发展以水源涵养功能为主[2]。2016年,玉树作为三江源国家公园体制试点工作的主要责任区,担负着构建全新

---

[1] 骆惠宁:《加强三江源生态保护和建设 为应对全球气候变化做出贡献》,《青海日报》2010年9月19日。
[2] 李益敏、李小文、刘素红:《玉树州地震灾后重建的人居环境思考》,《北京师范大学学报(自然科学版)》2010年第5期。

的生态保护管理新体制、保护好三江源、保护好中华水塔、筑牢国家生态安全屏障的重大历史任务。因此玉树在开发民间文化资源,发展文化旅游产业时,一是要本着"生态优先、科学规划、保护与发展并重"的原则进行,必须严守可持续发展和生态保护理念,推动绿色发展,建立完善、有效的文化资源开发、保护、管理机制,从多方面维护地区生态安全,协调文化发展与地区生态保护间的关系。二是针对玉树地区不同的生态承载力和文化资源多样性、差异性的特点,采取不同的文化资源开发、保护和发展策略。三是把生态意识、伦理、保护教育始终贯穿于文化资源开发和产业发展的始末,对当地居民、城市建设者、文化资源开发和文化产业发展者、旅游者进行生态环境保护教育,让他们深刻认识到生态旅游、城市发展与传统文化保护、开发的密切关系。

二、加强玉树藏族民间文化人才队伍建设

玉树藏族民间文化资源的开发和保护,人才队伍是关键,但是专业人才和专家级人才的匮乏是一个不争的事实,特别是精通藏、汉两种语言和文字并具有丰富专业知识的专门人才,人才队伍的匮乏导致在传承人的培养和资料的挖掘搜集、整理等方面都很难到位。行政管理部门缺乏科学的保护管理体制和传承机制,文化资源市场总体规划欠缺,与新的物质环境、现代化的发展要求不相适应。

加强玉树藏族民间文化人才队伍建设是一件急迫而长期的任务,一是要加强对非遗传承人的保护、培养,例如开办"玉树藏族非物质文化遗产传习所",丰富非物质文化遗产的传承形式,增加传承人的数量。对一些口承文化,要借助外部力量,依靠当地民众,加紧修补、搜集整理。还可通过加强当地年轻人对本民族文化的学习,提高保护本民族文化的意识,为玉树文化保护和传承提供服

务，从而使玉树种类繁多的非物质文化遗产能够得到很好的保护和传承。二是要加强文艺专业人才队伍的建设和管理。玉树传统的歌舞资源丰富，以往由于编制限制和财政负担过重的隐忧，基层文艺专业人才队伍青黄不接、参差不齐的问题比较突出。相关部门应借助政府的力量，加强文化专业人才队伍的建设。此外，还可以借助对口援助的方式，由专业对口的部门和高校分期分批地对现有专业人员和管理人员进行培训，帮助其提高业务水平，以更好地发掘玉树的文化资源。三是培养或引进一批具有专业技能水平的文化管理人员和文化研究人才，为从传承人培养到资料挖掘搜集、整理、文化研究和文化管理等提供重要的人才支撑。四是建立玉树藏族民间文化人才培养专项资金。基于省、州两级财政境况，无论是藏族民间文化保护还是人才队伍建设都需要充足的资金援助，因此要给文化保护与传承留下足够的资金空间，只有资金有保障，玉树藏族民间文化整体、系统的搜集整理，人才队伍建设等才有可能。五是做好人才培养工作，政府应鼓励当地学校开设藏族传统文化的校本课程，开发优秀的校本教材，加强师资培训，制定合理的考评和激励机制，使年轻的一代能积极主动地参与到民族文化传承活动中来。

三、走民间文化产业化发展之路

"文化的生命力在于传承和发展，文化保护的目的不仅是要保护人类已有的文化成果，更是为了促进文化的发展。"[①]"玉树的自然和文化资源在全国具有较强的独占性，藏文化的根、三江源头都

---

① 喇明清：《灾后重建中民族文化"发展性保护模式"探讨——由地震灾后羌族文化保护引发的思考》，《文化研究》2011年第3期。

是其他地区不可比拟的独占性资源。"①这为玉树藏族民间文化走产业化发展道路提供了先决条件。

第一,开发文化资源,推进文化旅游业融合发展。玉树在歌舞、节庆文化、民俗文化、宗教文化和文物古迹等方面都有着丰富的资源,且表现出以下几大特征:一是独特性,即拥有"中国之最"乃至"世界之最"的旅游资源,以三江源、可可西里、隆宝滩为代表的自然生态旅游,以新寨嘉呐嘛呢石堆、文成公主庙为代表的民族、宗教文化旅游等均是独一无二的旅游资源。二是多样性,既有优美的自然景观,丰富的宗教文物古迹,还有多姿多彩的民俗风情和节庆活动。三是代表性,玉树具有高品位的生态旅游资源,随着生态环境保护意识日益深入人心,全境处在三江源自然保护区的玉树必将成为生态旅游的新卖点。可可西里是闻名遐迩的无人区,生活在这块土地上的藏羚羊、野牦牛等珍稀濒危野生动物吸引了不少国内外专家、学者、志愿者来此探险、考察、工作。四是神秘性,玉树是唐蕃古道途经地区,早在古代就是中原联系印度等国的重要枢纽,其文化受到中原文化、印度文化的双重影响,这里的藏传佛教发展历史悠久且门类齐全,在长年的发展中留下了许多神秘的传说和瑰丽的文物资源。这些资源大都保留着其原始的风貌,给人以极强的神秘感,具有强烈的吸引力。玉树旅游的恢复发展,已不仅仅局限于结古地区,称多县的拉布民俗村、囊谦县的历史文化等自然、人文、民俗景观资源,曲麻莱的黄河源头等都将是玉树旅游发展的亮点。玉树应准确把握民族文化的本质特色来定位文化旅游业的融合发展,以宗教文化、生态文化、民俗文化为核心,用优秀的文化塑造人、教育人、引导人,用旅游的手段来塑造

---

① 张荣刚:《灾后重建的文化要素与文化旅游业的发展——结合青海玉树建设》,《青海社会科学》2010年第3期。

美、展示美、推广美。重视当地民族文化和原生态景观旅游的整合，开展富有民族特色的文化旅游，开发具有玉树地域特色和民族艺术特色的文化产品，培育具有市场规模和影响力的特色文化品牌，让文化的灵魂借助旅游的载体活起来、动起来，使"深度融合"融得贯通、合得深入①。另外，考虑到玉树生态环境的承载力低、生态环境脆弱、高原气候等特点，还要做好以自然资源和文化资源为特色的文化产业发展规划，加强特色文化产品的宣传、包装、策划工作，力求在突出特色、打造品牌上取得突破，进一步加强和改善公共文化基础设施建设条件，将旅游定位在高端市场，从而较好地解决旅游业发展和环境承载力之间的矛盾，推动文化产业良性发展，彰显藏族民间文化的魅力。

第二，挖掘藏传佛教文化资源，促进宗教文化旅游。玉树藏族全民信教，新中国成立前，遍及全州各地的藏传佛教寺院不仅是当地藏族人民各种文化艺术的活动场所，也是重要的文化教育中心。经过长期的历史延续和发展演变，形成了独具玉树特色的宗教文化艺术的集中地和文化场。加之受到历史进程、地理条件、风俗习惯、自然环境和社会等因素的综合影响，玉树地区的藏族人民在心理素质、语言风格、审美观点、生活方式和传统习惯等方面都呈现出与其他藏区不同的显著特点。藏传佛教在玉树几百年的繁衍发展，留下了许多珍贵且内涵丰富的文化遗迹和富于传奇的民间传说。这些是震后玉树旅游业发展的主打品牌，是吸引国内外游客前来观光的宝贵资源。相关部门在开发玉树宗教文化旅游资源时，要注重打造宗教文化旅游的品牌，既要重视其文化内涵，同时又要突出玉树不同于其他藏区的特色。例如充分挖掘格萨尔传

---

① 《推进文化旅游深度融合发展是玉树的必然选择》，《三江源报》2015年4月14日。

说、嘛呢石堆、文成公主进藏的传说、玉树康巴文化、赛马节等独一无二的文化资源,通过文化产业化发展,彰显其丰富内涵,突出其民族和地区特色,从而将玉树独特的宗教文化逐步打造成内涵丰富、特色鲜明、影响广泛的代表性文化品牌,促进玉树宗教文化旅游的发展壮大。

第三,挖掘藏族生态伦理资源,推动草原畜牧业的产业化发展。草原畜牧业的发展同样关系到藏族传统文化的保护。正如草原学家任继周院士所说,"逐水草而居"的游牧,有其丰富的科学和人文内涵;它与农耕文化共同创造了中华文化的历史辉煌,今后也将是人类文化不可或缺的活泼元素;人类文明将永远离不开草原文化的支撑[①]。藏族人民在长期的发展中形成了统一完整的生态文化系统。在现代社会,这种传统意识对于保护自然环境,尤其是在三江源生态保护建设工作中都起着积极的作用。国内许多学者认为,三江源藏族从事游牧活动已有几千年历史,在这个漫长过程中,草原牧民已成为草原生态系统中不可分割的一部分。草原牧民形成了与草原和谐相处的牧民文化、生活方式与特有的游牧方式[②],适度放牧有利于强化与养育牧草。让牧民全部退出草原,在短时间内可能会减轻草原压力,有利于草原恢复,但许多教训证明,长期没有牧民的草原,不仅不会成为理想的草原,而且还会出现另一种退化[③]。为此,他们提出要拯救和振兴三江源有机畜牧业,提出协议保护与移民保护同时并举。党中央对玉树重建的定位是将玉树建成高原生态型的商贸旅游城市,更是要使这种生态

---

① 任继周:《草原文化是中华文化的活性元素》,中国沙产业草产业网,2009 年 3 月 27 日。
② 陈玮、鲁顺元:《玉树灾后重建与藏族传统文化保护》,《中国藏学》2010 年第 3 期。
③ 张孝德、时红秀、马洪波等:《重构三江源生态保护模式——关于三江源生态移民工程的思考与对策建议》,《学习时报》2010 年 2 月 1 日。

保护的传统意识与现代社会契合。如今,玉树又纳入了三江源国家公园建设试点,除生态保护,还可以发挥其生态体验和游憩服务功能。因此,玉树要充分发掘原有的草原畜牧业资源和生态伦理资源,扶持草原畜牧业的发展,并积极引导其产业化发展,让藏族生态伦理资源得到有效开发和利用,成为玉树文化产业的又一道亮丽风景[1]。

第四,推动观念破壁,培育文化产业发展的良好制度环境。长期以来,由于产业意识、资源意识、市场意识的极度匮乏,玉树还缺乏适应发展文化产业的外部环境。因而,推动玉树民间文化产业化发展,观念破壁需先行。要在开放观念的基础上,立足于玉树特有的文化资源、价值观念、生活方式、文化特质等系列因素,结合现代文明发展的要求以及现代文化产业发展的规律和行之有效的制度、政策,借鉴国内外已经成功的文化产业发展经验,稳步有序地将文化产业纳入玉树经济社会发展的框架中。通过改变观念,突破文化产业的发展瓶颈,走出一条符合玉树实际、彰显玉树藏文化特色的文化产业发展之路。为此政府首先要通过公共服务的完善和政策法规的制定为文化产业营造一个适宜发展的外部环境;地方政府应该积极培养相关人才,鼓励他们从事这一事业,努力向外宣传其文化产业,为当地文化产业创造销路;同时,还应鼓励各地投资玉树文化产业,为文化产业的发展筹集足够资金;另外,还应在文化产品的研发上花大力气,促进文化产业的可持续发展。

第五,要注重对贫困群体的关注和扶持,实现文化产业发展与社会发展进步良性互动。旅游者在旅游地吃、住、行、购物和娱乐,可以活跃当地的消费市场、增加当地收入、缓解市场压力。玉树在

---

[1] 李秋梅:《玉树藏族民间文化的保护性发展策略》,《商业文化》2015 年第 6 期。

推动其文化产业化发展的过程中,应积极吸纳和扶持文化的拥有者——普通民众的参与,强化农牧民在文化产业发展中的主体地位,按照"引导、自愿、互补"原则,通过教育引导和技能培训,改变农牧民传统意识,培育农牧民经营技能,鼓励支持农牧民主动参与文化产业发展,保证群众成为文化产业发展的主要受益者,实现玉树乃至整个藏区的社会和谐与稳定。通过引导群众积极参与文化产业发展,也有助于唤起藏族民众特别是年轻一代对藏族传统文化的热爱。在文化产业开发的背景下,藏族传统文化传承的根本使命在于唤起和培育藏族群众的文化自觉,让他们对自己身处的藏族传统文化有"自知之明",进而形成正确、健康的文化观,客观上推动藏族传统文化的传承与保护,从而为独具魅力的康巴文化长久地传承和发展下去提供不可或缺的人力支撑,形成文化传承与发展的可持续模式。

在推动玉树文化产业化发展时还要关注贫困人口的发展,可以借鉴 PPT(pro-poor tourism strategy)即"有利于贫困人口发展的旅游战略",它最早由英国国际发展局资助的贫困人口旅游发展合作组织(Pro-Poor Tourism Partnership)提出,意为"引导贫困人口净利益增长的旅游"[①]。PPT 强调的是"发展"而不仅仅是"增长"。"发展"便不仅代表着经济总量的增加,更意味着质的方面的变化,包括最基层贫困人口的脱贫、观念贫困的根除、贫困人口发展机会的增加等核心问题。只有人口的质提高了,才能增强贫困地区的能力建设,使贫困人口彻底摆脱贫困。截至 2015 年底,玉树还有贫困人口 11 万人,实施"有利于贫困人口发展的旅游"战略,是藏族传统文化获得新生和更好发展的一条可行之路。

---

① 朱璇:《PPT 战略与背包旅游——以滇西北为例》,《人文地理》2006 年第 3 期。

四、提升学校教育的文化传承功能,加强玉树藏族民间文化的传承与保护

从各个民族旅游地区的发展来看,旅游业一方面可以为该地区带来经济效益,但另一方面也不可避免地会加速当地民族文化的变迁。玉树地区的发展也面临着同样问题,通过调研,我们也看到玉树地区藏胞的思想意识、价值观念、生计方式、建筑、生活方式、歌舞、语言等都发生了变化。因此,在玉树进行文化旅游开发时要拒绝"伪民俗"和"伪文化",防止它们对民族文化的侵害。就玉树藏族民间文化的传承与保护而言,发展旅游业只是一种有效手段,而非唯一路径。玉树藏族民间文化的传承与保护,最终需要依靠藏族自身的文化自信和文化自觉来实现。教育在传承民族文化知识及其所蕴含的价值观和民族精神,以及提升社会公众保护民族文化的意识和能力方面具有不可替代的重要作用。2002年10月,由联合国教科文组织亚太地区机构和教育部主办的"中国高等院校首届非物质文化遗产教育教学研讨会"呼吁中国高校及教育领域都要关注民族文化遗产的传承与发展,会议通过的《非物质文化遗产教育宣言》明确了大学应成为"人类文化(遗产)的传习地",主张中国高校应该在民族民间文化的普查、研究、发展等方面发挥作用,并应该把非物质文化遗产的传承教育落实到大学的学科创新和课程教材的改革中去①。因此,玉树藏族民间文化的传承与保护还要重视加强学校教育的文化传承功能,通过学校教育不断提升藏族自身的文化自信。

第一,学校要加强玉树藏族民间文化内容的教育。青年群体

---

① 乔晓光主编:《交流与协作——中国高等院校首届非物质文化遗产教育教学研讨会文集》,西苑出版社2003年版,第1页。

是一个民族面向未来的文化基点①，玉树地区的学校应通过建设校本课程、加强民族学学科和课程体系建设、建立玉树藏族民间文化教育基地等措施，将玉树藏族传统文化引入学校课堂教学，让藏族学生树立起保护本民族传统文化的意识，让学生全面了解和认识藏族民间文化，进而激发起对本民族传统文化的热爱之情，自觉加入文化传承与保护的行列。此外，学校还可以通过加强与社会和家庭的合作，强化学生在学校习得的音乐、歌舞、体育、民族历史、民族技艺等知识，获得稳定的、可持续的教育效果。例如，学校可以聘请文化传承人和艺人定期到校给学生讲授传统文化知识。这些民族文化精英热爱和熟悉本民族文化，教学富有感染力，更了解学生的生活习性以及风俗习惯，有利于向学生传递与生活相关的知识和技能，引导学生正确认识民族文化，让他们乐于去感受和发现。学校还可以通过开展各种活动的方式强化教育效果。如2015年，由薪火爱心基金发起组建的玉树州风马儿童剧团，就通过学校的课程使玉树藏族文化潜移默化地影响玉树孩子的认知，让他们不仅仅在学校学习藏族文化，还要认识自己，探索自身的特色。通过收集玉树的民间故事，并将这些即将消失的故事改编为戏剧，由风马儿童剧团的老师们创作、演出，走进玉树当地的中小学校园，让藏族人自己讲述自己的故事，以玉树藏族的传统故事、音乐和歌舞为根基，使美丽而神秘的玉树藏族文化代代相传，收到了相当不错的效果。此外，学校还应加强对藏族传统文化教师的师资培养，可以安排教师向藏族传统文化的老艺人、传承人学习藏族文化和技艺，教师习得后再教授给学生，使藏族传统文化可以更好地融入课堂，增强教学效果，增进学生的学习兴趣。

---

① 乔晓光：《青年群体：非物质文化遗产保护的基点》，《重庆文理学院学报（社会科学版）》2006年第5期。

第二,在玉树州职业学校组织和开展好藏族传统文化教育。由于玉树州职业学校招收的多是本地藏族学生,他们或多或少地受过藏族文化的熏陶,对藏族文化具有天然的亲切感,对于进一步接受藏族文化的教育和传承具有一定的优势。另外,由于职业学校更加注重学生技能的学习和培养,因此可以在正常教学计划中设置藏族文化技艺传承类的课程,如藏族歌舞、藏族医药、《格萨尔》等,让他们更加系统规范地学习藏族传统文化。除了课程学习之外,学校还可以通过组织其他校园活动来巩固文化传承,丰富校园文化内容,如开展多种藏族文化的社团活动,利用好传统节日,让学生积极参与宣传、组织、表演和交流,让学生们在生活实践体验中掌握本民族文化知识和技能。这样不但可以增进对本民族文化的认识,而且可以由此激发民族自豪感,增进对藏族文化的认同和传承。

第三,进一步加强双语教育。"双语教育是少数民族年轻一代更好地融入到现代化进程、传承民族文化、提升国家软实力和保护人类文化多样性的必由之路。"[1]坚持在玉树藏族地区实施双语教育,对于玉树藏族民间文化传承与保护是很有必要的。如前所述,玉树的双语教育的效果还不尽如人意,而藏语是藏民族文化传承的重要媒介,很多传说、历史和习俗都是通过藏语口耳相传实现传承的,文字之外其实蕴涵着许多的民族文化意义,加强对玉树藏族民间文化的传承与保护,必然要坚持开展藏语教育。另外,以藏文记述的大量佛教、医学等典籍的保护和利用更需要年轻一代学习藏文字,因此在双语教育中更要重视藏文的教育,培养大量这方面的人才,才能真正实现藏族文化的传承与保护,否则就是纸上谈兵。另外,由于与其他文化尤其是主流文化交流的需要,玉树地区

---

[1] 白英、滕星:《民族文化传承与双语教育发展》,《思想战线》2015年第2期。

还需要加强汉语教育,让藏族学生在掌握藏语、藏文化的同时,能够迅速地学好国家通用语言文字及汉语和汉文字。随着年龄的增长,提高他们掌握国家通用语言文字的水平,让他们具备能够融入主流社会和现代化、城镇化进程的能力。"民汉兼通"的双语教育不仅有让少数民族个体和群体既能够融入主流社会,又能够保留其本民族优秀传统文化的社会功能,同时能够培养少数民族个体和群体积极的、平衡的、和谐的族群认同感和国家认同感,从而实现我国各民族团结、平等、繁荣和共同发展的社会总目标[①]。

五、加强玉树地区公共文化服务体系建设与合理利用

公共文化服务体系是文化发展繁荣的基础,是满足广大群众日益增长的文化消费需求的基本途径,也是群众基本文化权利的重要保障措施[②]。加快玉树藏族地区公共文化服务体系建设,要按照公益性、基本性、均等性、便利性的要求,坚持政府主导,加大投入力度,推进文化惠民重点工程,加强各级各类文化馆、博物馆、图书馆、美术馆等公共文化服务设施的建设,推进广播电视村村通、文化信息资源共享、农牧区电影放映、农(牧)家书屋等工程,奠定公共文化服务体系的基础。要完善玉树藏族地区公共文化服务传播网络,开辟不受地域、时空限制的文化传播渠道,建设和完善一批满足群众基本文化需求的文化产品服务平台和文化活动平台,推动公共文化资源向基层延伸。要做好少数民族语言电影电视片的创作翻译、少数民族文字图书出版和少数民族戏剧节目的编创工作,保障群众文化权利,繁荣少数民族文化。

---

① 白英、滕星:《民族文化传承与双语教育发展》,《思想战线》2015年第2期。
② 白玛:《重视发展少数民族文化》,《人民政协报》2012年3月21日。

玉树重建过程中十分重视公共文化服务设施的建设。国家已对玉树有大量投入,并专门针对宗教场所内的文物修缮进行资助①,以确保地震后传统文化保护工作的顺利进行。相继建成了格萨尔广场、文成公主博物馆、玉树地震遗址纪念馆、康巴艺术中心、新寨嘉那嘛呢石经城等公共文化服务设施,有助于提高当地的公共文化服务水平。玉树地区的公共文化服务设施水平得到提升后,接踵而来的则是如何利用好这些设施为当地群众提供文化服务。正如汪洋所指出的:"要努力巩固灾后恢复重建成果,推进体制机制创新,借此把建成的项目运营好,维护好,管理好,使恢复重建的成果能够长期有效地服务灾区人民。"②因此,要把公共文化服务体系建设与玉树藏族民间文化活动有机结合起来,通过开展具有浓郁民族特色的活动如赛马会、歌舞会等,变嵌入式文化活动为内生式文化活动,激发玉树藏族民间文化活动的内生动力,发挥玉树藏族民间文化资源作用,增强持久发展能力,让公共文化服务设施为玉树藏族民间文化传承与保护提供保障条件,发挥其应有的作用。

六、积极利用大众传播媒介,拓展玉树藏族民间文化的传承范围、空间和内涵

文化和传播是两个相互影响的产物,传播媒介作为文化的传播中介,实现了文化的共享,同时文化也在不断影响着传播方式、内容。所谓大众传播,就是专业化的媒介组织运用先进的传播技术和产业化手段,以社会上一般大众为对象而进行的大规模的信

---

① 《玉树传统文化得到修复保护》,《西宁晚报》2012年4月16日。
② 汪洋:《玉树灾后重建更建造精神家园》,http://www.chinanews.com/gn/2014/01-10/5722999.shtml。

息生产和传播活动①。大众传播媒介,凭借着先进的传媒手段和传播技术,能够跨越时间和空间限制,对于扩大文化的传承范围、延伸文化的传承空间、丰富文化的传承内涵所起的作用是人际传播所望尘莫及的。因此,玉树藏族民间文化的传承与保护,要积极利用大众传播媒介,把玉树历史悠久的传说、童话、寓言、故事、谚语、史诗等经典作品、歌舞、节日、民俗等丰富内容的民间文化的传播,由传统的口头传播、人际传播等转变为报纸、广播、电视、网络等各种以大众媒介为载体的传播,以其快捷的传播速度、高度的保真性,把过去口头传播、人际传播的一对一延伸到一对多、多对多,及时保存下来,扩大玉树藏族民间文化的传承范围、扩展玉树藏族民间文化的传承空间、丰富玉树藏族民间文化的传承内涵。一种文化想要发展,必须将文化的积累与传承创新相结合②。随着大众传播、新媒体时代的到来,信息通达度和传播速度达到了几何倍数的增长,受众可接触信息的渠道也增多,新技术的应用赋予玉树藏族民间文化的传承与保护以新的动力,为玉树藏族民间文化的制作工艺和表演技艺的创新提供了更多的元素和灵感。同时,藏族传统的民俗、舞蹈、戏剧、音乐、文学等获得了更为广阔的创造空间。可以说,大众传播和新媒体使得玉树藏族民间文化在内容上得到了传承,在工艺上有所创新,在观念上受到重视。另外,通过媒介积极、及时的宣传报道,向本地区介绍和普及藏族民间文化,既可以唤起藏族群众对自身文化的关注,也可以引起更广泛的社会关注,还能引起政府职能部门的重视,从而有助于进一步推动政府开展保护和宣传玉树藏族民间文化的工作。

---

① 郭庆光:《传播学教程》,中国人民大学出版社1999年版。
② 戚永哲:《大众传播在非物质文化遗产保护与传承中的积极作用》,《鞍山师范学院学报》2010年第3期。

面对现代化的冲击,玉树藏族民间文化已经发生诸多变迁,玉树藏族民间文化的保护和传承之路任重而道远。依托丰富的文化资源,加快文化旅游融合发展,保护好生态环境,开展好玉树藏族民间文化学校教育,激发玉树藏族人民的文化自觉,增进其文化自信,是进行玉树藏族民间文化保护和传承的根本途径。

主要参考文献

1. 图书

[1] 波普诺.社会学：下[M]. 刘云德,王戈,译.沈阳：辽宁人民出版社,1987.

[2] 不列颠百科全书(5)：国际中文版[M]. 北京：中国大百科全书出版社,1999.

[3] 才让.藏传佛教信仰与民俗[M]. 北京：民族出版社,1999.

[4] 陈立明,曹晓燕.西藏民俗文化[M]. 北京：中国藏学出版社,2003.

[5] 尕藏才旦.藏传佛教文化概览[M]. 兰州：甘肃民族出版社,2002.

[6] 高丙中.民俗文化与民俗生活[M]. 北京：中国社会科学出版社,1994.

[7] 格桑益希.藏族美术史[M].成都：四川民族出版社,2005.

[8] 郭庆光.传播学教程[M].北京：中国人民大学出版社,1999.

[9] 哈维兰.文化人类学[M].瞿铁鹏,张钰,译.上海：上海社会科学院出版社,2006.

[10] 霍夫曼.西藏的宗教[M].北京：中国科学院民族研究所,1965.

[11] 江永俄色.玉树藏族自治州概况[M].北京：民族出版社,2008.

[12] 李亦园.人类的视野[M].上海：上海文艺出版社,1996.

[13] 梁漱溟.中国文化要义[M].上海：学林出版社,1987.

[14] 林耀华.民族学通论[M].北京：中央民族大学出版社,1997.

[15] 刘俊哲,余仕麟,李元光,等.藏族道德[M].北京：民族出版社,2003.

[16] 洛桑赤列.论西藏政教合一制度[M].陈庆英,译.北京：民族出版社,1985.

[17] 吕大吉.宗教学通论[M].北京：中国社会科学出版社,1989.

[18] 马林诺夫斯基.文化论[M].费孝通,译.北京：中国民间文艺出版社,1987.

[19] 祁庆富.民族文化遗产：第1辑[M].北京：民族出版社,2004.

[20] 乔根锁.西藏的文化与宗教哲学[M].北京：高等教育出版社,2004.

[21] 乔晓光.交流与协作：中国高等院校首届非物质文化遗产教育教学研讨会文集[M].北京：西苑出版社,2003.

[22] 青海省地方志编撰委员会.青海年鉴2013年版[M].西宁：青海年鉴社,2013.

[23] 青海省人大常委会法制工作委员会.青海省地方性法规汇编：

2003—2007[M]. 西宁：青海人民出版社,2008.
[24] 史密斯.人的宗教[M]. 刘安云,译.海口：海南出版社,2006.
[25] 司马云杰.文化社会学[M]. 北京：中国社会科学出版社,2001.
[26] 孙尚扬.宗教社会学[M]. 北京：北京大学出版社,2003.
[27] 索南才让.中国佛塔[M]. 西宁：青海人民出版社,2002.
[28] 索南坚赞.王统世系明鉴[M]. 陈庆英,仁庆扎西,译注.沈阳：辽宁人民出版社,1985.
[29] 泰勒.原始文化：神话、哲学、宗教、语言、艺术和习俗发展之研究[M]. 连树声,译.桂林：广西师范大学出版社,2005.
[30] 谭桂林,龚敏律.当代中国文学与宗教文化[M]. 长沙：岳麓书社,2006.
[31] 万明钢.少数民族学生心理发展与教育研究[M]. 兰州：甘肃教育出版社,2002.
[32] 王尧,陈践.敦煌本吐蕃历史文书[M]. 北京：民族出版社,1992.
[33] 王尧.吐蕃金石录[M]. 北京：文物出版社,1982.
[34] 韦森.文化与制序[M]. 上海：上海人民出版社,2003.
[35] 魏强,嘉雍群培,周润年.藏族宗教与文化[M]. 北京：中央民族大学出版社,2002.
[36] 伍兹.文化变迁[M]. 何瑞福,译.石家庄：河北人民出版社,1989.
[37] 西藏社会历史调查资料丛刊编辑组.藏族社会历史调查（三）[M]. 拉萨：西藏人民出版社,1989.
[38] 张济民.渊源流近：藏族部落习惯法法规及案例辑录[M]. 西宁：青海人民出版社,2002.
[39] 赵宗福,等.青海多元民俗文化圈研究[M]. 北京：中国社会

科学出版社,2012.

[40] 钟敬文.民俗学概论[M].上海:上海文艺出版社,1998.

[41] 周希武.玉树调查记[M].西宁:青海人民出版社,1986.

2. 文章

[1] 巴桑才仁.青海玉树藏族民间舞蹈的传承和发展及肢体语言特色[J].群文天地,2011(15).

[2] 白玛.重视发展少数民族文化[J].人民政协报,2012-03-21.

[3] 白世业,陶红,白洁.试论回族的服饰文化[J].回族研究,2000(1).

[4] 白兴发.论少数民族禁忌文化与自然生态保护的关系[J].青海民族学院学报,2002(4).

[5] 白英,滕星.民族文化传承与双语教育发展[J].思想战线,2015(2).

[6] 班班多杰.藏族传统宗教、哲学与伦理[J].法音,1996(12).

[7] 才让太.苯教的现状及其与社会的文化融合[J].西藏研究,2001(3).

[8] 曹辉林,于飞.宗教对灾难的回应:以玉树"4·14"和日本"3·11"地震为例[J].青海社会科学,2011(3).

[9] 曾丽雅.关于建构中华民族当代精神文化的思考[J].江西社会科学,2002(10).

[10] 陈玮,鲁顺元.玉树灾后重建与藏族传统文化保护[J].中国藏学,2010(3).

[11] 仇保兴.生态城规划原则在玉树灾后重建中的应用[J].城市规划,2010(10).

[12] 旦秀英.青海玉树藏式建筑艺术的魅力[J].西藏艺术研究,2004(4).

[13] 杜永彬.藏传佛教世俗化倾向的反思[J].战略与管理,1999(4).

[14] 尕藏加.藏区多元文化与宗教信仰[EB/OL].佛教在线,2009-06-30.

[15] 郜鹏.玉树藏族民间歌舞艺术初探[J].西北成人教育学报,2012(1).

[16] 格勒.论藏族苯教的神[M]//中国西南民族研究学会《藏族学术讨论会论文集》编辑组.藏族学术讨论会论文集.拉萨:西藏人民出版社,1984.

[17] 更求多杰.浅谈玉树甲那嘛呢石刻艺术[J].西藏艺术研究,2008(2).

[18] 顾炳枢.康巴玉树的服饰美[J].民族大家庭,2004(2).

[19] 郭雪媛,胡友军.汪洋:玉树灾后重建更建造精神家园[EB/OL].中国新闻网,2014-01-10.

[20] 还格吉.玉树地震灾区口传文献遗产整理研究述略[J].民族学刊,2011(4).

[21] 克瓦尔耐.苯教及其丧葬仪式[J].褚俊杰,译.西藏民族学院学报(社会科学版),1988(1)-(2).

[22] 喇明清.灾后重建中民族文化"发展性保护模式"探讨:由地震灾后羌族文化保护引发的思考[J].西南民族大学学报(人文社会科学版),2010(12).

[23] 喇明英.汶川地震后对羌族文化的发展性保护研究[J].西南民族大学学报(人文社科版),2008(7).

[24] 李楚翘.法语与英语外来语对汉语语言环境的影响[J].边疆经济与文化,2012(4).

[25] 李家玉.玉树:世界最长史诗《格萨尔》的渊薮之地[J].文史月刊,2010(5).

[26] 李秋梅.玉树藏族民间文化的保护性发展策略[J].商业文化,

2015(6).
[27] 李姝睿.藏传佛教文化的世俗化[J].青海师范大学学报(哲学社会科学版),2010(6).
[28] 李益敏,李小文,刘素红.玉树地震灾后重建的人居环境思考[J].北京师范大学学报(自然科学版),2010(5).
[29] 卢毅然.泪光中回望:美得让人心疼的玉树[N].中国文化报,2010-04-21.
[30] 罗桑开珠.玉树:古代的藏汉通道[J].中国藏学,1990(1).
[31] 罗桑开珠.玉树嘉纳嘛呢石及其文化价值[J].青海民族大学学报(社会科学版),2010(2).
[32] 骆桂花,白世俊.民族文化的传承与再造:以玉树灾后文化建设为例[J].青海民族研究,2013(3).
[33] 骆惠宁.加强三江源生态保护和建设　为应对全球气候变化做出贡献[N].青海日报,2010-09-19.
[34] 马超.西藏文化中宗教文化与世俗文化的互融现象[J].群文天地,2010(11).
[35] 马志华.唐卡背后的宗教与民俗[J].康定民族师范高等专科学校学报,2007(6).
[36] 戚永哲.大众传播在非物质文化遗产保护与传承中的积极作用[J].鞍山师范学院学报,2010(3).
[37] 乔根锁.论藏传佛教哲学思想的基本内容和主要特点[J].中国藏学,1998(1).
[38] 乔兰,周印利.青海玉树康巴藏族服饰色彩文化及资源保护研究[J].大舞台,2012(10).
[39] 乔晓光.青年群体:非物质文化遗产保护的基点[J].重庆文理学院学报(社会科学版),2006(3).
[40] 青海省人民政府.玉树地震灾后恢复重建总体规划[J].2010-06.

[41] 青海省文化和新闻出版厅.玉树抗震救灾及灾后重建工作总结[R].2010-04.

[42] 青梅才措.论玉树藏娘佛塔的历史及其文化价值[D].北京:中央民族大学,2013.

[43] 任继周.草原文化是中华文化的活性元素[EB/OL].中国沙产业草产业网,2009-03-27.

[44] 索朗旺堆.西藏朗县列山墓地的调查和试掘[J].文物,1985(9).

[45] 推进文化旅游深度融合发展是玉树的必然选择[N].三江源报,2015-05-20.

[46] 完玛冷智.青海牧区双语教育发展问题研究报告[J].西北民族研究,2012(1).

[47] 王春荣,阮文彪.发展玉树州特色产业的优势及对策[J].黑龙江八一农垦大学学报,2012(2).

[48] 王联英.震后玉树藏族民间文化的传承渠道分析[J].科技资讯,2014(26).

[49] 王垣杰.西藏林芝地区的古人类骨骸和墓葬[J].西藏研究,1983(2).

[50] 吴伟,吕海明.玉树各族群众欢庆藏历木马新年[EB/OL].人民网,2014-03-04.

[51] 吴晓梅.玉树恢复重建 旅游要唱主角[N].中国旅游报,2010-08-23.

[52] 西藏文管会.西藏考古工作的回顾[J].文物,1985(9).

[53] 辛存文.世间第一大嘛尼堆:嘉那嘛尼堆[J].中国土族,2010(4).

[54] 新华社.玉树传统文化得到修复保护[N].西宁晚报,2012-04-15.

[55] 许超.民间文学艺术在中国的法律保护[J].中国专利与商标,1997(1).

[56] 张利锋.新玉树十大标志性工程设计方案进行"三审"[N].青海日报,2010-12-31.

[57] 张俏梅.藏族服饰艺术的文化解读[J].艺术百家,2009(8).

[58] 张荣刚.灾后重建的文化要素与文化旅游业发展:结合青海玉树建设[J].青海社会科学,2010(3).

[59] 张孝德,时红秀,马洪波,等.重构三江源自然生态保护模式:关于三江源生态移民工程的思考与对策建议[N].学习时报,2010-02-01.

[60] 朱璇.PPT战略与背包旅游:以滇西北为例[J].人文地理杂志,2006(3).

附　录
玉树藏族民间文化变迁调查分析

玉树藏族民间文化在长期的生活、生产过程中不断地积淀和发展,形成了独具特色和地域特点的玉树藏族民间文化体系,但是随着社会的发展、各种文化的冲击以及玉树地震的影响,其民间文化发生了一系列的变化。通过研究文献阅读、实地观察、问卷调查、深度走访等方法,分析、总结玉树地区灾后藏族民间文化的变迁情况,有助于玉树藏族民间文化的传承和保护。

需要说明的是,文化的变迁并非一朝一夕的突变,也非某个突发事件就能使之彻底改变,文中部分调查问题采用的时间分界线为"4·14"玉树地震,并不等于说变迁就是完全由地震造成的,也不等于变化是从地震后才发生的,地震只是诱因之一而已。

第一节　玉树藏族民间文化变迁问卷调查分析

一、调查研究方法及研究对象

本项目研究采用了文献阅读与实地调查相结合的方法。被调查者以不记名方式如实填写调查内容，调查结果真实可靠。调查研究的内容主要涉及玉树县（后改玉树市）城内藏族民间文化中的宗教信仰、舞蹈、民歌、生产和生活方式、服饰饮食等文化现象。调查的人群以玉树县结古镇的为主，包括政府行政领导、宗教人士、在校学生、学校员工、城市居民、商业工作者和乡村牧民等各行各业人员。

二、调查研究问卷发放情况

本次调研，随机抽样发放调查问卷共计450份，回收有效调查问卷430份，调查问卷有效率为95.6%＞90%。调查问卷样本结构如表1所示。

表1　调查问卷样本结构

项　目	调查选项	数量(人)	占样本百分比(%)
性别	男	251	58.4
	女	179	41.6
年龄	18岁以下	242	56.3
	18—25岁	108	25.2
	26—35岁	32	7.4
	36—45岁	23	5.3
	45岁以上	25	5.8

续表

项 目	调查选项	数量（人）	占样本百分比（%）
民族	藏族	424	98.6
	汉族	6	1.4
	其他民族	0	0
文化程度	中学以下	37	8.6
	中学	375	87.2
	中专/高中	15	3.5
	大专/本科	2	0.5
	硕士及以上	1	0.2
职业状况	公职人员	62	14.4
	农牧民	112	26.0
	在校学生	146	34.0
	自由职业者	110	25.6

由表1可知，本次调查共采集了430个问卷样本，其中，男性251人，占样本总数的58.4%；女性179人，占样本总数的41.6%；藏族424人，汉族6人，分别占样本总数的98.6%和1.4%。年龄段中，18岁以下的占总人数的56.3%，18岁以上的占总人数的43.7%——主要考虑到18岁以下的对文化变迁程度的影响程度最大；样本中具有高中以上文化程度的占到总样本的4.2%，高中以下学历的占到总样本的95.8%，总体学历水平较低。样本的职业状况方面，公职人员占到14.4%，农牧民占到26%，在校学生占到34%，自由职业者占到25.6%。之所以选取学历水平较低的样本，主要是考虑到这些人群整体的知识结构没有完全建立成体系，对外来文化的感知度较高；同时，样本中不再上学的人数占到整体比例的66%，主要是考虑到他们受固有风俗和藏族文化的影响较

大,对当地民间文化有着较为深刻的认识。

三、调查结果统计及分析

本次调查问卷的内容涉及玉树人民日常生活条件、基础设施建设、文化活动的开展、宗教信仰等多方面的内容,既有物质文化方面的变迁,也有精神文化方面的改变,较为全面地反映了玉树地区藏族民间文化的变化情况。同时,我们还通过调查问卷了解当地藏族群众对震后民间文化变化发展的一些看法。

(一) 物质文化方面的变化

"物质文化"的概念在各类文化著作中都有,但较为权威的则是文化人类学研究中提出的概念。按照文化人类学的理解,文化大致可分为三个层次:物质文化、社群文化(或制度文化、伦理文化)和精神文化(或表达文化)。物质文化是因人类克服自然并借以获得生存而产生的,故也称为技术文化,是人与自然关系的反映。它包括人类在生产、生活以及精神活动中所采用的一切物质手段和全部物质成果,从衣食住行所需以至于现代科技均涵盖在内,所以它的内容丰富而多样[①]。我们的问卷调查主要从物质文化中家庭收入来源和方式的变化、生活水平的改变、人口活动变化等方面入手,而服饰、饮食、建筑与居住格局等物质文化的变迁则主要通过走访、入户调查等方式来完成。

1. 当地人目前家庭收入的主要来源

目前家庭收入来源方面,该区域的主要收入来源还是结合区域特点,以草场和草场上的生产为主,其中农牧业生产还是该区域主要的经济来源,依靠农牧业生产的占到总体样本的57.2%。部

---

① 李亦园:《人类的视野》,上海文艺出版社1996年版。

分公职人员主要是依靠基本工资,占3.5%;还有部分依靠打工和做生意,占到20.5%。近年来,随着虫草市场的活跃和虫草价格的上涨,部分牧民开始采摘虫草和给有草场的牧民采摘虫草,该部分占到总体样本的18.8%。关于当地人目前家庭收入的主要来源的调查结果如表2所示。

表2 当地人目前家庭收入的主要来源

收入来源	选择人数(人)	占样本百分比(%)
农牧业生产	246	57.2
基本工资	15	3.5
打零工	32	7.4
做生意	56	13.1
其他	81	18.8
总计	430	100

2. 当地人地震前后家庭收入的变化

家庭收入在地震前后的变化方面,认为比地震前增加的占到总体样本的18.1%,认为比地震前收入减少的占到19.8%,不清楚自己的收入变化的占到62.1%。从收入变化的数据上看,基本上地震给当地居民的收入造成的影响不大。关于地震前后当地人家庭收入的变化的调查结果如表3所示。

表3 当地人地震前后家庭收入的变化

收入变化情况	选择人数(人)	占样本百分比(%)
增加	78	18.1
减少	85	19.8
不清楚	267	62.1
总计	430	100

3. 当地人对重建后人口变化情况的认识

对人口在地震前后变化的认识方面,认为外出务工者增加和认为外出务工者减少的差值为 6.7%,认为外出务工增加的占到总体样本的 10.9%,认为外出务工减少的占到总体样本的 4.2%。整体来说,人们认为外出务工者有所增加。而认为外来务工者增加和认为外来务工者减少的差值为 19.6%,对比很明显,认为外来务工者增加的占到总体样本的 34%,认为外来务工者减少的占到总体样本的 14.4%。形成这种认识的主要原因是地震造成当地基础设施被毁坏,地震后重建家园需要大量建设者和援助者,而随着建设的逐步完成和当地居民生活的稳定,大量建设者和援助者逐渐回归正常的工作作业,这导致人口在地震前后变化很大。关于当地人对人口在地震前后的变化情况的认识的调查结果如表 4 所示。

表 4 当地人对人口在地震前后的变化情况的认识

人口变化情况	选择人数(人)	占样本百分比(%)
外出务工者增加	47	10.9
外出务工者减少	18	4.2
外来务工者增加	146	34.0
外来务工者减少	62	14.4
不清楚	157	36.5
总 计	430	100

4. 当地人对地震前后各类从业人员收入增减情况的认识

地震前后,收入方式变化上,被调查者认为农牧业人员收入方式发生变化的占到总体样本的 42.1%,认为务工人员收入发生变化的占到 16.3%,认为经商人员收入发生变化的占到 31.4%。认为经商人员收入增加的人最多,占到总体样本的31.4%,其次是农牧业人员收入增加,占到27.9%,这和地震后的建设以及国家政策有关,地震后的建设导致很多居民开始经商,以满足地方建设的需要,而农牧业就业人员收入增加的主要原因是国家政策对于当地农牧业的扶持。关于当地人对地震前后各类从业人员收入增减情况的认识的调查结果如表5所示。

表5 当地人对地震前后各类从业人员收入增减情况的认识

居民收入方式变化情况	选择人数(人)	占样本百分比(%)
农牧业人员收入增加	120	27.9
务工人员收入增加	57	13.3
经商人员收入增加	135	31.4
其他类型从业人员的收入增加	44	10.2
农牧业人员收入减少	61	14.2
务工人员收入减少	13	3.0
经商人员收入减少	0	0
其他类型从业人员的收入增加	0	0
总　　计	430	100

5. 当地人对重建后玉树地区人民生活改善情况的认识

从调研的数据看,被调查者不少认为生活水平得到了改善,占到总体样本的28.7%,其次是认为交通、医疗、教育条件得到改善,占到总体样本的27.9%,再者是认为社区生活日趋丰富,占到总体样本的20.2%。其他方面的生活改善主要包括政府资助增多、有完整的公共配套设施以及居民人均收入增加,但相比前面三方面内容,被调查者的直观感受不那么明显。关于当地人对重建后玉树地区人民生活改善情况的认识的调查结果如表6所示。

表6 当地人对重建后玉树地区人民生活改善情况的认识

地震后生活方面的变化	选择人数(人)	占样本百分比(%)
有完整的公共配套设施	38	8.8
生活水平得到改善	123	28.7
社区生活日趋丰富	87	20.2
交通、医疗、教育条件得到改善	120	27.9
居民人均收入增加	8	1.8
政府资助增多	50	11.6
其他	4	1.0
总计	430	100

以上数据虽然只是一些直观上的认识,并非针对不同人群、不同情况做的科学抽样统计,但也可以在一定程度上说明,地震前后玉树地区人民的物质文化生活发生了很大的变化,居民的生活水平、生活方式、人口、收入、收入方式等都发生了变化。其中在收入上,收入的主要来源基本保持原来的农牧收入,收入水平较之前有所增长。而收入来源发生最大变化的是经商收入方面,从事经商的人员增加,经商收入也大幅度增加。生活变化上,生活水平较地震之前得到改善,交通、医疗、教育条件也得到改善,社区初步建立,有了较完善的公共配套设施。究其原因,主要是各地方对于玉树的援建,形成了较为完善的基础设施体系。社会经济基本体系得以完善,国家政策和地方政策的倾斜让当地的优势产业得以发展,其中农牧业的发展较快,与之关联的衍生产业有了大幅发展;而随着当地建设的大力开展以及大量援助人口的需要,商业也有了较大的发展,这主要可以从当地的主要经济来源、人口变化、收入方式变化等几个方面去发现。

社区生活形式和社区活动丰富,以往的活动主要是宗教活动,而地震后农牧民聚居加强了社区生活建设,社区生活进一步丰富,相应的社区活动场所的建设更加丰富了当地的活动。

(二)精神文化变迁状况调查

对于玉树灾后重建的文化传承与现代变迁调查,样本的信息采集主要包括对藏族文化的了解度、参与藏族文化的情况、藏族文化的变迁状况、藏族文化的认识、对藏族文化的保护认知等信息。

1. 当地人对藏族民间文化的了解程度

由调查数据的统计可知,藏族民间文化非常丰富,被调查者了解的藏族民间文化也非常多,大部分被调查者了解2—3项藏族文化传统,其中对藏族舞蹈了解的人数最多,占到总体样本的63%,其他藏族民间文化了解程度由高到低依次是:藏族民间文学(格萨尔史诗)、藏族民歌(拉伊)、藏族饮食、藏族嘛呢石城、藏族服饰、藏族建筑(碉楼)、藏族传统节日等。丰富的藏族文化已经深入到当地居民的日常生活中,与当地居民的日常生活紧密联系到一起,一代代传承下去。关于当地人对藏族民间文化的了解程度的调查结果如表7所示。

表7 当地人对藏族民间文化的了解程度

藏族民间文化	选择人数(人)	占样本百分比(%)
民歌(拉伊)	160	37
舞蹈(锅庄)	270	63
民间文学(格萨尔史诗)	166	39
建筑(碉楼)	82	19
饮食	139	32

续　表

藏族民间文化	选择人数（人）	占样本百分比（%）
服饰	110	26
传统节日	76	18
嘛呢石城	112	26
其他	9	2

2. 当地人印象最深的藏族民间文化

当地人对藏族民间文化的印象，和对藏族民间文化的了解基本相似，其中不少人对藏族舞蹈的印象最深，占到总体样本的53%。对其他藏族民间文化的印象从高到低依次是：藏族民间文学（格萨尔史诗）、藏族嘛呢石城、藏族民歌（拉伊）、藏族饮食、藏族服饰、藏族传统节日、藏族建筑（碉楼）等。关于当地人印象中最深的藏族民间文化的调查结果如表8所示。

表8　当地人印象最深的藏族民间文化

藏族民间文化	选择人数（人）	占样本百分比（%）
民歌（拉伊）	121	28
舞蹈（锅庄）	226	53
民间文学（格萨尔史诗）	167	39
建筑（碉楼）	52	12
饮食	114	27
服饰	81	19
传统节日	78	18
嘛呢石城	125	29
其他	11	3

3. 当地人喜欢的藏族民间文化

当地人喜欢的藏族民间文化中,民歌(拉伊)、舞蹈(锅庄)、民间文学(格萨尔史诗)、服饰、嘛呢石城等较受欢迎,这和他们的生活、信仰息息相关,也反映了藏族是个能歌善舞的民族,民族生活非常恬静。其他藏族民间文化受喜欢程度从高到低依次是:饮食、传统节日、建筑(碉楼)等。关于当地人喜欢的藏族民间文化的调查结果如表9所示。

表9 当地人喜欢的藏族民间文化

藏族民间文化	选择人数(人)	占样本百分比(%)
民歌(拉伊)	192	45
舞蹈(锅庄)	265	62
民间文学(格萨尔史诗)	144	33
建筑(碉楼)	58	13
饮食	108	25
服饰	115	27
传统节日	80	19
嘛呢石城	119	28
其他	11	3

4. 当地人认为最具代表性的藏族民间文化

和选择喜欢的藏族民间文化类似,当地人认为最具代表性的民间文化的分别是藏族的舞蹈(锅庄)、民歌(拉伊)以及民间文学(格萨尔史诗)。关于当地人认为最能体现藏族民间文化风俗的藏族民间文化的调查结果如表10所示。

表 10　当地人认为最具代表性的藏族民间文化

藏族民间文化	选择人数(人)	占样本百分比(%)
民歌(拉伊)	133	31
舞蹈(锅庄)	260	60
民间文学(格萨尔史诗)	204	47
建筑(碉楼)	63	15
饮食	84	20
服饰	102	24
传统节日	93	22
嘛呢石城	129	30
其他	28	7

5. 当地人对重建后玉树藏族民间文化是否有遗失的认识

在关于灾后重建中民间文化是否有遗失的调查中,有47.2%的被调查者表示不清楚,这可能主要是因为调查样本文化水平不高,对此问题没有从理论高度去认识;另有30.2%的被调查者认为藏族民间文化有遗失,22.6%的被调查者认为没有遗失。整体上是喜忧参半。关于当地人对重建后玉树藏族民间文化是否有遗失的认识的调查结果如表11所示。

表 11　当地人对重建后玉树藏族民间文化是否有遗失的认识

是否有遗失	选择人数(人)	占样本百分比(%)
是	40	9.3
是,可能	90	20.9
否,不可能	97	22.6
不清楚	203	47.2
总　计	430	100

6. 当地人认为容易遗失的藏族民间文化

当地人认为最容易遗失的是民间文学(格萨尔史诗),其次是建筑(碉楼)。其他容易遗失的藏族民间文化依次为:饮食、民歌(拉伊)、服饰、舞蹈(锅庄)、传统节日、嘛呢石城。藏族民间文化容易遗失的程度在很大程度上和外来文化的影响有关,随着外来文化的进入,大量的传统文化将被同化或者走向消亡。最容易遗失的文化中物质文化较受关注,主要和地震有关,地震后大量的寺院和其他古建筑被损毁。整体上讲,藏族民间文化中歌舞、饮食、服饰、传统节日等受外界文化的影响还是较大的。关于当地人认为容易遗失的藏族民间文化的调查结果如表12所示。

表12 当地人认为容易遗失的藏族民间文化

藏族民间文化	选择人数(人)	占样本百分比(%)
民歌(拉伊)	104	24
舞蹈(锅庄)	75	17
民间文学(格萨尔史诗)	146	34
建筑(碉楼)	127	30
饮食	116	27
服饰	96	22
传统节日	59	14
嘛呢石城	54	13
其他	45	10

7. 当地人认为在地震中遭受重创的藏族民间文化

当地人认为地震中受创最大的是物质文化,主要是建筑,其他的受影响不大。关于当地人认为在地震中遭受重创的藏族民间文化的调查结果如表13所示。

表13　当地人认为在地震中遭受重创的藏族民间文化

藏族民间文化	选择人数(人)	占样本百分比(%)
民歌(拉伊)	65	15
舞蹈(锅庄)	89	21
民间文学(格萨尔史诗)	83	19
建筑(碉楼)	118	27
饮食	73	17
服饰	15	3
传统节日	24	6
嘛呢石城	60	14
宗教寺院	209	49
其他	0	0

8. 当地人对重建后玉树藏族民间文化发展情况的认识

认为有了进一步发展的占到44.7%，认为退后了和停滞不前的占到17.9%。整体来说，被调查者对藏族民间文化的发展持乐观态度。由于藏族民间文化与藏族人民的生活息息相关，一代代传承下来，虽然经历了很多的灾难，但今天仍然保持着良好的态势。关于当地人对重建后玉树藏族民间文化发展情况的认识的调查结果如表14所示。

表14　当地人对重建后玉树藏族民间文化发展情况的认识

变化情况	选择人数(人)	占样本百分比(%)
退后了	35	8.1
停滞不前	42	9.8

续 表

变化情况	选择人数(人)	占样本百分比(%)
有了进一步发展	192	44.7
不清楚	161	37.4
总 计	430	100

9. 当地人对传承藏族民间文化重要性的认识

大多数被调查者认为藏族民间文化的传承是重要的,占到总体样本的74.4%。由此可以看出,被调查者还是非常关心藏族民间文化的传承的。关于当地人对传承藏族民间文化重要性的认识的调查结果如表15所示。

表15 当地人对传承藏族民间文化重要性的认识

重要程度	选择人数(人)	占样本百分比(%)
重 要	292	67.9
比较重要	28	6.5
一 般	81	18.8
不重要	19	4.4
不清楚	10	2.4
总 计	430	100

10. 当地人对地震前当地政府开展藏族民间文化活动情况的认识

认为当地政府在开展藏族民间文化活动的占到总体样本的50.7%,只有9.1%认为当地政府没有开展相关文化活动。由此可以看出,当地政府在地震前也是重视藏族民间文化的保护和传承的。关于当地人对地震前当地政府开展藏族民间文化活动情况的认识的调查结果如表 16 所示。

表16 当地人对地震前当地政府开展藏族民间文化活动情况的认识

开展活动频率	选择人数(人)	占样本百分比(%)
经常开展	114	26.5
偶尔开展	104	24.2
不开展	39	9.1
不清楚	173	40.2
总　计	430	100

11. 地震重建后当地人家庭文化生活改变情况

认为家庭文化生活变化大的占到44.9%,一般的占到28.1%,不大的占到15.8%。整体来说,地震前后当地人家庭文化生活的变化还是比较大的。关于地震重建后当地人家庭文化生活改变情况的调查结果如表17所示。

表17 地震重建后当地人家庭文化生活改变情况

改变情况	选择人数(人)	占样本百分比(%)
大	74	17.2
比较大	119	27.7
一　般	121	28.1
不　大	68	15.8
不清楚	48	11.2
总　计	430	100

12. 当地人对地震前后藏族风土人情味浓厚程度变化的认识

认为加强的占到30.5%,认为一般没有什么变化的占到22.3%,认为减少的占到16.3%。整体上,多数人认为藏族风土人情味浓厚比地震以前有所加强。关于当地人对地震前后藏族风土人情味浓厚程度变化的认识的调查结果如表 18 所示。

表 18　当地人对地震前后藏族风土
人情味浓厚程度变化的认识

程度变化	选择人数(人)	占样本百分比(%)
加　强	131	30.5
一　般	96	22.3
减　少	70	16.3
不清楚	133	30.9
总　计	430	100

13. 当地人对地震重建后当地开展传统藏族民间文化活动情况的认识

认为开展传统藏族民间文化活动的占到 47.4%，认为没有开展的占到 16.1%。整体上，多数人认为地震后开展传统藏族文化活动频率加大了。关于当地人对地震重建后当地开展传统藏族民间文化活动情况的认识的调查结果如表 19 所示。

表 19　当地人对地震重建后当地开展传统
藏族民间文化活动情况的认识

开展活动情况	选择人数(人)	占样本百分比(%)
经常开展	90	20.9
偶尔开展	114	26.5
没有开展	69	16.1
不清楚	157	36.5
总　计	430	100

14. 地震前当地人的宗教信仰情况

在 430 个样本中,地震前有宗教信仰的占到 70%,没有宗教信仰的占到 15.6%,无所谓的占到 14.4%。总体来说,被调查者中有宗教信仰的比例非常高,这也对藏族民间文化的传承和抵制其消亡有很大的作用。关于地震前当地人的宗教信仰情况的调查结果如表 20 所示。

表 20　地震前当地人的宗教信仰情况

宗教信仰情况	选择人数(人)	占样本百分比(%)
有宗教信仰	301	70.0
没有宗教信仰	67	15.6
无所谓	62	14.4
总　计	430	100

15. 地震后当地人的宗教信仰情况

在 430 个样本中,地震后有宗教信仰的占到 77.2%,没有宗教信仰的占到 17.9%,无所谓的占到 4.9%。结合表 20 的情况看,地震前后被调查者中宗教信仰的程度都非常高,而地震灾难发生后,宗教信仰程度进一步加强,这对将来的宗教文化的保护和传承都起到很大的作用。关于地震后当地人的宗教信仰情况的调查结果如表 21 所示。

表 21　地震后当地人的宗教信仰情况

宗教信仰情况	选择人数(人)	占样本百分比(%)
有宗教信仰	332	77.2
没有宗教信仰	77	17.9
无所谓	21	4.9
总　计	430	100

16. 地震前当地人开展娱乐活动的情况

在地震前,被调查者最喜欢的娱乐活动是看电视看电影,其他依次是:跳锅庄、歌厅卡拉 OK、唱拉伊、打牌聊天等。这表明,随着电视、电脑、网络以及其他的外来事物在藏族居民中的普及,其娱乐活动受到一定影响。关于地震前当地人开展娱乐活动的情况的调查结果如表 22 所示。

表 22 地震前当地人开展娱乐活动的情况

娱乐活动	选择人数(人)	占样本百分比(%)
跳锅庄	204	47.4
唱拉伊	93	21.6
歌厅卡拉 OK	109	25.3
看电视看电影	298	69.3
打牌聊天	59	13.7
其 他	31	7.2

17. 地震后当地人开展娱乐活动的情况

在地震后,被调查者最喜欢的娱乐活动是看电视看电影,其他依次是:跳锅庄、唱拉伊、歌厅卡拉 OK、打牌聊天等。整体上和地震前的状况基本一致,但是人们参与娱乐活动的频率明显增加。关于地震后当地人开展娱乐活动的情况的调查结果如表 23 所示。

表 23 地震后当地人开展娱乐活动的情况

娱乐活动	选择人数(人)	占样本百分比(%)
跳锅庄	158	36.7
唱拉伊	154	35.8

续 表

娱乐活动	选择人数(人)	占样本百分比(%)
歌厅卡拉 OK	120	27.9
看电视看电影	261	60.7
打牌聊天	107	24.9
其他	30	7

18. 当地人对地震前后藏历新年年味变化的感受

被调查者认为藏历新年年味变浓的占到32.6%，认为差不多的占到41.4%，认为变淡的占到26%。关于当地人对地震前后藏历新年年味变化的感受的调查结果如表24所示。

表24　当地人对地震前后藏历新年年味变化的感受

变化情况	选择人数(人)	占样本百分比(%)
变浓	140	32.6
变淡	112	26
差不多	178	41.4
总计	430	100

19. 重建三年后当地人对藏族民间文化的了解程度的变化

认为对藏族民间文化了解更深的占到39.8%，认为慢慢变淡的占到21.2%，认为没有变化的占到18.3%。整体上玉树重建后，随着文化建设的加强，人们对藏族民间文化有了进一步的了解。关于玉树重建后当地人对藏族民间文化的了解程度有何变化的调查结果如表25所示。

表 25　重建三年后当地人对藏族民间文化的了解程度的变化

了解程度	选择人数（人）	占样本百分比（%）
了解更深	171	39.8
慢慢变淡	91	21.2
没有变化	79	18.3
不清楚	89	20.7
总计	430	100

20. 当地人认为政府在藏族文化传承变迁中应做的努力

在藏族文化传承变迁中，作为政府应该从哪些方面努力呢？37.9%的被调查者认为政府应当保护藏族文化遗产，其次24.4%认为应在宣传藏族文化方面做更多的努力，17%认为应在注重传统节日方面做更多的努力，14.9%认为应在建设藏族文化交流基地方面做更多的努力。整体上，多数被调查者认为政府应该在保护藏族文化遗产、宣传藏族文化上面做出更大的努力。关于当地人认为政府在藏族文化传承变迁中应做的努力的调查结果如表26所示。

表 26　当地人认为政府在藏族文化传承变迁中应做的努力

应努力方向	选择人数（人）	占样本百分比（%）
宣传藏族文化	105	24.4
建设藏族文化交流基地	64	14.9
保护藏族文化遗产	163	37.9
注重传统节日	73	17
不清楚	25	5.8
总计	430	100

21. 当地人认为个人在藏族文化传承变迁中应做的努力

在藏族文化传承变迁中,作为个人应该从哪些方面努力呢?认为个人应该更多地学习藏族文化的占到31.7%,认为个人应该培养对藏族文化的兴趣的占到25.1%,认为个人应该在保护藏族文化中做努力的占到23.7%,认为应该更多地了解藏族文化的占到14.4%。整体而言,大多数被调查者希望可以更好地了解和学习藏族文化,培养对藏族文化的兴趣并投身到保护藏族文化的队伍中。关于当地人认为个人在藏族文化传承变迁中应做的努力的调查结果如表27所示。

表27　当地人认为个人在藏族文化传承变迁中应做的努力

应努力方向	选择人数(人)	占样本百分比(%)
培养对藏族文化的兴趣	108	25.1
学习藏族文化	136	31.7
了解藏族文化	62	14.4
保护藏族文化	102	23.7
不清楚	22	5.1
总　计	430	100

(三)玉树藏族群众对地震后民间文化变化发展的认识

在问卷的最后部分,我们设计了一个问题:"对于藏族民间文化,与过去相比在活动形式或意义上有何变化,您怎么看待这种变化?"对此,大部分被调查者在问卷中表达了自己的认识,归纳起来主要有以下几点:

第一,地震对于藏族文化中物质文化的影响较大,大量的寺院和宗教场所受到很大程度的损坏,一些建筑遭到毁灭性打击。在重建过程中，物质文化的保护和修护急需重视。被调查者认为，藏族文化在传承和发展中，正在获得新的生命力。藏族文化将在交流中摒弃落后的成分，吸收外来文化的精髓，从而得到更好的继承和发展。经历过地震后，被调查者对藏族文化的保护意识普遍增强了。但是很多年轻人受到外来文化的影响，在文化的传承上投入的精力不像以前那么多了，他们更喜欢通过电脑、电视、网络去看电影、聊天。

第二，从服饰文化角度来说，以藏装为主，外加时尚外套的年轻人，正成为玉树大街上的一道风景。更多的年轻人选择了更为舒适和时髦的外套，除了节日，很多年轻人不再穿传统的藏族服饰；很多被调查者说更喜欢那些能够彰显自己个性的打扮。吸收了现代服装线条感的传统藏袍，成了更多藏族女孩在过年期间首选的服装。

第三，作为藏族文化重要载体之一的饮食，也彰显着对传统文化的传承和对外来文化的吸收。出于预防糖尿病等需要，现在越来越多的藏族人把传统的糌粑作为早餐最主要的食物。很多家庭的餐桌上，不仅有藏族特色的牛羊肉、奶制品等，还多了许多绿色蔬菜。很多被调查者说："牛羊肉固然好吃，但是肉类不能吃得太多，现在提倡选用绿色食品，所以我们需要多吃蔬菜、水果。"

第四，作为藏族文化重要载体之一的藏族歌舞文化，也受到现代生活的影响。被调查者中一些年纪较大的人认为现在年轻人在跳舞唱歌的时候更喜欢跳一些现代舞，唱一些流行歌，虽然也有一部分年轻人会跳藏族的舞蹈和唱拉伊，但是只有形象，没有意境、感情在里面了。

第五，在对藏族文化的保护传承过程中，应该加大对年轻人的藏族文化的宣传，让更多的年轻人了解和学习藏族文化，增强传承文化的意识。

第二节　玉树藏族民间文化变迁访谈调查分析

一、访谈对象及概况调查

为了弥补问卷调查的不足,课题组成员还对50余人进行了深度访谈,访谈调查的人群包括政府行政领导、宗教人士、在校学生和教师、城市居民、商业工作者和乡村牧民等各行各业人员。课题组成员观看了玉树老年歌舞爱好者跳的锅庄舞,聆听了藏族青年演唱的藏族民歌,欣赏了玉树州八一职业学校的艺术课程以及部分堆绣、掐花等工艺品,参观了民居、市场等,对玉树藏族的民间文化做了较为全面的了解。

二、访谈信息的总结分析

(一)物质文明方面发生的变迁

1. 收入方式及来源发生变化

从玉树的区域位置上以及长期的经济发展状况上看,玉树地处边远,交通不畅通,信息相对比较闭塞,自然环境恶劣,资源开发难度大,各种农牧业的产业开发不足,主要依靠传统的农牧业自给自足发展。由于该地产业发展严重不足,现代工业基本没有,旅游业刚刚起步,各类第三产业不发达,因此,玉树藏族地区家庭收入来源方面还是以草场和草场上的生产为主,其中农牧业生产还是该区域主要的经济来源。但随着城镇的扩张发展、外来务工人员的进入,以及各种新型行业带来的职业变化,在生活方式上突破了原有的居住格局,更多周边居民纳入了城镇的运行轨迹中。如一定数量的三江源移民、结古镇附近的牧民,造成了收入方式上的变化,原有的单纯依靠农牧业生产的方式被改变;职业上,出现很多新职业,玉树藏族人民开始从事一些其他的职业,如各种公职、打工、经商等,这些职业在一定程度上成了玉树藏族人民新的收入来源方式。以下是访谈内容摘录:

受访者:现在父母一般在家,没有什么正式工作。爸爸在过节的时候卖卖经幡,收入不是太好,家中其他收入主要靠挖虫草。以前家在玉树州囊谦县,原来家里面也是在牧区,也放牧,后来因为在上学,就搬到玉树(市)了,家中的草山还在,到了挖虫草的时候就回去。

受访者:家中的收入来源现在主要是虫草收入,今年我们家我挖的最多,今年挖了300根左右,但家里整个下来不到半斤。挖的虫草都给爸爸了,一般最好的一根卖到70元,最不好的10元。挖虫草很辛苦,一般孩子眼睛好,挖的比较多,一年的家庭收入主要靠挖虫草。退耕还草、退牧还草后,家里面基本不放牧的,自家从囊谦县搬过来后,家里面的牛羊就没有了。

受访者:家中的收入来源这一块,主要是家中的几个公职人员的工资。我们家庭是大家都住在一起,工资够用。另外,母亲还经常到饭店做服务员,也有一些收入。家中的房子是政府灾后重建的,所以花费不了多少钱。就是现在的物价比较高,购买牛羊肉、蔬菜等花费比以前多了一些。

受访者:现在我们家中的人基本不在这边住了,都到西宁去了。家里面现在有几个特产商铺,主要买卖虫草、枸杞、蕨麻等土特产,好的年份能有几十万元的年收入,一般的也有十几万元。不过这几年整体的市场不太好,加之整个市场上做这方面生意的人越来越多,收入不如以前了。

2. 生活、娱乐、饮食、服饰等方面发生变化

玉树生活、娱乐、饮食、服饰等方面在文化变迁中既有对玉树传统藏族民间文化的传承，呈现一定的传统藏族文化的特点，又受现代文化的影响，呈现传统与现代、传统与时尚的交融，成为城镇在藏区传统文化传承和发展中的典型代表。随着城镇化、经济结构等的变化，现代生活、现代生产方式以及文化影响的加深，越来越多的藏族人还是接受和融入到现代生活中。藏族的传统服饰逐渐成为节日盛装或舞台上的表演服装，服饰等都融入了现代化的一些元素，如在镇中心可以随处看到具有民族特色和时尚元素的服装店，各种现代元素的店面在街道两旁出现了，如奶茶店、网吧、美容院。现代交通方式开始进入到藏族人的生活出行中，一辆辆崭新的公交车穿行于街头巷尾。民间歌谣也渐渐远离人们的日常生活，取而代之的是流行歌曲，电视、网络、书籍代替了生动的民间故事讲述。随着农牧业生产方式的改变，一些传统的生产习俗、信仰观念和仪式在城镇也逐渐消失。

第一，购物方式。现代文明正在润物细无声地改变着玉树藏族传统社会和文化的面貌，对于玉树的一些年轻人来说，他们的视野越来越开阔，文化观越来越包容，也越来越会享受现代化带来的便利。如网购已经不知不觉间在玉树成了新时尚。结古镇邮局的大厅里站满了来办业务的人，其中最多的就是取包裹的。以下是访谈内容摘录：

> 受访者：现在每天收到的包裹大约有 300 个，其中绝大部分都是当地居民从网上买来的各种东西，小到鞋帽衣物，大到数码产品。

第二，娱乐方式。由于各种新兴娱乐方式的介入，外来人口的

各类娱乐方式的输入,大家除了跳传统的舞蹈外,还有很多娱乐方式,如看电视、打牌、上网、K歌、迪厅跳舞等慢慢融入到玉树藏族的生活娱乐中。以下是访谈内容摘录:

>受访者:现在街上的网吧多了,没有事情的时候会到网吧看看电影,打打游戏。如果回家了,家里面也连接了网线,可以在家里面玩。在学校的时候,主要用手机听听歌,汉语的、藏语的都有,最喜欢的如浙江台的《中国好声音》、湖南台的《我是歌手》等,偶尔也用手机看看电影,但是太费流量了,不敢多看。现在跳舞的少了,学校也有舞蹈队,但是不像以前那样了,都是编排好的,跳不到一起了。

>受访者:早上起得比较早,到新寨嘛呢堆转经筒。之后,会到老年人艺术歌舞团去,跟大家一起跳舞。有时候会去饭店打工,遇到歌舞团有表演,会去表演,晚上睡得晚,会看韩剧,有时候会到凌晨一两点。除了国内的一些老片子,现在拍的片子也会看,如最近的蒙古片《胡杨女人》。此外,还会看韩剧,如《天国的阶梯》《女人的诱惑》等,一般用VCD看,因为受不了广告。

>玉树老年人艺术歌舞团组织者嘎嘎老人:我们成立的这个舞蹈队跳的主要是原生态的舞,现在我们有110个人参与到这个活动中来。以前没有这样的组织,也没有这样的政策,现在党中央、国务院有这样的政策,我们大家就集合起来了。以前有这种说法,玉树人能走路就能跳舞,能说话就能唱歌,我们想把这个一代一代传下去,我们现在学生也教着,年轻人也教着,我们的目的就是这样。

第三,服饰的现代化、多元化、流行化、时尚化。随着现代生活节奏的变化,以及流行、时尚的要求,藏族服饰向多元化方向发展,出现了藏袍的改良版本和流行版本。改良版本保留了传统藏族服饰的特点,融合了现代流行服饰的做法,如广大玉树藏族女子穿的夏季交替式无袖女藏袍、藏式男女短褂和外套等。面料上也有一些修改,传统的毛毡使用得少了一些,而化纤、尼龙、毛料、棉布等面料使用得多了一些。在颜色上,传统主要以黑、红颜色为主,浅色很少,现在也发生了一些变化,尤其是青年人,比较喜欢选择较浅的颜色。另一种就是不穿传统的服饰了,改穿流行服饰,如在一些城镇,更多的年轻人选择了更为舒适和时髦的外套,以西服、夹克、休闲服、T恤衫等代替了传统的藏袍。年龄较长的较喜欢穿藏袍,小孩以校服为主,偶有改良过的时尚藏服出现。因此,身着时尚外套的年轻人正成为玉树大街上的一道风景。除了节日,很多年轻人不再穿传统的藏族服饰。这一变化也促使传统藏族服饰本身发生着变化。如不同藏区间的服饰更加注重相互交流、取长补短以适应现代社会人群的不同需求,为赢得市场在生产和销售上更加注重规模和品牌等。在结古镇已经形成了一些藏族服饰的品牌,其知名度和市场占有率都比较高。以下是访谈内容摘录:

> 受访者:在牧区,每个孩子都有自己的藏服,一般过节的时候才穿,平时上学就穿校服,但是自己的爸爸妈妈平时都穿藏族服饰。另外,家里还会给孩子们准备藏饰,如给过了20岁的男孩佩戴藏刀,给10岁的女孩佩戴装饰性的藏刀或佩饰。

第四,饮食结构和方式的复杂化、多样化。伴随着外来文化和经济收入的影响,玉树地区的饮食结构也发生了显著的变化,以前以酥油、糌粑、肉类、奶类为主的饮食结构逐渐多样化、复杂化。饮食结构上,随着集贸市场、交通运输等的发展,越来越多的食品进入藏族人民的餐厅,如大米、挂面、鸡蛋、各类蔬菜等,整个饮食结构发生了很大变化,食品趋于多样化。如今冬天也可以购买到各种新鲜蔬菜,如白菜、萝卜、西红柿、黄瓜以及各种水果等。藏族人民不仅在饮食结构上得以丰富,还特别注重饮食的搭配以及一日三餐的安排。除此之外,饮食的菜式上也逐渐丰富起来,川菜、粤菜、湘菜、西餐等餐饮模式分布在结古镇的大街小巷,呈现出多样化、复杂化的显著特征。如在调研的过程中,除了品尝到玉树传统的美食蕨麻酸奶、滚锅肉、糌粑等,还吃到了火锅、炒菜、面食等各种菜式。以下是访谈内容摘录:

> 受访者:人们在日常生活或外出中,购买方便面、火腿肠、面包、蛋糕、矿泉水的数量大大增加了。经营各种各样食品的小商店,随时(处)可以看到。这些小卖部、零售店的增加,既反映了人们购买力的增加,同时也反映出人们的饮食习惯的变化。

第五,居住空间的稳固化、规范化。随着藏族人民生活水平的提高、经济收入的提升,社会经济条件的不断改善以及三江源移民工程和玉树震后重建等项目的开展,玉树地区许多藏族的居住方式由原来的草原流动转变为城镇定居,居住空间由牛毛毡房转向砖混结构的房屋。现在居住方面整体趋于多样化,传统和现代和谐统一。在住房拥有、生活设施、室内装饰等方面都更加贴合生活。如结古镇地震后进行了统一的规划,城镇布局更趋合理、规范、美观,房屋的保暖、安全、饮水等功能大大增强。但由于对现代文化的抗拒与对原来生活的怀念,使得部分藏民对现有的文化状态有一种疏离感。

(二) 精神文明方面的变迁

1. 语言教育方面的变化

语言教育方面,藏语曾是玉树藏族人民生存、发展的重要手段和途径。随着与外界接触的急剧增多,外来文化的影响以及本地年轻人走出玉树,到外面发展的需求,玉树地区居民学习汉语的积极性比较强。许多藏族年轻人对藏族本身的文化认识有限,有的只是会说藏语,但不会书写藏文。后来随着经济的发展和职业诉求的变化,尤其是对文化传承和发展重要性的认识逐渐增强,不少人也开始意识到学习藏语的重要性。正是多种因素的助推,新一代藏族青年藏汉双语水平得到了提升,藏族民间文化知识得到了进一步的传承。

第一,教育观念。在教育观念上,玉树藏族人民渐渐认识到教育的重要性,认为多读书,将来的职业选择更宽广;多读书,认识事物多了以后,对于人生的各种理解更清晰,更容易懂得是非;多读书,可以改变观念,对将来走入社会很有帮助。以下是访谈内容摘录:

> 受访者:读书能够增长知识,能靠自己养活自己,能自食其力。读书能够改变旧的观念。

第二,教育态度。玉树藏族传统上也很重视孩子的教育,因为居住比较分散,教师比较少,教育上存在一定差距。现在,只要有条件,总会让孩子去上学,非常重视孩子的教育。以下是访谈内容摘录:

> 受访者:我们现在每天都坚持让孩子去上学,从来不因为某些事情耽误孩子上学。每天孩子回家,都坚持让他做作业。

第三,藏汉双语、英语教育。随着职业的变化和对外交流机会的增加,当地人慢慢开始重视孩子的语言教育。以前,学习汉语的积极性比较强,现在开始认识到学习藏汉双语的重要性,尤其是在找工作时,大家注意到学习藏汉双语的优势,如藏医院、机关单位招聘,如果懂得藏汉双语,机会就更大。在这种情况下,就开始重视藏语的学习了。英语这一块,玉树现在整体抓得比较好,孩子基本上上小学就开始学习英语。以下是访谈内容摘录:

> 元旦活佛:社会需求必然影响到当下玉树地区的教育方式和教育内容,有助于推进双语教学,有助于藏族文化的传承和发展。2010年"4·14"地震的发生更加引起了当地政府及老百姓对语言的关注:一方面是地震期间语言交流的障碍让人们进一步看到了双语人才的重要性,另一方面地震对当地藏民族民间文化的破坏让人们意识到了藏语言文化保护的迫切性和重要性。正因如此,双语教育问题和藏文化知识的传授都得到了高度的重视:玉树各类学校积极开展双语教学,开设藏文化课程,积极推荐双语皆懂的优秀学生参加藏汉双语大赛,政府要求街道门牌使用双语,与内地教育机构联合培养藏汉双语师资。
>
> 受访者:对于小学教育,我觉得英语教学应用性很强,不过我对孩子没有过高的要求,门门考一百我还会更加担心。英语,孩子大了才会体会到它多有用。

2. 节庆、礼仪方面的变化

随着整个社会外来文化的影响,玉树藏族现在在节庆上,藏族、汉族的节日都过,虽然传统的节日风俗都还存在,但是也加入了一些汉族的风俗;在礼仪上,传统的礼仪改变不大,但也进行了

一些简化。以下是访谈内容摘录:

> 受访者:现在在玉树地区,也有一些汉族信教。汉族本身信奉的就是佛教,少数民族地区从小长大,或者是长期在这里从事工作,或者是从事一些商业性的经营活动啊,基本上也都信的。比如说,大年初一,我们祭奉神山,好多汉族特别是做生意的那些,也得拜,撒个风马呀,挂个经幡呀,转个山呀,特别是大年初一(藏历年的)的时候。在玉树,现在藏历新年和汉族春节都过,有时候是在同一个时间,有时候是相差(错开)的。汉族春节时,什么样的都有。贴春联的也有,不贴春联的也有,贴汉语春联的有,贴藏语春联的也有。现在根据汉族的一些传统、节假日的一些风俗习惯,我们这里也逐步盛行贴春联,年三十晚上也吃团年饭。因为长期跟汉族打交道,加上这个地区汉族也比较多,再加上特别是国家公职人员,就是有小孩上学的这些人,受环境的影响,逐步在汉化。但是我们并没有丢弃藏文化,按照我们藏族的一些逢年过节的习惯,该做的还得要做。无论是过汉族的春节也好,还是藏历新年,基本上都一样。藏汉新年有的时候各种风俗都有,例如过汉族春节的时候也放风马,实际上过汉族的春节,只不过是选了这个日子,过的方式还是藏族的。汉族的春节跟藏族的藏历新年,只是时间上的差异,形式上、方式上、内容上都一样,都是藏式的,该信奉的,比如说大年初一早上起来打个圣水呀,拜个佛呀,这些该做的要做。除了这些以外,基本上跟汉族一样。现在不要说是中国传统的节日要过,甚至外国的节日,什么情人节呀,什么(其他)节呀,都要过,啥都过。今天情人节了,发个信息什么的,什么圣诞节了,圣诞老人送礼物了什么的,反正啥都有。特别是现在的一些小孩们,小年轻们,出去

上了学回来就不一样,主要是环境、文化熏陶和影响。不过这些主要是在城镇上,牧区就没有了,牧区特别是纯牧区,基本上就是过藏历新年。但是有些春节要表示一下。

受访者:以后越来越多的是天葬。天葬有几个好处,一是草山不会被破坏,二是河水不会被污染。藏族佛教中有一种理念,人就像岩石般来自大地,阳光般去向空间,尸体被秃鹫吃了以后飞上天了,阳光似的飞向空间了,最后刹那间把自己的尸体布施给秃鹫。祭奠上,每年拿个糌粑,把糌粑放到火里,用火把糌粑烧起来,用这个味道祭奠亡人。点糌粑有几个原因,一是纪念他,不会忘记的意思,二是他是那种超越了三度空间的光似的,只能用糌粑的味道来熏他,真正的东西他也吃不了。光着身子来到这个世上,最后又光着身子离开。

受访者:婚俗上,现在有汉式和藏式的,藏式的婚俗跟牧区的比较还是有很大区别。牧区的规模比较大,一般要三至四天,城镇的藏式和汉式没有太大的区别;只是要提亲,父母要见面,主要拿茶叶;彩礼一般都不要,以前会多要,现在基本不要,但牛羊什么的会要的。

受访者:传统的饮食禁忌也发生了不少变化,如以前藏族是禁食鱼的,现在很多在机关工作的人开始吃鱼。

3. 舞蹈内容和方式的变化

玉树藏族舞蹈沿袭了传统的跳法和节奏,但是在年轻人中,跳舞的心情发生了很大的变化,再者现在舞蹈的内容中还结合了很多的汉族舞蹈方式,整个舞蹈有一些商业化的因素进入,但是对于玉树藏族来说,原生态的和具有玉树牧民特点的舞蹈变化不大。在现代文化观念的影响下,以及发展经济需求的推动下,年轻一代虽然也在传承本民族的民间文化,但是其中渗入了诸多的随心所欲的改编和再创作,使民族民间传统文化的原初风格、传统特色、原创形式遭到破坏和肢解,其完整性不复存在。以下是访谈内容摘录:

> 受访者:现在一般都是一些传统的舞蹈,有200多种舞蹈,除了锅庄系列,还有卓舞、依舞、弦子。这个舞蹈队老妇人也有,男性也有。比如搞宗教活动的时候,州上的退休干部、有空闲时间的人都来跳。有玉树州上的,也有其他地方的,这个团队农牧民比较多。都是闲暇时间来,在不耽误自己工作的时间都会过来。汉族舞蹈,高兴的时候也跳,如交谊舞、慢三、快三,但主要还是藏族的传统舞蹈,是原生态的舞。从它的舞蹈形式、跳舞的动作、姿势都能看出来,现代舞蹈都是用乐器来拉、吹、弹。现在不需要了,歌词他们都记得滚瓜烂熟,边唱边跳的这种。
>
> 受访者:老年人和年轻人的舞蹈现在有很大的区别,动作的那种力度不一样,标准性不一样。他们这个是传统的,尤其是原生态的,真正的舞蹈就是他们跳的这个,年轻人只知道构造怎么构,没有构造的那种柔软性,没有真正的难度,年轻人能蹦能跳,动作是夸张性的,就是不规范,美感不一样。他们(老人)这个,别看他们跳得慢,其实跳的时候手是从哪个地方过来,从哪个地方甩出去,脚抬的时候不高不低,也不是太奔,也不是太弯,他有一定的尺度,有一定的规范性。而且最大的不一样是年轻人跳舞没一个嘴上唱的,全是按乐器,什么吹拉弹唱的,假如没有就跳不起来了。这些人(老人)就不要这点,只要到那个地方,领头的一唱,他们就跟着词曲(唱跳)。因为舞蹈需要三个方面,一是优美的舞姿,二是动听的旋律,三是震住人的词,它刚好词、曲、舞姿三个糅到一块儿就是一

个完整的舞蹈。因为年轻人对舞蹈的内容不了解,有乐曲后就跳一下动作,只能是知道动作而已。这些人(老人)动作表现什么样的思想感情,表现什么样的生活细节,表现什么样的历史背景,都能唱得出来。比如说刚才唱的那个"捷克东洲"就是要赞美结古寺结古村,再比如"沙迦古马",当时元朝政府所有的税都是从西藏的沙迦寺交到上面的,老百姓的心里的一些苦恼、一些烦恼或是一些要求通过歌和舞往上传达的时候,他们思想的激情、生活的这种恳求都是在这里面表现出来的。年轻人就不知道这个是干啥跳的,他知道这个内容之后就能表现出来。

受访者:现在这些舞蹈也有人整理了,有个叫更尕局长的,原先是玉树州文化局局长,现在是退休老干部,他现在对整个玉树的民间舞蹈、民间音乐进行收集。

4. 文化遗产变化

一些古建筑所蕴含的特有的文化意蕴受到破坏,突如其来的地震灾害打乱了玉树藏族传统文化存在的格局和前进的脚步。玉树地区藏传佛教寺院都有确定的宗缘关系。在特定时期寺院是一定地区的政治、经济和文化中心,与周边信教群众发生着经久的联系和互动,从而形成相互依存的关系。地震对这些宗教场所、古建筑的破坏,无疑对宗教文化的传承有一定的影响。以下是访谈内容摘录:

文物保护局索局长:玉树震前的话,登记在册的文物有26处,这是包括各种类型的,包括古建筑、古墓葬、石窟、石刻还有遗址等。整个玉树境内我们登记在册的,震前有261处,这次地震以后,受损的话,有19个乡镇受损比较严重,尤其是震区之内严重一些，比如禅古寺就成了一片废墟，全部坍塌了，结古寺、当卡寺也受损严重，国家级的文物像嘉那嘛呢石堆，还有文成公主庙、勒巴沟石刻，这些都不同程度地受到一些毁损。但是整个震区范围内，经过我们及时的调研以后，初步说有98处不同程度地受到一些毁损，这是最主要的。最后经过基础资料上报，筛选，逐级审核以后，有45处省级以下的文物保护单位列入了抢险加固的项目当中，还有4处国家级文物保护单位也列入了。根据具体的情况，这4处国家级文物保护单位由省新闻出版厅按照程序，由他们作为建设单位来维修加固。省级以下的45处由州人民政府成立了一个文物抢救保护工作组，由相关单位抽调一些精兵强将集中到这里，具体实施这45处的抢救维护工作。

5. 在多元文化交汇面前充满迷茫与惶恐

玉树地震前，该地区的民间文化形态基本上属于单一的藏文化，但是在地震后，由于重建的需要，大量的人口进入玉树，原有的文化环境一下子从比较单一、均质跳跃到多元与异质。在城镇社区不仅有藏文化，还有汉文化、回族文化、蒙古族文化等，呈现出多元性特征。这种急剧的变迁，使原有的居民来不及转换社会角色，心理归属感和安全感大大降低。在来不及消化的多元文化面前，会觉得恐慌、失落与疏离。不断扩张的现代城镇生活改变了藏族原有的在牧区时的游牧生活传统，新的生产、生活方式使他们面临着诸多新的挑战，改变着他们的社会交往需求与交往取向。为适应新的生产、生活场域，原有的居民需要立足自身的需求不断地调整交往取向，并在此基础上逐渐构建起社区新的社会关系。以下是访谈内容摘录：

受访者：随着玉树的重建，很多外地大老板来玉树做生意，建了很多宾馆、商场，本地居民反而因为资金、技术力量等的不足而无法涉足其中，因而对这种现象很排斥。一些老年人对地震的看法与宗教信仰紧密相连，对现代生活方式比较排斥，将更多的精力投入到宗教信仰活动当中，对现实生活的变化感觉无能为力和沮丧、失落。在新环境中，在日常生活的人际交往中总感觉不自如、力不从心，内心充满迷茫与惶恐。

受访者：以前住得舒心，比较随意，但是现在的房子空间较小，信教的家中信物放置空间较小，达不到原有的规模。

受访者：相比较，还是家乡比较舒服，这边过来了什么都没有，而且家乡的气候比较好，冬天比这边暖和一些，还是比较想家的，每年可以回老家去几次。

受访者：搬迁之前，我们住的是帐篷，一家和一家的距离很远，非常的安静。现在到了镇上，住上了砖瓦房，但房子与房子的距离很近，每天车多、人多，很嘈杂，还是想回到草原上去。

6. 宗教信仰的变化

宗教文化是玉树藏族精神文化的重要组成部分，对玉树地区的藏族的价值取向、思想意识、伦理道德、行为规范、风俗习惯等都具有巨大的影响。

第一，玉树地震后，藏族人民的宗教信仰和虔诚度进一步强化，信仰宗教的人数反而增加了，很多年轻人认识到宗教信仰的重要性，也开始重视宗教信仰，宗教活动增加了。

第二，宗教信仰的习惯性。很多老人和年轻人对宗教信仰的态度发生了一些变化，参加宗教活动或跳舞等。以前信仰是主要动力，虽然信仰没有发生变化，但现在习惯性变成了其参与活动的动力之一。如转经筒,很多老人习惯天天转经筒、转嘛呢石堆等,很多是为了锻炼身体而养成天天转的习惯,与以往的信仰转经等相比有一些变化。年轻人也一样,有的时候想起来过去转一下,但是在转经或参加其他宗教活动时,各种礼仪和禁忌还是非常严格地遵守的。

第三,宗教活动的娱乐性。过去参加宗教活动,其性质非常纯净,主要是对神灵的敬重和崇拜,其信仰性非常强。但现在很多宗教活动的娱乐性进一步加强,随着旅游业和现代娱乐方式的增多,宗教活动的信仰性和娱乐性逐渐结合起来,不仅体现出浓厚的宗教氛围,文化娱乐活动也更加丰富。

后　记

　　玉树位于青藏高原三江源区域,素有"名山之宗""江河之源""歌舞之乡"等美誉。其文化历史可远溯至新石器时代,可谓源远流长,积淀丰厚,令人神往。带着对锅庄舞、拉伊民歌、赛马会、藏族服饰等民间文化的向往,2012年,我们申请了青海省社会科学规划课题"少数民族地区灾后重建的文化传承与现代变迁研究——以青海玉树藏族民间文化为例",从此开始了对玉树藏族民间文化的整理与研究。2014年,课题研究顺利结题。但我们对玉树藏族民间文化的关注一直在继续,最终成就了本书《玉树藏族民间文化变迁研究》。

　　本书是团队精诚合作的结晶,写作框架和思路设计建立在集体讨论的基础上。李晓云和李秋梅负责拟定提纲、总揽全书写作进程,并审阅、修改全部书稿,辛全洲、那小红参与统稿工作。参加本书撰稿的有:李晓云(绪论)、李秋梅(第六章、第七章第二节)、管恒善(第一章、第三章、附录)、卜红(第二章)、杨生顺(第四章、第五章)、王联英(第七章第一节)。

  感谢朱恒夫教授为本书赐序,感谢青海广播电视大学人文社会科学重点研究基地的资金资助,感谢上海大学出版社刘强编辑及其他编审人员为本书的编辑出版所付出的辛勤劳动。同时,本书成书过程中从书籍、报纸杂志、网络等处借鉴过许多学界翘楚的研究成果,虽然我们尽量逐一标注清楚,但由于时间仓促或原资料不确等原因,有些参考资料未能标明出处及作者。在此,我们对所有给予帮助的单位及个人表示诚挚的谢意,并对未能标明资料出处及署名的媒体和作者表示歉意。另外,本书在初稿完成后的文字校对阶段,青海师范大学人文学院史学专业 2016 级博士研究生牛钧鹏同学付出了很多,在此一并表示感谢。

  因本书是多人合作的成果,体例、文字风格方面很难做到完全一致,内容上也难免存在不足,敬请广大师生、专家学者和读者不吝赐教。

本书作者

2017 年 8 月